周作人研究述评

2001－2015

魏丽 著

上海三联书店

目　录

第一章　**2001 年周作人研究述评** / 1

　　一　周作人作品研究 / 1

　　二　周作人思想研究 / 3

　　三　周作人生平研究 / 8

　　四　周作人与翻译研究 / 10

　　五　周作人史料研究 / 11

　　六　周作人研究之研究 / 13

第二章　**2002 年周作人研究述评** / 15

　　一　周作人作品研究 / 15

　　二　周作人思想研究 / 17

　　三　周作人生平研究 / 23

　　四　周作人与学术研究 / 26

　　五　周作人与期刊研究 / 27

　　六　周作人史料研究 / 27

七　周作人研究之研究 / 28

第三章　**2003 年周作人研究述评 / 30**

　　一　周作人作品研究 / 30

　　二　周作人思想研究 / 32

　　三　周作人生平研究 / 38

　　四　周作人与学术研究 / 39

　　五　周作人史料研究 / 39

　　六　周作人研究之研究 / 42

第四章　**2004 年周作人研究述评 / 45**

　　一　周作人散文研究 / 45

　　二　周作人思想研究 / 46

　　三　周作人生平研究 / 57

　　四　周作人与期刊研究 / 60

第五章　**2005 年周作人研究述评 / 62**

　　一　周作人散文研究 / 62

　　二　周作人思想研究 / 63

　　三　周作人生平研究 / 71

　　四　周作人与翻译研究 / 74

　　五　周作人与期刊研究 / 75

　　六　周作人史料研究 / 76

第六章　2006 年周作人研究述评 / 78

一　周作人作品研究 / 78

二　周作人思想研究 / 79

三　周作人生平研究 / 90

四　周作人与期刊研究 / 91

五　周作人与美术研究 / 91

六　周作人研究之研究 / 92

第七章　2007 年周作人研究述评 / 93

一　周作人作品研究 / 93

二　周作人思想研究 / 96

三　周作人生平研究 / 105

四　周作人与翻译研究 / 106

五　周作人与学术研究 / 106

六　周作人与美术研究 / 108

七　周作人与期刊研究 / 109

八　周作人史料研究 / 109

第八章　2008 年周作人研究述评 / 111

一　周作人作品研究 / 111

二　周作人思想研究 / 113

三　周作人生平研究 / 127

四　周作人与翻译研究 / 128

五　周作人与学术研究 / 129

六　周作人与期刊研究 / 131

七　周作人史料研究 / 132

八　周作人研究之研究 / 133

第九章　2009 年周作人研究述评 / 135

一　周作人作品研究 / 135

二　周作人思想研究 / 137

三　周作人生平研究 / 146

四　周作人与翻译研究 / 148

五　周作人与学术研究 / 151

六　周作人史料研究 / 152

七　周作人研究之研究 / 153

第十章　2010 年周作人研究述评 / 156

一　周作人作品研究 / 156

二　周作人思想研究 / 160

三　周作人生平研究 / 171

四　周作人与学术研究 / 172

五　周作人与教学研究 / 173

六　周作人与期刊研究 / 174

七　周作人史料研究 / 175

八　周作人研究之研究 / 176

第十一章 2011 年周作人研究述评 / 179

    一　周作人作品研究 / 179

    二　周作人思想研究 / 184

    三　周作人生平研究 / 193

    四　周作人与翻译研究 / 196

    五　周作人与学术研究 / 198

    六　周作人史料研究 / 199

    七　周作人研究之研究 / 200

第十二章 2012 年周作人研究述评 / 202

    一　周作人作品研究 / 202

    二　周作人思想研究 / 206

    三　周作人生平研究 / 216

    四　周作人与翻译研究 / 219

    五　周作人与学术研究 / 220

    六　周作人与期刊研究 / 221

    七　周作人与美术研究 / 222

    八　周作人史料研究 / 223

    九　周作人研究之研究 / 225

第十三章 2013 年周作人研究述评 / 228

    一　周作人作品研究 / 228

    二　周作人思想研究 / 231

    三　周作人生平研究 / 238

四　周作人与学术研究 / 240

五　周作人与期刊研究 / 240

六　周作人史料研究 / 241

七　周作人研究之研究 / 242

第十四章　2014 年周作人研究述评 / 244

一　周作人作品研究 / 244

二　周作人思想研究 / 250

三　周作人生平研究 / 258

四　周作人与翻译研究 / 259

五　周作人与学术研究 / 261

六　周作人与教学研究 / 262

七　周作人与期刊研究 / 263

八　周作人手稿研究 / 264

第十五章　2015 年周作人研究述评 / 265

一　周作人作品研究 / 265

二　周作人思想研究 / 268

三　周作人史料研究 / 271

四　周作人研究之研究 / 273

第一章　2001年周作人研究述评

一　周作人作品研究

1. 散文研究

　　书话是散文体式的一支,是有关于书的随心漫话。王兆胜①从书话散文这一文体学角度对周作人进行了相关研究。作者认为,书话既是周氏向传统回归,走进历史的通道,也是其放弃战斗走向闲适的方式。但周氏之书话,并不"保守",亦未与"五四"文化精神相背。相反,其体现出了较强的"启蒙意识":周氏抄书之眼光是以现代启蒙思想为依据的;周氏抄书所采用的是以"物"观"人"的启蒙方式;其抄书体散文给予了读者广阔的阅读空间,具有较强的现代意识。此外,周氏抄书体之如上特征,可在与20世纪中国其他的书话散文家之作品相对比时进一步凸显出来。徐鹏绪等人②则认为,书话体散文既是周作人追寻已久的生命文体,同时也是其心中真正自由的个性散文。而周作人的书话体散文具有明显的对话性。其表明,周氏在生活和创作中都体现出一种典型的"次子心态"。从文体学角度考察,周氏书话体散文的生成可分为1927年以前、1927—1937和抗战期间等三个阶段。

---

① 王兆胜:《论20世纪中国书话散文》,《中国社会科学院研究生院学报》2001年第1期。
② 徐鹏绪、张华:《论周作人的书话体散文——兼及其文体生成的心路历程》,《山东师大学报》2001年第6期。

邓利①从批评学的角度出发，认为周作人的文学地位不仅在于散文的贡献，而且在于文学批评的开展。他的文学批评具有西方近现代人文主义思想的特征，即关注"人"。正是基于前者的理解，周氏才扶持了新潮出格的作家作品，开拓出了新的美学风格。另外，周氏之文学批评除了包含西方文学批评的审美思想，还具有中国古典美学的特点。周氏以平淡自然为文学批评标准衡量作家作品即为此例。

张贺②则从类型学的角度，对周作人与鲁迅的散文进行了比较研究。经过对二周此类散文的归类分析，作者发现，二周此类散文的差异可体现在视角、情感表现和风格等三个方面：对于不同的人物，鲁迅采取了不同视角，而周作人的写作视角几乎没有什么变化；鲁迅的忆人散文重在"评"，具有深刻的哲理性，而周作人的忆人散文则重在"忆"，缺少哲理上的思索；鲁迅的忆人散文的情感激越深沉，而周作人的忆人散文的情感则平和冲淡。

钱理群是鲁迅研究大家，其周作人研究亦别具一格③。他认为，周作人是"文如其人"的。作者因感于《周作人》论之"不足"，故欲将周作人的"文抄公体""细读"而"解其人"。作者认为，"文抄公体"是周氏为寻求"自我表现"对传统笔记的一次创造性改造。其中，《游山日记》是一篇周氏为自己的"文抄公体"散文辩解举例的文章。作者在读此文时，首先注意到，周氏在行文时，首先披露的自己的阅读和写作心态以及与之相应的文笔走向。周氏的这种写法既和传统随笔相似，又表明了自己的写作风格：随意所欲地读，随意所欲地写，流于所想流，止于所想止。而这里蕴含的，正是周作人自己的精神气质。《关于傅青主》也是周氏为"文抄公体"自辩举例之文，从里面可读出周氏对左翼作家的"微讽之意"和对自身的寂寞之感。事实上，周作人摘引下的傅青主，既通达又有所坚守，既平和又不避嬉笑怒骂，这也是周作人的自我写照。《无生老母的信息》是作者解读

---

① 邓利：《试论周作人的文学批评》，《北方论丛》2001 年第 5 期。
② 张贺：《鲁迅与周作人忆人散文的比较》，《盐城师范学院学报》2001 年第 1 期。
③ 钱理群：《解读周作人（上）》，《荆州师范学院学报》2001 年第 4 期；钱理群：《解读周作人（下）》，《荆州师范学院学报》2001 年第 6 期。

的另一篇文章。通过对文本的"细读",作者发现,此文的主体虽然充满了周氏关于"无生老母"的民间宗教的研究信息,但却同时回应着周氏对自我生命的"归乡"、"还原"的诉求。

除了分析如上文章,钱理群还细读了周作人"文抄公体"类散文中的《关于活埋》、《日本的衣食住》和《赋得猫——猫与巫术》。作者认为,《关于活埋》体现了周氏散文的三个特色:其一,从关于"死"的写作内容上来看,此篇文章渗透着周作人的生命沉重感;其二,从写作姿态上来看,周氏故意制造自我与现实的距离,以便表达一种超越感;其三,从表达方式上来看,周氏构思与用笔着意于"反常规","以不切题为宗旨"。而《日本的衣食住》则道出了日常生活中的文化神韵。这种神韵,是周氏在对异国日常生活考察和主观参与追求的结果。这是把握本篇随笔的关键,其背后,隐含着周氏对人的日常生活的诗意性的追求和超越性精神。而《赋得猫——猫与巫术》则是一篇关于"趣味、学术、现实"的文章。从写作动机和缘起看,周氏采用了上文所用的"不切题为宗旨","一任自己乱说",以"我"为主趣味,这有助于体现一个更真实的自己;从写作内容来看,其"可视为一个学者的散文",或曰"学术散文";从该篇散文的指向性来看,周氏此文有强烈的现实关怀,关注点还是凝聚在了"人"的身上。所以,从此文的如上特点看,其也渗透着周氏特有的精神气质。

二　周作人思想研究

1. 周作人与中国传统文化

与"信仰者"相反,上世纪 20 年代的周作人常说自己是一个"无信"的人。哈迎飞[①]认为,周氏之"不信"却决不是虚无主义,而是认为一切存在都是暂时的、有限的、有条件的,没有永恒不变的真理,也没有绝对完美的主义,即"中庸主义"或曰"中庸观"。实际上,"中庸"观是周作人思想中一

① 哈迎飞:《"无信"与"中庸"——周作人"中庸"观之我见》,《东南学术》2001 年第 6 期。

个最复杂也最容易引起人们争议的问题。但作者认为,周作人的"中庸"观是与"无信"即反本体的"空"观思想相连的。因此,周氏之"中庸",不仅在本质上与相信存在终级本体的传统儒家中庸思想不同,而且内在地包含着冲破封建独断论束缚的革命内容,其内核是反独尊、反传统,因此具有深远的启蒙意义。周作人对非理性思想的批判与对孔子和释迦牟尼的亲近,即可作为上述论证之根据。

作为人类最美好、最具动人魅力的情感之一,乡关之情常常牵动游子之心。但周作人对待故乡的态度却有所不同:一方面他常常以饱含情感的笔调忆述故乡,另一方面他又在别的场合一再表白其对绍兴"并没有什么情分"。顾琅川①认为,周作人对待故乡的态度并无矛盾。在知识分子的精神追求中,存在着永相矛盾的两面,即一面希望回归自我,实现精神的自由无拘,一面又渴望投身社会,参与现实变革;周作人笔下所存在的两个具有不同思想内涵与不同审美结构的故乡,即梦幻故乡与现实故乡,正是上述知识分子精神追求的反映。另外,周氏对待故乡的态度,也可有助于人们认识其身上的其他矛盾。

2. 周作人与外国文化

周作人与永井荷风分别为中日文坛之代表,他们之间影响关系的存在,已经是学界公认的事实。赵春秋②对两人关系之发生及表现进行了再探究。作者认为,周作人心仪荷风散文,首先是一种审美趣味的接近,即渴望创造一个脱离俗世的美文世界,并在超然物外,淡然旁观的闲适中,深藏无法离俗的韬晦。上述二人的这种超越离俗之精神,可归结为一种"贵族精神"。而与之相对应的,是两人同时具备的"平民趣味"。这是二者相遇的必然。而1935年周氏之艺术道路的转变,则为周重新认识永井荷风提供了契机。

除了与日本文学结缘,周作人还在20世纪初至30年代译介了俄罗

---

① 顾琅川:《论周作人的故乡情缘》,《绍兴文理学院学报》2001年第6期。
② 赵春秋:《周作人与永井荷风——美与趣味的契合》,《日本研究》2001年第1期。

斯文学,平保兴①对之进行了研究,并将之分为三个阶段,即周氏留学日本期间、"五四"时期和"五四"以后。作者认为,周氏对俄罗斯文学的译介有三个特点:一是翻译与介绍并举,既通过翻译转移性情,又通过介绍改造社会;二是倡导人的文学,宣扬人道主义思想;三是主张直译的翻译观,竭力保存原作的韵味。

3. 周作人的文学思想

周作人的文学功用观在周作人的文学思想体系中,占据着一个不容忽视的地位,是理解周作人一生文学活动的关键词语。但何勇②发现,1906—1911年和辛亥革命后的周作人文艺思想研究,依然是当今周作人文艺思想研究的薄弱环节,故对之进行了探究。作者认为,由于受鲁迅的影响,周作人在留日时期的文学观偏重社会功用,关注救亡和改造国民心理,具有明显的功利主义倾向。但等辛亥革命爆发后,周回国,其文艺观已经开始侧重艺术审美。周的早期文艺观的转变和周当时所处的历史语境及其体验有关,其中,周对民国的失望和对国民性的悲观认识等因素起着重要作用。但作者认为,一旦有了合适的环境和心境,"为人生"的文学观的大旗,还会被周再次举起。

郅庭阁③则通过对周作人在"五四"时期文学思想变化过程的描述,展示出周从主张"为人生的艺术"到转而提倡"为艺术而艺术"的复杂历程。

4. 周作人的女性观

周氏女性思想的来源驳杂广泛。但徐敏④认为,时下学人对其的界定,一方面与周作人自己的一再申说有关,另一方面也与学界自"五四"以

---

① 平保兴:《周作人与俄罗斯文学的译介》,《俄罗斯文艺》2001年第4期。
② 何勇:《从功利到审美:周作人早年文学功用观新探》,《鲁迅研究月刊》2001年第9期。
③ 郅庭阁:《从"为人生的艺术"到"为艺术的艺术"——周作人文学观念变迁轨迹之描述》,《韶关学院学报》2001年第11期。
④ 徐敏:《论日本文化对周作人女性思想的影响》,《外国文学研究》2001年第2期。

来形成的对"西—中"影响模式的格外注重和强调有关。但实际上，日本文化中的女性观才是周氏女性观的思想来源。由于对日本文化的亲近、欣赏和长期浸淫其中的经历，日本女性观潜移默化地影响着周作人，并促使他在家庭这一有异于时代的特殊维度中思考女性解放问题。但周作人对日本性文化却态度复杂：周氏一方面深谙其中三昧，一方面则对之采用了回避、改写甚至斗争的种种策略。但也正是由于对日本性文化进行了别择，周氏才得以摈弃其中的糟粕，将对女性的关怀和开放的性观念融合在一起，铸就了其女性思想的特色。

徐敏[1]另有一文借用巴赫金的对话理论，对周氏之女性思想进行了分析和概括。作者认为，性道德观和女性社会解放思想，是周氏女性思想的核心；而"对话性"则是周氏上述女性思想的核心与本质。后者使周作人女性思想具有了与同时代人迥异的面貌和价值，并最终造成了它的未完成性。

5. 周作人的思想演变

从文学革命的先驱到民族的罪人，周作人大起大落的人生轨迹不仅关系到他个人的毁誉得失，而且牵连到新文学史上的许多重要问题，故陈国恩[2]对周氏思想蜕变之问题进行了再研究。作者发现，周作人身上的"叛徒"和"隐士"两个"鬼"，是"轮流执政"的。但从"五四"到抗战前夕，周氏之变化仅在政治层面上，其反封建的文化立场却是始终如一的。而周作人下水前的悲剧在于时代前进到了社会革命的阶段，而他却仍然坚持"五四"式的启蒙立场。所以，周氏之"中庸"观，是以人文主义为思想基础的现代人的中庸观，其与以儒学为核心的中国传统文化没有实质的联系。所以，周氏之附逆，是由多方面因素综合作用所造成的，其中最关键的，是他的"个人主义的人间本位主义"的思想观念发生了蜕化变质，而并非由传统文化或周氏原有的自由主义立场所决定。

---

① 徐敏：《从"对话性"看周作人的女性思想》，《华中师范大学学报》2001 年第 3 期。
② 陈国恩：《周作人思想蜕变问题的再检讨》，《武汉大学学报》2001 年第 4 期。

此外,对周作人思想演变进行研究的,还有陈韶麟①等。

6. 周作人的精神特质

"五四"时期曾经向旧文化旧道德勇猛作战的周作人,在"五四"之后却渐渐隐退于苦雨斋中,精耕于"自己的园地"。但李延江②认为,周作人20年代中后期的散文创作,在平静闲逸的表象后面,却隐藏着一颗并不平静的心。实际上,周是用自己的方式同社会抗争,他以保全个性主义的独立自由,坚持着"五四"的个性解放精神。所以,平和是周氏的手段,抗争才是其目的。

古大勇③则从鲁迅与周作人的人道思想的比较中揭示了周作人的精神特质。作者认为,周作人的人道主义思想的具体内涵是"个人主义的人间本位主义",新村思想是体现其人道主义理想的典范,和平中庸是其实践方式,而排斥阶级论则体现了其思想的封闭性。鲁迅则在如上诸方面,与之相异。

7. 周作人与民俗

20世纪初发起的中国新文学运动和中国民俗学的兴起与发展紧密相关,而周氏兄弟却同时成为了先驱代表。因此,陈勤建等人④选择了对"周氏兄弟文学观中的民俗视角"进行了研究。作者认为,周氏兄弟基于对民俗学学科理念整体把握与深刻认识,借助传统民俗文化的深厚底蕴,广泛吸收西方及现代民俗学的新理念,将民俗与文学有机结合,才形成了从民俗学角度观照文学的独特视角。而周氏兄弟之"改造国民性"文学的民俗人性观以及创作理论与实践,既使其成为文学的民俗文化批评的开

---

① 陈韶麟:《论周作人前期思想的演变》,《河南教育学院学报》2001年第3期。
② 李延江:《淡泊以明志　宁静以致远——谈五四之后周作人的思想心态》,《石家庄师范专科学校学报》2001年第2期。
③ 古大勇:《鲁迅周作人人道主义思想比较论》,《伊犁师范学院学报》2001年第4期。
④ 陈勤建、常峻:《20世纪初周氏兄弟文学观的民俗视角》,《湖北民族学院学报》2001年第4期。

拓者,也使其成为 20 世纪初民俗学与新文学相结合运动的杰出代表。

叶振忠[1]则对鲁迅与周作人的民俗观进行了比较研究,认为鲁迅之民俗观是解剖"世态世相","改造国民性",改造社会;而周作人之民俗观,主要是从学术研究、民俗鉴赏、收集资料的目的出发研究民俗。

8. 周作人思想综论

周作人是中国的叛徒,但也是新文化的主将,其著述之丰,连鲁迅也难以望其项背,其散文更是自成一格,被鲁迅称为中国散文中的佼佼者。孙郁[2]认为,研究周作人既可以注目于其渊博的学识,于思想建设有助,又可以关注其附逆悲剧,于学人反思有益。因此,作者对周作人思想研究的点滴进行了总结,并将之分为"非道学"、"性心理学"、"文章之道"、"翻案之心"等四个方面。作者认为,周作人渊博的学识,融汇中西的思想,对道统的厌恶以及对非功利写作的执着造成了他文章的别开生面;同时,他鲜明的性格弱点,也造成了他的悲剧人生。

三　周作人生平研究

周作人曾有意识地将其授业之人分为"学生"与"弟子",并将冰心、俞平伯等人放入后者之列。但现今研究之趋势,是让江绍原替代冰心,并将其放入周氏"四大弟子"之列,使之与俞平伯、废名、沈启无等人等同。颜浩[3]以周氏之"四大弟子"为切入点,研究了周作人与其《语丝》时期的弟子的交往活动。作者发现,周氏与其"四大弟子"没有太多展示"集团力量"的机会。直至《语丝》创刊,周作人与其弟子才联袂登场。《语丝》创刊伊始,周即致信因故缺席之俞,请他撰稿。俞虽热情稍逊,但其与郑振铎关于"雪耻与御侮"的争论,却是《语丝》创刊之后的第一次论战。周俞二人当时的观点颇多相似,且都暗含着对"五四"之时代精神的深切怀疑。

---

① 叶振忠:《鲁迅周作人民俗观之比较》,《中南民族学院学报》2001 年第 4 期。
② 孙郁:《周作人研究点滴》,《广播电视大学学报》2001 年第 3 期。
③ 颜浩:《〈语丝〉时期的苦雨斋弟子》,《鲁迅研究月刊》2001 年第 12 期。

但周是关切与担忧俱在，而俞则似乎更加超脱。然而，同为苦雨斋门人的废名对周氏之继承，则表现出与前者不同的风格。如果说周俞二人的关系是半师半友，形似而神异的，那么周与废名则是真正意义上的师徒。在废名心中，周是其文学与人生道路的引路人。而周亦对其表现出家人的亲切与随和，并对其"晦涩"与"脱离实际"的风格产生了重要影响，给予了大力支持，甚至对其多加赞赏。但二人在本质上，却也有着"散文"与"诗歌"的差别。事实上，能在专业兴趣和现实敏感度上与周保持一致的是周氏另一弟子江绍原。在现实面前，周江二人都选择了以退居"民间"的方式继承"五四"未竟之业，并由此而研究民俗学。但周江二人对"礼"的批判，却有着复活与否的方向性的分歧。

周作人和鲁迅都曾留日，鲁迅留日的情况已为研究者们详细记叙考证，但周作人的留学经历则少有人谈及。因此，日本学者波多野真矢[①]对周作人与立教大学的关系的梳理，显出了开拓性的意义。作者发现，周作人曾考取立教大学商科预科，并在此两年。当时，他的保证人是蔡元康。周作人在日记中提到，在他之前，只有罗象陶曾就读于立教大学。但实际上，在周之前还有一个学生徐大纯就读于此。周作人进入立教大学读书的主要目是学习希腊文。周作人在立教的成绩单显示，他的希腊语学得确实不错。但是成绩单上却注明周属"文科选科"。这表明周作人在立教期间是改过一回学部的，但是商科在先还是文科在先，现在还没能证实。

现代中国最知名的一批文化人中，不少与日本有着密切的关系。但对日本文化感兴趣，并始终保持密切关系的，莫过周作人、郁达夫二人。朱静雯[②]认为，周郁二人的悲剧包孕着极具个性化，同时又有着代表性的知识者个人所处之特定的历史语境的内涵，且都与日本有着紧密联系。具体说来，周作人附逆的悲剧在于他个人在历史语境中应对中日关系的思想。基于中国必败论的基本估量，作为"日本通"的周作人对于日本人必然要统治中国表示了某种程度的认同。故敌人恰逢其时的拉拢，击中

---

① ［日］波多野真矢：《周作人与立教大学》，《鲁迅研究月刊》2001 年第 2 期。
② 朱静雯：《试论郁达夫、周作人悲剧的异同》，《日本学论坛》2001 年第 2 期。

了周。而同为当时著名的文化人和知日派，且同样也成为日本人的受害者的郁达夫，反映的却是另一种悲剧形态：书生气质使郁达夫在险恶的时代境遇中，丧失了应有的警惕，从而酿成了本应避免的悲剧。

我们现在所知道的周作人和真实的周作人是有很大距离的。傅国涌①在阅读周作人写于20世纪20年代的那些被长期忽略的文章时，发现了有别于吃茶论酒的另一个周作人：面对"三·一八"的枪声时，周作人和当时无数的知识分子一样没有被吓倒，而是挺身而出，勇敢地发出自己的声音，守住了一个知识分子的良心底线和人道的底线。而这个周作人和我们习惯中所了解的那个隐士、汉奸完全不一样。作者认为，在1928年以前，周作人的血并没有"冷却"，而是尽到了一个知识分子应尽的责任。除了上述提到的事件，周作人从"五四"到"四·一二"及女师大风潮的态度和表现，亦可证明周完全是站在人道主义的立场上。而周的这一面是有别于他的苦茶隐士的一面的。

鲁迅与周作人曾经相伴成长，同窗共砚，长大相携赴日，寻求真理；然而，却中年反目，至死不相往来，这成为20世纪文坛的一大谜案。为此，陈伍莲②梳理了周氏兄弟的交往史。作者撰述，周作人在成名之前曾得到了鲁迅的大力帮助，对长兄亦步亦趋，紧紧跟随。但在周氏兄弟各享盛名之时，两人却忽而结怨，谜底不知。但作者认为，在周氏兄弟二人天各一方的时候，鲁对周始终是牵念的，鲁迅的小说《彷徨》即哀悼兄弟分手之作。而周作人却对鲁迅绝不宽恕。然而，有趣味的是，周的一生却始终未能摆脱鲁迅的影响。

四　周作人与翻译研究

周作人是我国现代著名的翻译家。在长达六十余年的译述活动中，他给人们留下了许多脍炙人口的名篇。但到目前为止，国内译界对他的

---

① 傅国涌：《另一个周作人》，《书屋》2001年第11期。
② 陈伍莲：《鲁迅与周作人的恩怨》，《民国春秋》2001年第5期。

介绍却仅限于翻译史中只言片语的提及和翻译论文集中译论的零星收录。龙海平①也发现,除了几篇文章把周氏的翻译作为其兄鲁迅译作的陪衬而偶有涉及外,几乎没有人对他深邃的翻译思想、宏大的翻译理论进行过综合整理。故作者结合 20 世纪前期我国译坛动态,对周作人早期翻译理论及独到的建树进行了分析和评价,以求向读者展示一位早期译坛大家的风范。作者认为,周作人的翻译理论,可以概括为"直译"两字。这既是他通过对我国译坛前辈大家翻译活动成败的借鉴,也是其结合自己实践体会提出的经验之谈。周氏翻译理论有一个逐渐形成的过程,其先后经历了周少年时代、留学日本时期和五四运动之后等三个时期,并被周界定了明确的内涵和外延。周作人在前期的翻译活动及理论探索,取得了累累硕果,并体现在对人名地名的译介并举的翻译活动上。此外,周氏还积极关心同时代译坛动向,对于许多不良倾向进行积极批评教育,留下了许多零星睿语。

五 周作人史料研究

裴士雄②提供、整理了周作人佚文数篇。第一篇佚文是发表于 1912年 11 月 12 日《天觉报》上的《共和国之盛衰》。在文中,周氏反复申述"种性",或曰"种魂"对于"共和国之盛衰"的重要性。周氏认为,"制度"乃是国运盛衰之表,"种性"才是根本,并以"美洲南北共和国比较论之"。第二篇文章是发表于同年月 14 日同期刊的《论社会教育宜先申禁止》。在文中,周氏认为共和国的新政府所推行的"社会教育","当于化导之先","先申禁制",才能洗涤"旧污"。而中国之"旧污",和中国"受专制祸久",人心病于"纵肆"有关。在"新旧更迭,疲顽未革"之际,"教育之事","不得不求助法律"。第三篇文章是发表于同年同月 16 日同期刊的《儿童问题之初解》。在文中,周氏论证儿童是"未来之国民",是"继承先业"、"开发新化"

---

① 龙海平:《周作人早期的翻译理论》,《鲁迅研究月刊》2001 年第 5 期。
② 裴士雄:《周作人佚文三篇》,《鲁迅研究月刊》2001 年第 3 期。

之本。但"东方国俗",却"尚古守旧,重老而轻小",甚至视儿童为"其亲长之所有","以一己之损益,决子孙之善恶",更勿言"儿童研究之学"。然"中国更始",若"欲求振革",却是"望在来祀"的。

裘士雄[1]还提供、整理了另外一批周作人佚文。第一篇是发表于1912年12月6日《天觉报》上的《国民之自觉》,署名"启明"。在文中,周氏论证今古制度不同,"中国自觉之时期,今日至矣"。而"自觉之道","要在能知己"。若人人皆能"知有自我,异于凡他",并因之而"生责任心",则"国乃亦自知其所以为国"。但对于"久受专制习俗"的中国,启迪之责乃在于"先觉者"。第二篇是发表于同年同月同期刊上的《征求旧书》的小段文字。第三篇是发表于同年同月16日同期刊上的《家庭教育一论》,署名"启明"。周氏提出,"家庭教育"在人的教育中占有重要地位,其对于个性"性格"之形成,有奠基之功,不可为"尚同"之学校教育所取代。但今日中国家庭教育"则有二事"必"当先究治","一曰儿童教育,一曰妇人问题",即重视家人的"育儿理要"之"常识",和作为家庭教育支柱的"母亲"的育儿方式。

尽管凌叔华自述,其"对于文艺的心得"大半由徐志摩培植,但张彦林[2]却发现,真正使凌步入文坛,发表第一篇作品的,却是周作人。求学期间的凌叔华曾选修过周作人的课程,并曾致信于周,向其言说推荐自己的品行才情,请周收自己作学生。周读完凌叔华的这封信,感到"她是一个很有才气的女子",便依她来信所望,写信答复于她。凌接信后,即写回信于周,并寄呈己文。周挑出凌的《女儿身世太凄凉》,寄送于《晨报》后发表。从此,凌便一发而不可收。所以,周作人是最初把凌叔华推到文坛的人,其首荐之功不可没。

鲁迅先生在《中国小说史略再版附记》中有专门感谢为其书进行匡正的钝拙先生。后人考证出这位鲁迅先生"未尝一面"的钝拙先生即是鲁迅先生的老师寿镜吾先生的次子寿洙邻先生。葛涛[3]对考证结果进行了探

---

[1] 裘士雄:《周作人佚文三篇(续二)》,《鲁迅研究月刊》2001年第9期。
[2] 张彦林:《凌叔华·周作人·〈女儿身世太凄凉〉》,《新文学史料》2001年第1期。
[3] 葛涛:《鲁迅、寿洙邻与周作人的一则佚文考论》,《鲁迅研究月刊》2001年第4期。

究,并将之证实。但同时,作者也指出有寿洙邻先生题字的《中国小说史略》是否鲁迅的那一本,尚待考证。周寿的这一文坛佳话,引起了周作人的重视,于是周又在该书扉页上留下了自己的题词。作者认为,这两则题记可为研究鲁迅、周作人、寿洙邻三先生的关系提供珍贵的史料。

六　周作人研究之研究

鲁迅和周作人是新文学运动中的两个重要的作家,他们各自所走过的道路也具有很大的代表性。因此,对他们的文学和人生道路进行比较,就具有了更为广泛的意义。李之谦[①]注意到张中行对周氏兄弟的比较研究,并对其结论提出了自己的看法。作者认为,论者的结论,即周的思想内涵过于复杂,因而在周氏兄弟"冷热两方面对比"中推举鲁,是不确的,其实际上达到了扬周而抑鲁的目的。首先,作者注意到,论者有意将周氏兄弟的冷热,联系到中国的 50 年代和苏联的解体,似乎鲁迅和周作人的"冷"与"热"的差异源于对社会主义的不同态度。但其实,周作人的冷,不仅是对社会主义的怀疑、嘲讽和攻击,更在于他对于国家和人民所遭遇苦难的漠然。其次,作者注意到,论者有意把所谓的周氏兄弟的"冷"和"热"定位为"立身处世方面的分歧",似乎周作人的冷是他一贯的立身处世的态度,并由其性格和学识所导致。但实际上,周氏只对自己国家和人民才如此冷漠,而对当时的"友邦"、伪政权的"国事"和各汉奸却十分热衷。再次,作者对论者提出的若将"时间拉长",鲁迅得寿于 50 年代,甚至八九十年代,其是否还那样热的设想的合理性表示怀疑:我们不是周氏兄弟,故无法代为回答。最后,作者指出,鲁迅和周作人是高下有别的,故而对论者提出的周氏兄弟谁是谁非的"情况并不如此简单"的结论感慨不已。——虽然现在大家都不兴谈"阶级"立场,但不同立场的人却总会对一个人物作出截然相反的评价。

---

① 李之谦:《鲁迅、周作人及其他——兼与张中行先生商榷》,《文艺理论与批评》2001 年第 4 期。

《周作人年谱》是一本质量很高的书。陈福康[①]认为该书客观反映了周氏"全人","不溢美,也不滥恶",且史料翔实,十分难得,著者甚至可凭此书而"不朽"。陈子善有文对该书的修订本进行了评论。作者有感于斯,在陈文的基础上对《周作人年谱》进行了再评论,并指出了该书的几点"不足":第一,该书所引证的一些作品的最初出处失录;第二,初版本中的个别错讹未能得到纠正;第三,周作人的某些文学活动反映不够;第四,周氏一些散佚作品未能收录;第五,周氏为别人所作书序未注明其出版年月;第六,1941年在东京文求堂曾出版的《周作人随笔抄》,同年日伪"国际文化振兴会"曾出版的周作人《日本之再认识》,均失载于修订本之年谱。

---

① 陈福康:《再谈〈周作人年谱〉的成就与不足》,《博览群书》2001年第4期。

第二章   2002 年周作人研究述评

一 周作人作品研究

1. 周作人散文研究

周作人的早期散文中多热衷于谈"鬼"。丁文①注意到了这一点，并认为周氏早期散文所谈之"鬼"，包括对"蛮性鬼"的科学剖析、对"专制鬼"的高度警惕和对"吃人鬼"的猛烈批判等三个方面。尽管周氏对三种"鬼"的剖析的方法、角度各不相同，但都统一于其对历史与现实关系的独特文化思考及其思维方式之中。另外，作者还注意到，周氏之谈鬼在经历了上述三个阶段后，因得出了悲观结论，而转向"闭户读书"和小品文写作，故理解周氏之谈鬼，可以为研究其后来的人生转向和文风转向提供思想依据。

周作人是中国现代文学史上能够独树一帜、自成风格的散文大家。人们常用"平淡"二字来概括周作人小品散文的基本特征，但吴仁援②认为，这种概括是不准确的，其往往会造成人们对周作人散文的误读、误解，乃至于误会。所以，作者提出可用平缓、平正、平实、平易、平质来分别概括周作人散文的内涵意蕴、文学追求、审美情趣、文风语言、秉性资质等方

---

① 丁文：《"谈狐说鬼寻常事"——周作人早期散文中的一种文化探源》，《海南师范学院学报》2002 年第 4 期。

② 吴仁援：《论周作人散文的风格》，《上海大学学报》2002 年第 6 期。

面的散文风格。

而刘江萍①则以周作人 20 年代小品散文为本，研析了其学者式的知识园地、"逸趣"盎然的艺术品格、舒缓自在的语言表达等方面的艺术特色，并探讨了其 20 年代小品散文的独特的精神内核及文化品格。

2. 周作人诗歌研究

周作人是我国现代白话新诗的开拓者之一，他虽然并不以诗名世，但在新诗开拓者中却是资格较老的比较成熟的作者。何休②细致考察并分析了周作人关于中国新诗的理论主张。作者认为，周作人的新诗理论涉及的问题颇多，其中包含了从诗的本质、特点，诗人的个性表现与诗的地方性和民族性的关系，诗的内容与形式的关系，诗人"梦想"的素质和诗歌语言的"简练"和"含蓄"，到新诗人对中国古代诗歌和对外国近现代诗歌的态度，中国现代诗歌的发展道路，以及怎样进行诗歌批评等问题。作者认为，周氏对于中国新诗的这些见解和主张，具有完整性、系统性、开放性和包容性的特点，对中国现代诗歌的理论建设具有开拓性的意义。

从 40 年代初期开始，周作人在撰文时，一再阐述人性的归根倾向，这是一个颇为引人注目的现象。顾琅川③注意到了这一点，并认为周的心理动因，在于其因附逆而自感于本我失落，试图寻回自我，以恢复内心平衡。而 1946 年关押于南京监狱中《儿童杂事诗》的创作，与这种寻根倾向一脉相承而来。具体说来，周氏勾描了稚情憨态孩童，创造了人与自然圆融无碍童年世界，重温了其与鲁迅"兄弟怡怡"之情，以之来苦觅失去的自我。另外，《儿童杂事诗》也隐含着周作人的某种申辩，寄寓着其对人们以"变"来概括全人，抹煞了他"未变"部分的某种不平。

---

① 刘江萍：《苦雨斋中话美文——浅谈周作人二十年代的小品散文》，《贵州工业大学学报》2002 年第 2 期。

② 何休：《新诗理论的开拓和周作人的新诗主张》，《四川大学学报》2002 年第 4 期。

③ 顾琅川：《对失落自我的苦苦寻觅及其他——读周作人的〈儿童杂事诗〉》，《绍兴文理学院学报》2002 年第 5 期。

二　周作人思想研究

1. 周作人文学思想

新文学之初，周氏兄弟曾不约而同地对"象征"问题产生过浓厚的兴趣，然而，贺昌盛[①]发现，在以往的研究中，这一点却往往被忽略过去了，或者仅仅是作为周氏兄弟倡导新文学的意见之一被捎带地提及。作者认为，象征问题在周氏兄弟的文学观念中占有着相当重要的位置，甚至可以说，正是由于对象征问题的不同理解，才导致了周氏兄弟后来在文学道路上的分歧。"五四"时期，对于象征问题的理论探索，形成了汉语象征诗学理论的两种不同路向：一种以周作人的象征即"兴"的观点为代表，试图借"象征"这一范畴将现代文学批评与中国文学的传统联系起来，以实现古典文论的现代转型，其后续者是刘西渭、梁宗岱等人；另一种路向则以鲁迅所译厨川白村之《苦闷的象征》为代表，强调"文艺是人间苦的象征"，此一路向直接将象征引向了对于自身生命与存在的体验，其所关注的焦点是人在现世的具体的生存境况。前者趋向于传统的文学趣味，后者则更接近于象征艺术的本意。由此，"如何将这两种向路结合起来"，就成为了贯穿于整个汉语象征诗学的创作实践及批评之始终的核心问题。

赵世清[②]对周作人"人的文学"观进行了价值阐释。作者认为，周作人在 30 年代重构其"纯文学"的文学观，他的文学价值参照系由"五四"时代的以西方人道主义哲学思想为底蕴，转换为中国明末的文学运动，对文学的关注焦点转移到对中国文学源流的追溯上。而这表明了其在深层次文化心理和审美情趣上对传统文化的回归。周作人 30 年代文学观的更迭，使其文学价值观发生变更，其价值效应也发生变化，由此导致闲适派散文的兴起。

---

① 贺昌盛：《周氏兄弟的象征观》，《鲁迅研究月刊》2002 年第 8 期。
② 赵世清：《周作人"人的文学"观的价值阐释》，《社会科学辑刊》2002 年第 2 期。

周登宇①发现,周作人对旧戏的态度经历了三个时期,即大力批判期、提倡改良期、竭力弘扬期,且其中的每一个时期都贯串着民众立场的思想脉络。而黄昌勇等人②则对周作人在"五四"时期文学观念变化转换过程进行了描述,展示了周从主张"为人生的艺术",到转而提倡"为艺术而艺术"的复杂历程。

2. 周作人的精神特质

周作人说他自己是一个中庸主义的人,从这一点来看,周作人对自己的了解是很深的。但周作人的人格却是十分复杂的,任何一种简单化的说明都是有害的。赵恒瑾③认为,如果将鲁迅的人格看作是殉道的、苦行主义的,那么周作人的人格就可以看作是中庸的、现世主义的,即周作人人格的传统本质是中庸。其形成与周氏早年"吃不饱"的经历有关,它使周贪图安逸、享受。而周氏人格的另一面则是由现代人本思想发展而来的个人主义。但这种人格,却在外力的挤压下逐渐变形,并最终与中庸主义融合。但不管是中庸主义还是个人主义,作为中国现代知识分子的周作人始终都没有一以贯之的生命理念。

不同于前者,宋红岭④虽然也认为,周作人的"中庸"之道与其说是传统意义中的封建士大夫思想,倒不如说是杂糅了许多现代性因素的特殊的思想结晶体,是一种包着传统外衣的现代宽容、多元理念的含混表达。但作者认为,周作人是有自己的生命理念的,其一生信守而没有改变的是一种深深植根于西方文化传统中的自由主义思想。

马廷新⑤也看到了西方思想对周作人的影响。作者认为,周作人正是运用西方自由主义文化思潮这个武器,才冲破了封建专制的禁锢,成为

① 周登宇:《民众立场上的旧戏观——周作人论》,《石油大学学报》2002 年第 4 期。
② 黄昌勇、邢庭阁:《从"为人生的艺术"到"为艺术的艺术"——周作人文学观念变迁轨迹之描述》,《河北学刊》2002 年第 3 期。
③ [韩]赵恒瑾:《中庸主义、个人主义对中国现代知识分子人格的影响——以周作人及与鲁迅的比较为例》,《杭州师范学院学报》2002 年第 4 期。
④ 宋红岭:《理性的距离:人本、宽容、自由及经验主义》,《徐州师范大学学报》2002 年第 1 期。
⑤ 马廷新:《略论周作人的文化选择》,《山东理工大学学报》2002 年第 5 期。

了中国自由主义文学思潮走向自觉的先驱。但作为有着深厚的国学修养的文化精英，周氏又时刻不曾忘记自己的文化之根，终于在文化寻根之旅中创造性地开掘出隐士情怀的新天地。

作为"爱智者"的周作人对水是很有情分的。不管是出生，还是成长，水乡成为周一生摆脱不掉的情结。王文玲[①]认为，对于周作人来说，水不仅仅是一种追怀的景致，也是一种文化的符号，潜移默化地影响着周作人的哲学、气质与文风。具体说来，水乡生活的记忆给予周作人的是一种平民化的文化性格和润泽、有生趣、"自然而简单地生活"的生活观。这种生活观体现在《小河》中，透露出周对"水"有"情分"与"利害"二分的认识，并表现出喜欢又害怕的矛盾心理。"水"的影响，使周作人有着柔弱、至坚、温热的气质，并使其文风弥漫着水气。

由于性情原因，林语堂与周作人的交往并不频繁，关系也算不上密切。但是，二人在文化思想、文学观念以及性情癖好等方面却有着惊人的相似性和承继性。王兆胜[②]认为，周作人和林语堂是"亦师亦友"的。二人都重视生活和人生，以生物学的观点去博得关于人的常识，主张以生活的艺术充分消解生命的悲剧性，具有着相似的文化思想和思维方式；此外，两人的文学观等看法也非常一致。但林语堂不是周作人的翻版，他们二人在人生态度和美学趣味上，又有明显的不同。

3. 周作人与中国传统文化

周作人对将晚明文学思潮与"五四"文学运动联系起来研究，有首推之功。周作人有言曰：晚明时期的"说理文""颇多佳作"。周荷初[③]认为，周氏之言，乃谓晚明之论说文。但以艺术散文的标准来衡量，此类散文却可能让人感到情趣稍逊，觉得其价值主要在于思想，而不以文章见长。作者认为，周氏之称赞公安、竟陵派的说理文"理多正确"，至少包含两方面的本意：一是思想观念上的反礼教，二是文艺主张的反道统。这正是明

① 王文玲：《从"水"透视周作人的哲学、气质与文风》，《鲁迅研究月刊》2002年第8期。
② 王兆胜：《林语堂与周作人》，《人文杂志》2002年第5期。
③ 周荷初：《周作人与晚明文学思潮》，《鲁迅研究月刊》2002年第6期。

代文艺新思潮的鲜明特征,也是周氏与晚明作家思想情趣上产生感应共鸣的内在契机。所以,尽管周氏常引晚明文人之语为同调,但周氏之说却是集合了中外新旧思想而成,具有现代文化品格的学说。所以,周氏对晚明文学观的言说,尽管有着某种程度的谐和,但也有其内在的差异。另外,就周氏其他文字资料看,周氏首倡小品"美文"时,并未直接受晚明小品的影响,而是取法英法的随笔;他对公安、竟陵两派的赞同是有限度的,比如对他们散文的语体风格,周氏就持保留态度,甚至有所批评。

但顾琅川[①]认为,周作人在 30 年代对明末性灵小品推重有加,并非旨在评价公安派及其发动的文学运动,而是别有目的在:周作人首先是为 30 年代风行文坛的闲适、幽默小品的出现,寻求文学史的依据,从而为反击左翼文坛的批判取得一个坚实的理论立足点;其次是出于对公安三袁处世态度、情感思想的认同,并兼有争取知识分子读者群体的策略考虑。

4. 周作人与外国文化

柳田国男是日本现代杰出的思想家,在推动日本民俗学的草创与发展方面贡献卓著,而作为日本通的周作人在日本留学期间曾接触过柳田国男的著作。赵京华[②]认为,在日本众多的学者、作家中,周与柳田国男的关系最为深刻。周柳二人虽为异国人,且一生不曾谋面,但作为同处近代历史转变期的东亚知识人,他们在通过民俗学来思考民间传统、现代化以及固有文明传承等问题上,存在着诸多相似的认识,柳田之于周作人不仅仅构成一种民俗学上的影响关系,而且还有一种深层思想精神上的共鸣关系。故而,作者认为,代表日本民俗学最高水准的柳田民俗学思想,是在二三十年代,经周作人的介绍才在中国民俗界得以传播的;同时作为中国民俗学拓荒者之一的周作人自身亦受到其影响,并促进其形成了民俗学的观念与方法。这一方面显示了柳田学说的价值与影响力,一方

---

① 顾琅川:《向历史寻求理论支撑点——30 年代周作人推重明末公安派性灵小品原因考察及其他》,《绍兴文理学院学报》2002 年第 3 期。
② 赵京华:《周作人与柳田国男》,《鲁迅研究月刊》2002 年第 9 期。

面又暗示着同为东亚国家的民俗学有着某种与西洋文明相异的共通性。

倪金华①也看到了周作人与日本文化有着千丝万缕的联系,并注意到不少论述不仅注意到周作人接受日本文化思想艺术影响方面的特征,还指出了周作人与一些日本随笔作家之间的思想联系与共鸣。作者认为,随笔是追求隐逸的周作人自我人生逃遁的艺术之塔;周对人生趣味的追求与其所推崇的日本随笔家的艺术趣味及自我的文学理念相同,鲜明地体现了他的隐逸思想;周隐逸思想的生成与发展有其特点和趋势,并且和其所持有生命无常观,接触的佛教思想和日本随笔散文中的隐逸思想密切联系。

和上述学者不同,董诗顶②注意到了周作人与俄国文学的联系。作者认为,在以《罪与罚》为代表的陀思妥也夫斯基话语活动中,周作人作为接受主体在文本的具体语境中与创作主体产生了复杂矛盾而又极有意义的接触:一方面是共鸣和领悟,另一方面是困惑。作者认为,通过对这个过程的梳理,可以看到周作人复杂的接受表现:一方面是对被侮辱被损害的小人物典型描写手法的崇敬,另一方面则是对陀思妥也夫斯基现代性话语的畏惧。

对周作人与外国文化进行研究的还有陈泳超和刘全福。陈泳超③认为,周氏家族的民间文化氛围、周氏本人南京求学期间获得的"趣味知识",是使周作人研究民间文化的重要因素;而周氏留日时期的知识行为,则是促使其研究希腊神话的决定因素。周氏对人类学的接受是次第进行的,其中神话学是促使周作人从文学走向人类学的中介。刘全福④则在研究中肯定了周作人作为我国希腊文学、日本文学和东欧、北欧弱小民族文学的译介先驱地位。

---

① 倪金华:《周作人与日本随笔——周作人思想艺术探源》,《鲁迅研究月刊》2002 年第 7 期。
② 董诗顶:《周作人:在陀思妥也夫斯基的话语活动中》,《徐州师范大学学报》2002 年第 1 期。
③ 陈泳超:《周作人・人类学・希腊神话》,《鲁迅研究月刊》2002 年第 6 期。
④ 刘全福:《周作人与"被损害民族的文学"》,《四川外语学院学报》2002 年第 3 期。

5. 周作人的儿童思想

　　无论是民俗学研究，还是将民间童话引入儿童教育之中，周作人都有首创之功。黄淮东[①]也注意到了这一点，并对周作人的童话观进行了相关研究。作者认为，周作人心以为然的童话，是带有原始遗留物的、幻想性的、适应儿童审美需要的民间故事，即"民间童话"。周作人对民间童话的诠释，其用意之一，是批评当时把童话当作荒唐乖谬、迷信，会蛊惑人的错误观念。周作人将民间童话用于儿童教育，是受了进化论的儿童观的影响。周作人对儿歌与儿童教育的贡献为：一、给童谣正名；二、给儿歌分类；三、将儿歌用于儿童教育。

　　和上述学者相同，郑长天[②]也对周作人的童话观进行了相关研究。作者认为，周作人的教育童话观蕴含了民俗学的方法和儿童心理学的成果，在中国儿童文学史上建立了一个"现代"的环节，奠定了童话教育的科学基础。但与此同时，周作人的教育童话观也存在着儿童本位主义的弊病：周作人的童话教育只是针对儿童心智的开启和知识的获取而言，忽略了儿童的道德情感与道德意志的熏陶和培养。

6. 周作人与民俗民间文化

　　周作人一生著述广泛，但他对于民间文学、文化形态的研究一直怀有浓厚的兴趣，并作出了开拓性的贡献。王光东[③]认为，"五四"时期，周作人对民间文学、文化的论述，是从文学的整体意义上来看待的，其只是把民间文学看作是文学的一种类别。虽然周氏从学术的层面上，论述了民间文学各自不同的问题特征及其文学史意义，但从新文学建设的角度来看，他所寻找的是"文学"共同的东西。所以，周氏对于那些不能成功表达

---

① 黄淮东：《论周作人的民间童话、儿歌与儿童教育观》，《广西大学学报》2002 年第 4 期。
② 郑长天：《"原人之文学"的审美功能——论周作人之教育童话观》，《湘潭大学社会科学学报》2002 年第 2 期。
③ 王光东：《在民间与启蒙之间——"五四"时期周作人的民间理论》，《文艺争鸣》2002 年第 1 期。

人类情感或所表达的内容及与其"人的文学"相悖离的民间文学作品持批判的否定态度。

蔡长青①则认为,周作人的生活观由两个层面构成:一为"自然地简易地生活",一为"微妙地美地生活"。前者注重平民趣味,而后者则带有传统士大夫的情调。

7. 周作人与政治

虽然论语派是"不谈政治"的,但周作人却反复说明,中国的一切隐逸都是政治的。吕若涵②认为,论语派30年代的"非政治"本身就是一种政治姿态,是以周作人等为代表的论语派的对抗策略。事实上,周作人等论语派从未像他们所宣布的那样闭起嘴巴,而是一面抨击现实的"复古",一面在传统文化中择取边缘话语,并赋予其反封建的现代色彩。对各种"主义"和乌托邦的消解是以周作人为代表的论语派最鲜明的特征,但这只是他们反封建的一种手段。当这种手段具化为策略时,便是强调封建与现代的对立,并且在现实语境中批判革命文学,提倡非功利主义的个人文学。

三　周作人生平研究

学界对周氏兄弟失和事件评议已多,且一般着眼于该事件对鲁迅的影响,涉及周作人方面则不仅显得单薄,甚至还多有揣测之词。荣挺进③在阅读《晨报副镌》影印件时,发现数则材料与此事件有关,并认为从中能见出兄弟失和对周作人的刺激,但该材料尚未引起足够的注意。作者所列举的第一则材料是《土之盘筵》,这是周作人兄弟失和后周作人第一次直接表露心情的材料。经分析,作者发现,周氏自述其"生了病,没有精神

---

① 蔡长青:《从民俗看周作人的生活观》,《皖西学院学报》2002年第6期。
② 吕若涵:《现代性个人主体的坚执——论1930年代周作人及论语派的政治思想理念》,《鲁迅研究月刊》2002年第12期。
③ 荣挺进:《〈晨报副镌〉上有关周氏兄弟失和的几则材料》,《鲁迅研究月刊》2002年第11期。

再写"的叙述是失实的。实际上,周不能叙写的原因,是兄弟决裂给予了周作人强烈的刺激,才使周放弃了其之前充满热情承担的"对儿童的义务"。第二则材料是《〈自己的园地〉序》。周氏在该材料的措辞及其表露的心态,暗示了其有在文学上寻求慰安的倾向。而将该材料与其他材料进行思想参照比较,则会发现周氏思想的重大变化:兄弟失和事件,冲毁了周作人的人类相通的意识,使周对个人和自己天然承担着的人类、社会责任意识产生了怀疑,甚至幻灭感。另外,作者还发现被周氏摈之于集外的大量的文字,非常值得关注。作者从失和事件的角度去研究了被删汰的《〈阿Q正传〉》,并认为其之所以被删汰,并非如周氏所言,是由于成仿吾等的批评,而和鲁迅有关。此外,作者还认为,周氏与鲁迅在八道湾周宅发生剧烈冲突后所撰的《破脚骨》一文并非直指鲁迅。因为,周氏在随后发表的与鲁迅有关的《几首希腊古诗》,流露出了明显的悲哀与绝望的情绪。最后,作者提出,前此与之相关的关于周作人转向的似成定论的说法已面临挑战:兄弟失和给周作人带来的情感和思想上的冲击或是周作人转变的真正转折点。

程堂发[①]翻阅了周作人的档案资料,详细梳理了周作人案的始末。抗战爆发,周作人起初以种种理由未肯南下,并拒绝汤尔和拉拢,但其后却出席日伪会议并发表亲日讲话。文化界一面抨击周氏行为,一面致公开信于周,周皆置若罔闻。后刺杀事件发生,周误以为日人所为,日伪趁机对周拉拢软化,周最终出任日伪要职。由此,周氏因意志不坚定,沦为汉奸。抗战胜利,周氏于参加伪同僚宴会时被捕,并被以汉奸罪起诉。周氏对自己所任伪职供认不讳,但却坚称彼时被迫,并无恶行。彼时,沈兼士曾积极救助周,周为此感动落泪。周氏好友徐祖正等人为周氏致函法院,认为周不仅未通敌,且做过有利于青年的好事,保存了北平高校的文化资产,要求对周"从宽发落"。因案情复杂,法院反复会审。每次庭审答辩中,周都极力反驳对自己"遵照侵略计划,实行奴化教育"的指控,并援引朱家骅声明等自辩。但由于周作人、郭绍虞等人提供的证词证物等皆

① 程堂发:《文化巨奸周作人案审讯记》,《文史精华》2002年第7期。

需调查,且沈兼士、朱家骅等人曾提供对周不利证词,故周氏案庭审四次方告结束。其间,律师王龙的辩护对周作人的量刑起到了至关重要的作用。但周却对宣判结果并未表示认可。他在阅读学生谭振天的血书日记后,决心振奋,请法院重审。其后,法院考虑周的实际情况,对其量刑减轻。周不服,但还是被押往南京老虎桥监狱。

学界对周作人"附敌"事件如何定性,显然存在着很大的分歧。高玉①认为,周作人的自由主义思想是导致其附敌的深层原因。周作人的思想本质上是自由至上主义。他虽然清楚地知道个人与社会之间的关系,但却似乎没有从根本上认识到社会现实对个人自由的限制。所以,周氏只是从自由主义的思想层面上认为自己有权留在沦陷区,而没有从现实层面上思考个人的自由问题。这表明周氏对自由与正义的关系相应地存在着深刻的误解,这是周作人附敌从而造成人生悲剧的非常具体的原因。而周以极端自由主义思想为前提,对"节"的批判和对作为"节"的重要内涵的"爱国"的否定,则是周作人附敌的思想根源。实际上,周氏关于"节"和"爱国"的观念不能单纯地看作是伦理思想问题,这里面包含着对民族主义的误解。周氏的附敌行为,已超出了思想自由的范围,超出了自由的限制,实际上是把自由极端化了。而周作人把个人自由置于国家自由和种族自由之上,把思想自由绝对化,正显示了其自由主义的激进性和脆弱性。

张挺、江小蕙笺注的《周作人早年佚简》是一册很有价值的书。然而,散木②发现该书有几处小疵,如注者所言"周作人一贯持反蔡立场,与他当年初到北京大学时因客观原因未蒙蔡重用有关"之说很可商榷。蔡氏与周氏兄弟的关系,既有同乡之情,也有师友之谊,但在"五四"新文化运动时,周作人未曾"持反蔡立场"。至于周始到北大不见器重而怀恨在心,怕是诛心之论,与事实不符。实际上,周氏与蔡氏在思想观点上多有一致,且曾为蔡氏所提携。作者推测,周氏批评蔡氏之语境,当系蔡氏参加

① 高玉:《对"自由"的误解与周作人的人生悲剧》,《社会科学研究》2002年第5期。
② 散木:《周氏兄弟眼中的蔡元培》,《鲁迅研究月刊》2002年第9期。

"清共"及国民党染指华北蔡氏主张大学院制和大学区制失败后，而与周氏初到北大一时失意无关。

新中国成立后，周作人已被排除在"人民"之外，面对新时代、新政权他已无法继续坚守自由知识分子的文化价值立场，从而不得不做出某种选择与调整。温奉桥①认为，周作人的这种选择和调整是痛苦而艰难的。彼时，周作人的文化心态已不是整体统一的了。面对新政权、新社会，周氏一面表现出了某种程度的认同的趋向，另一方面又无法完全抛弃个人自由主义知识分子的价值理念。周氏的矛盾加之其"文化汉奸"的特殊身份，使他无可避免地陷入了认同与反叛的旋涡。

钱玄同与周作人同是20世纪中国思想文化领域中的名人，在三十余年的交往中，他们在社会、政治、文化及私人情趣上保持了高度的契合。王昊②对之进行了梳理。作者发现，在国难之中，钱周对于人生道路的选择尽管大相径庭，但二人旧谊仍笃，最后亦善始善终。

此外，对周作人生平研究的还有林恒青等人。林恒青③从日本白桦派作家武者小路实笃与周作人之间在"新村"方面的诗歌交往，探讨了武者小路实笃及其"新村"运动对周作人的影响，和周作人在北京的"新村"实践。

四　周作人与学术研究

周氏兄弟一生中结撰编写的文学史著作不多，但无论是周树人的《中国小说史略》还是周作人的《欧洲文学史》，在当时都有揭橥之功。季蒙④认为，周树人著述乃是为了讲述课程，因而其《中国小说史略》有别于一般性的学术著作，只是一篇讲稿纲要性质的东西，作者的观点在书中反映不多，只有些平实的叙述和介绍说明。而这和当时周树人正着力于新文化

① 温奉桥：《认同与叛逆：论建国后的周作人》，《山东社会科学》2002年第6期。
② 王昊：《略论钱玄同与周作人》，《河海大学学报》2002年第3期。
③ 林恒青：《武者小路实笃与周作人的诗歌交往》，《福建师范大学学报》2002年第3期。
④ 季蒙：《周氏兄弟的文学史》，《鲁迅研究月刊》2002年第9期。

运动的传播工作,借小说史略传布常识有关,其价值在于抛砖引玉,开研究风气之先。周作人著述之文学史,虽也有同样的目的和功绩,但周作人之著,则完全渗透着著者对原著的亲切体会,其虽然也只是纲要概述,但其行文简炼平易,绍介亦颇能切中要害,新鲜生动之处非后来的同类著述可比。另外,周氏兄弟之分歧,亦可从二人的所著之文学史中看出一二。所以,结合周氏兄弟的活动经历,就他们二人所编写的文学史来看,其知识的绍介是其次的,引人思考才是关键。

五 周作人与期刊研究

作为"五四"文学革命旗帜下的一员骁将,周作人在《新青年》的活动,对于新文学运动的发展起了重要的作用。陈韶麟[①]对周作人此时期的思想和活动进行了研究。作者认为,周在此时期鼓吹文学革命、思想革命,倡导人的文学、平民文学,介绍欧洲文学和俄罗斯文学,宣传新村主义等等,比较真实地反映了他这一时期的思想与活动。虽然周后来附逆,与其同时代的人也没有抹杀他的贡献。周作人的经历值得我们认真反思。

六 周作人史料研究

鲁迅周作人兄弟在他们早年的作品中,署名有时是互相借用的。对这类问题,有的在周作人生前已经予以澄清,而有的至今尚需进一步考订。张菊香[②]就周氏兄弟早期作品的署名互用文章进行了梳理,并将其分为三类:第一类是署周作人之名或周作人之笔名,实为鲁迅的作品;第二类是署鲁迅或鲁迅之笔名,收入或曾收入过鲁迅的文集,实为周作人所写或代拟的作品;第三类是鲁迅和周作人合作翻译或撰写的作品。其中,第一类作品包括《古小说钩沉·序》、《怀旧》、《云谷杂记·序》、《会稽郡故

---

① 陈韶麟:《论周作人在〈新青年〉的思想与活动》,《中州学刊》2002 年第 6 期。
② 张菊香:《鲁迅周作人早期作品署名互用问题考订》,《鲁迅研究月刊》2002 年第 6 期。

书杂集》及"序"、《域外小说集·序》等；第二类作品有《惜花四律》、《维持小学的意见》、《蜕龛印存·序》、《随感录三十八》、《随感录四十二》和《随感录四十三》等；第三类作品除早已被确认的外，尚有《造人术》、《红星佚史》、《劲草》、《镫台守》、《欧美名家短篇小说丛刊·评语》等。作者表示，上述周作人早期署名互用的大致情况，尚待方家批评。另外，为使眉目清晰，便于读者、研究者查阅时一目了然，作者还将正文中涉及的周氏兄弟的有关译著，以时间先后为序，列了一个简表。

七　周作人研究之研究

张铁荣和徐敏利用网络进行了有关周作人的学术对话，张铁荣[①]将之以《周作人研究谈片》发表了出来。在文中，张徐二人皆认为周作人的女性观是个大题目。徐认为周的女性观是从人道主义出发，加上蔼理斯的学说，生发而成的，其学说内涵在今天依然振聋发聩。张在回应文中，简述了自己从事周作人研究的路程，并认为周作人研究是一条知识分子的自我的反省之路。其次，两人就"五四"话语和主流话语进行了讨论，并认为五四话语并非空洞。再次，张还向徐介绍了新订正的《周作人年谱》较旧版本的改进之处：首先是信息量增加，补充了新资料；其次是订正了一些史实和误植；最后，张以"打水人"及"深井"的譬喻，说出了自己做周作人研究的感受，即保持平常心。

儒释道思想对中国文学有巨大影响，但是由于政治与文化历史的原因，长期以来现代文学与佛教文化的关系却一直是一个少人问津、近乎空白的研究领域。针对此现象，叶子铭[②]认为，哈迎飞的《"五四"作家与佛教文化》的出版，刚好给学术界奉献了一份厚实的礼物。作者认为，此书极大地拓展了佛教与中国现代文学关系的研究领域，视野开阔，论证严密，且思路新、有创意，是一部文风朴实的学术著作。

---

① 张铁荣：《周作人研究谈片》，《鲁迅研究月刊》2002 年第 1 期。
② 叶子铭：《雏凤清于老凤声——评哈迎飞的〈"五四"作家与佛教文化〉》，《文学评论》2002 年第 5 期。

周作人是毛泽东点了名的汉奸,但徐晋如[①]却看到,自 20 世纪 90 年代以来,许多渴望成名的学者却用各种手段,意图为周作人翻案。作者自述,其虽然赞同对周不要因人废言,但是却无法从自己的思想体系出发,认可像周这样的文人。作者认为,周作人是死不悔改的,故而质疑当下热衷周作人的文学青年,是否对隐居于苦茶庵历史背后的幽灵有所觉醒。另外,作者还批评了模仿周作人文风的止庵的作文风格。

---

① 徐晋如:《周作人吴伟业合论》,《社会科学论坛》2002 年第 7 期。

第三章　2003 年周作人研究述评

一　周作人作品研究

1. 周作人散文研究

尽管周作人曾经希望学人为求知而求知，但曾锋[①]认为周却并未做到这一点，其非常重要的学术讲演稿《中国新文学的源流》（以下简称《源流》）即并非纯粹的学术研究。作者认为，周的此篇文章，是一篇比较精致狡狯的披着学术外衣的杂文。周在其中使用了伪装的文体，指桑骂槐，于平朴客观的学术讲述中，敲响了轮回的警钟：一个统一统制的时代过去后，是纷乱自由的时代，之后又必定兴起思想专制的反动……所以，在此篇文章中，周是在"重来"惧虑的支配下，按照轮回模式来剪裁取舍历史材料，阐释文学史、思想史的。故而，《源流》在冷静地揭示、承担轮回命运时，常常闪出一些段落对抗粘滞、凝重的宿命，并于其中透露出无望的希望，其风格如同黑色幽默。

学者散文流派的发展由来已久，但在当代散文界，"学者散文"与"文化散文"两个概念往往是混同的。吴德利[②]认为，学者散文的创作加重了

---

① 曾锋：《轮回对历史叙述的支配——〈中国新文学的源流〉及周作人论之一》，《鲁迅研究月刊》2003 年第 4 期。
② 吴德利：《学者散文的"阴阳面"——以周作人和余秋雨为例略谈学者散文的流变》，《艺术广角》2003 年第 3 期。

散文的知识品位和文化分量,而文化散文则在散文创作中引入了关于文化和人生哲理的思考,两者实难泾渭分明。作者借用上述观点,粗略描述了一下学者散文流派的变迁,认为现代学者散文以周作人为杰出代表,当代的学者散文以余秋雨为重镇。两人同属一个流派,却表现出截然不同的味道:周作人的散文个人性灵气更足,而余秋雨的散文历史意蕴更浓;前者犹如品尝历史的精致的或颓废的点心,而后者则像吃甜腻的现代巧克力。他们相异风格的形成则与时代思想等因素有关。

另外,对周作人散文进行研究的还有臧明华①等。

2. 周作人诗歌研究

学界普遍认为,初期白话诗人一定程度上存在着重白话轻诗艺的倾向。但龙泉明等人②认为,大多数白话诗人是十分重视艺术探索的,这些白话诗人的新诗,不但革新了语言形式,而且提供了相当丰富的精神内涵,表现出十分鲜明的时代特征。文章通过具体分析胡适、刘半农和周作人所体现出来的不同创作倾向及其个性化的精神表现,深入揭示了初期白话新诗的精神特征及其历史意义。作者认为,个人情感与文化理想的冲突在胡适的诗里最为突出,从中可透视一个先行者灵魂的孤寂与无奈;刘半农以平民的姿态观照世界,其诗渗透着浓厚的人间情怀;周作人无力抵御外部世界苦难的侵袭而转向内在生命的玩味和咏叹,其诗表现了自我生命的悲哀和惊恐。尽管上述三人的创作还处于新诗的尝试阶段,在艺术形式上难免有些幼稚和不成熟,但在艺术精神上,却表现出真纯朴实的情感内容和个性化的思想内涵。

1918 年北大征集歌谣运动是在"五四"文学革命背景下展开的。在这一运动中,胡适、周作人、刘半农是三个引人注目而且成绩卓著的人物。

---

① 臧明华:《从日人笔记看周作人"文抄式"散文的创作心态——以〈药味集〉1940 的创作为例》,《阜阳师范学院学报》2003 年第 6 期。
② 龙泉明、汪云霞:《初期白话诗人的个性化写作——论胡适、刘半农和周作人诗歌的精神特征》,《人文杂志》2003 年第 6 期。

胡慧翼①认为，虽然同为民间文学的倡导者，但上述三者却以不同的眼光，来发现民间歌谣。胡适着眼于白话语言革命，周着眼于学者的研究需要，刘则偏重于个人趣味。故而，虽然三人都将歌谣纳入到他们对新文学的想象之中，但其内在思想理路是不同的。

二 周作人思想研究

1. 周作人的文学思想

周作人20世纪20年代中期出现了学术立场的"转换"。黄科安②注意到了这一点。作者认为，周的这种转换，带有明显对"他者"及"自己"解构的特点。在转变过程中，周不仅有意避开"五四"激进派因循二元对立思维，避免对传统文化进行简单取舍，而且他自己也由早期号召新文学作家"模范"外国的"美文"，彻底转向复古晚明的小品，凸现晚明小品的反抗、边缘、颠覆的社会功能，重新确认现代散文的精神源头。而周的理论是在创构中进行的：周创构出现代散文理论话语，重视在口语基础上的"杂糅调和"，注意"涩味"与"简单味"，讲究"知识"与"趣味"的"统制"。对纯粹白话语言观来说，周的这种理论，有着"解构"的性质。相对于以鲁迅为代表的左翼作家建构的现代散文"主流话语"，周作人的声音无疑是较为独特和深刻的。因此，重视和分析周的现代散文理论，将有助于学界进一步描述现代散文观念建构的话语空间。

胡适和周作人都是"五四"文学革命运动的风云人物。关于文学革命，他们有不少一致的主张，但也存在着许多差异。靳新来③比较了这种差异性。他认为，胡适是因关注语言工具的变革，才建构起白话文学理论的；而周作人则更重视文学实质内容的更新，并因此形成了"人的文学"

---

① 胡慧翼：《论"五四"知识分子先驱对民间歌谣的发现——以胡适、周作人、刘半农为中心》，《西南民族学院学报》2003年第3期。
② 黄科安：《周作人散文理论的生成与转换》，《泉州师范学院学报》2003年第1期。
③ 靳新来：《胡适、周作人文学革命观比较》，《胜利油田师范专科学校学报》2003年第2期。

观。从本质上来说，胡适的白话文学理论，是以实用主义为哲学基础的；而周作人的"人的文学"观，则来源于人道主义思想。另外，在文学革命的态度上，胡适属于温和派；而周作人则在表现出宽和的同时，也凸显了深刻和激进的一面。总的来看，如果说，在"五四"新文学革命中，胡适迈出了艰难的"第一步——文字改革"，那么周作人则迈出了关键的"第二步——思想改革"。

叶向东①注意到，人道主义是周作人文学思想的理论基础和反抗封建专制的有力武器。作者认为，周作人是以中西文化冲突为历史背景，站在时代的高度，从文学与人的关系入手，提出对于中国文学具有原创性的人的文学思想的。人的文学思想，不仅构筑了周的人道主义文学思想体系的基础，还为中国文学的现代化打下了第一块坚实的理论基石。

中国现代文学革命是一场以"人"为核心视域的文学变革运动。周作人最大的理论贡献是提出了"人的文学"的观念，并以此来概括新文学的内容实质，从而标画出新旧文学的本质特征。刘保昌②肯定了周作人的"人的文学"的价值，但同时也认为，周的"人的文学"强调理性与情感的调和，故而与道家文化有着一脉相承的渊源。

丁晓原③注意到，周作人与郁达夫在编辑《中国新文学大系》时，是以散文家的资质来解读"五四"散文的。作为"五四"文学的在场者与创造者，周作人注重散文主体的"性情"与"趣味"，郁达夫则瞩目于文本中人性与社会性的"调和"。这不仅凸现出他们操持的散文观念的差异，而且也从一个方面反映了"五四"散文因其开放而得的多元品格。

2. 周作人的精神特质

周作人创造了别具滋味的散文，而散文则雕塑了周作人作为文学大家的丰碑。丁晓原④从周作人和周作人的散文的关系入手，对周作人的

① 叶向东：《论周作人的人道主义文学思想》，《云南师范大学学报》2003年第2期。
② 刘保昌：《道家文化与"人的文学"观》，《福建论坛》2003年第4期。
③ 丁晓原：《论周作人与郁达夫五四散文观的差异》，《江苏社会科学》2003年第1期。
④ 丁晓原：《散文的周作人与周作人的散文》，《厦门大学学报》2003年第5期。

精神特质进行了研究。作者发现，周作人是有散文情结的。有着这种散文情结的周作人，可概括为，散文式的周作人，或曰"散文的周作人"，即周作人本身就是他所指认的言志的散文，周作人的哲学思想、人生态度、性情情趣等无不诠释着他所命名的散文小品。而周作人的散文情结，又转化为周作人式的散文，或曰"周作人的散文"，即散文是周作人的一种语言物化，是周作人生命存在的另一种方式，是周作人精神私人化的一种表达。由此，作者认为，在现代散文史上，能够让主体与文本交融相生，周作人似是第一人。

在周作人研究中，人们往往为其复杂性所蒙蔽，把本为简单的问题极力复杂化。赵海彦[①]认为，尽管周一生著述颇丰，读书也杂，并不时以"杂家"自居，但最终影响其人生奔赴与文学观的乃是一些简单的因素，诸如吃食、水、趣味等：对"吃食"之美的无止境追求，成为了周的思想中的享乐主义的重要一环，并使他苟活偷安；对"水"的复杂的感情，使周作人最终远离时代大潮。而两者最终的汇聚，则使周走上了"以趣味为中心"的文学之路。

不同于前者，陈静[②]却坚持从周作人思想的复杂性入手，分析周作人的思想。作者认为，周作人始终在"出世"与"入世"之间徘徊，在思想上的进退与怀疑最终导致了周在"五四"退潮之后，行为反常，政治"失节"。周的悲剧，在于其是一个社会转型期的学者。实际上，周只是一个不知生活何处的灵魂漂泊者和探索者。

对周作人有精神特质进行研究的，还有张能泉[③]等。

3. 周作人与中国传统文化

人是被规训的动物，而社会对人的规训又往往以人的躯体为基点。躯体不仅是各种体制化的权力实现对人的控制的支点，也是各种社会知

---

① 赵海彦：《吃食、水、趣味及其他——论影响周作人人生观与文学观的几个关键因素》，《青海师范大学学报》2003 年第 2 期。

② 陈静：《浅述周作人思想的复杂性》，《咸宁学院学报》2003 年第 1 期。

③ 张能泉：《周作人与唯美主义》，《湖南工程学院学报》2003 年第 4 期。

识实现对人的控制的平台和工具。只有解构了传统对人的控制方式，才有可能实现人的解放，并最终实现民族与社会的现代性转变。黄晓华[1]认为，鲁迅与周作人正是因为意识到躯体与人的解放的重要关系，才力图解构传统以躯体为基点实行对人控制的模式，并借此将人的解放推上了一个新的高度。所以，周氏兄弟对传统礼教对人的躯体的规约和以中医为中心的人的躯体知识体系的批判，深入剖析了寄寓在躯体上的种种隐晦的权利关系和神秘信念。其中，鲁迅着重于解构附着于人的躯体的外在规范，从社会历史的向度切入传统对人进行奴役的权力体系；而周作人则着重从自然进化的向度，切入传统对躯体的内在意识和传统关于人的建构的知识体系。所以，鲁迅与周作人以敏锐的眼光，从由奴隶到人与由动物到人这两个关于"人的解放"的维度，切入躯体问题，并在人的解放的问题上实现了交融与互补。

"半是儒家半释家"的周作人，以现代眼光重新解释了中国传统文化基础的儒家思想，并以此构建起一个融合了中西文化而以儒家人文主义为核心的文化理论框架。但在这一文化理论框架中，周作人为什么要以佛学义理作为儒家思想的最主要补充？顾琅川[2]注意到上述问题，并对之进行了研究和阐释。他认为，上述问题和周作人以释补儒，以佛学对儒家思想进行纠偏补缺有关。具体说来：释家小乘缘起论为周作人提供了消解儒家天命观的思想力量，并强化了周作人反思想统制的个性主义；佛学以觉为本的立教思想启发了周作人的启蒙思路，形成了他以关注人的精神解放为本的人道主义特征；佛学注重从心性理论入手，重视自身人格意志修养，是周实现以释补儒格局治佛的又一途径，其中佛学"空观"理论与"忍"的精神帮助，强化了周反抗绝望的精神。所以，佛学通过消解、补充儒学而进入周作人的文化性格，并赋予其厚重的佛学意蕴。

谢友祥[3]也关注到周作人思想的释家色彩。在林语堂和周作人的传

① 黄晓华：《躯体的解控与去魅——周氏兄弟关于"人的解放"的一个重要视角》，《鲁迅研究月刊》2003 年第 12 期。
② 顾琅川：《周作人文化性格的佛学底蕴》，《绍兴文理学院学报》2003 年第 5 期。
③ 谢友祥：《传统话语下的林语堂和周作人》，《嘉应大学学报》2003 年第 2 期。

统话语的比较中,作者认为林语堂儒而道,周作人儒而佛,这使两者的人生选择有了差异,其中林语堂活得更加洒脱。但周林二人又都疾虚妄、爱常识、尚中庸,这集中了中国传统的大智慧,对其所在时代有多方面的超越性。

周作人的"苦雨斋"里聚集着一批现代文人。哈尔克[①]对苦雨斋的这批文人进行随笔式的评写。作者认为,就当时儒林内外的情况来看,苦雨斋中的周氏沙龙的特点,是亦新亦旧,亦古亦今,但其精神的本源是属于现代的。苦雨斋中的"京派"重友情,有着相似的情趣和追求,喜欢写看似"消极",实则较佳的文章。文章中常常拉杂着身边的杂调。另外,他们对现实采取"鉴赏家"的态度,但这种态度的背后是深彻的清醒。

4. 周作人与外国文化

曾锋[②]论述了周作人思想中与尼采有直接联系的几个命题,即"世事轮回"、"忠于地"、"进化论的宗教"等。此外,他还论述了周作人与尼采可能没有直接渊源关系但却有深相契合之处的观点,如存在主义、审美化的生存、超越伦理等,并对其作了适当引申和平行比较。第一,就"世事轮回"观来看,周作人与尼采都反对目的论,但尼采疑及语言、逻辑和理性,而周作人则停留在社会历史和伦理道德等比较笼统宏观的层次上;第二,就"忠于地"来看,周作人和尼采同是执着于现实,但尼采重在哲学阐释和个人诗性体验,而周作人虽推衍至社会人生,关注颇广,很少形而上兴趣,却在政治、风俗、教育、日常生活等人生各面皆有深刻的看法;第三,就"进化论的宗教"看,周作人和尼采都假定人性是二元的,其中尼采由其西方人的好分析的思维方式常执其一端,并推之极致,而周作人则由其中国人的习于综合的思维方式以及中庸心态总能兼顾二元。如:就思想来看,周作人常能兼顾个人与社会、现实与理想等,而尼采则执于一端,偏重个人、非理性等方面;就社会理想上来看,尼采更冷漠,周作人则尚留启蒙一

---

① 哈尔克:《苦雨斋杂谈》,《鲁迅研究月刊》2003 年第 3 期。
② 曾锋:《周作人与尼采》,《中国现代文学研究丛刊》2003 年第 1 期。

线梦想;在个人的超越性生存上,尼采一味空灵峻洁,而周作人则更耽于流连光景。

木山英雄①认为,在中国的文学家之中,周作人与日本及日本文化关系是最紧密的。周作人的民族意识显示出一种"自我谴责"倾向,即强烈的民族自我批判意识。而且这一点也越发加深了周作人对于日本文化某方面的个性上的爱好。但周作人关于日本及日本文化的议论,却贯穿于好意与非难之间,而且这两方面常常相互抵触,呈现复杂之态。

庄浩然②认为,周作人是我国译述古希腊戏剧的拓荒者与奠基人之一。周胸怀世界文化的宏大构想,以创建中国新文化、改造国民性为最高鹄的,奉行两个"三角塔"的独特的文化艺术观,不仅翻译了古希腊的悲剧、喜剧及拟曲等一批传世之作,而且全面地考究、评述了古希腊戏剧的生成、发展、兴衰及其代表性的作家作品。周的译述的文化策略突显出孤标特立、卓然不凡的文化品格,对于推进新世纪中外文化交流,缔建现代的民族新文化,有重要的历史价值与启迪意义。

另对周作人与外国文化进行研究的还有刘伟③等。

5. 周作人的儿童观

"五四"是发现"人"的时代,也是发现"儿童"的时代。陈文颖④以周作人和鲁迅为个案,考察了成人文学中的儿童形象,认为周氏兄弟共同发现了儿童,他们儿童观的侧重点不同。具体来说,周作人欣赏儿童原始、自然的一面,乐于在儿童的生活中发现艺术和人生的至高境界;而鲁迅则从改造国民性的责任出发,深入挖掘儿童在传统文化中的真实地位和真实境遇,关注其如何在精神上被"吃",又如何参与到"吃人"的行列中。故而,周氏两人的儿童观,似乎走到了理想和现实的两极。但周氏兄弟对儿童的讴歌与呐喊,在今天,依然具有极大的启发意义和价值。

---

① [日]木山英雄著,刘军译:《周作人与日本》,《鲁迅研究月刊》2003年第9期。
② 庄浩然:《周作人译述古希腊戏剧的文化策略》,《福建师范大学学报》2003年第4期。
③ 刘伟、柴红梅:《周作人的日本文化研究理论探索》,《辽宁师范大学学报》2003年第3期。
④ 陈文颖:《讴歌与拯救——周作人与鲁迅笔下的儿童》,《新疆师范大学学报》2003年第4期。

6. 周作人的女性观

周作人和张竞生同为新文化运动中的风云人物,且对妇女问题用功颇勤。汪丹[1]比较了周张二人的妇女观。作者认为,周张将妇女研究从男女平权的政治层面深入到女性本位的文化层面,这是其新式妇女观的共性与价值。尽管二人对妇女的认识,有悲观与乐观之分,但其都有昙花一现的历史遭际。而其原因,在于二者都过于偏颇于西方个体本位的文化理念,背离了中国群体本位的文化传统。

对周作人的女性观进行研究的,还有周登宇[2]等。

三 周作人生平研究

李大钊是中国共产党的创始人,伟大的马克思主义者。而周作人则是现代散文大师,同时也因附逆行径而留下了莫大的污点。但李传玺[3]发现周作人和李大钊一家有着非同寻常的友谊。即使是在周为人诟骂的日子里,他仍然能凭中国知识分子的良知,冒着风险给予李家无私的帮助。具体说来:周曾在李遇害时,挺身救护身处险境的李葆华,并对早先的文人朋友,如蔡元培、胡适等,在此时鼓吹的"清党"论说进行了尖锐的批判。周还在此时,为《顺天时报》对李的污蔑,拍案而起。因为这些激烈的言辞,周惹怒了当局,《语丝》被迫停刊,周并避难一周。在李大钊牺牲后,周还积极地帮助李的后代,并为其保存《守常全集》。周作人不仅在李公葬的发起过程中发挥了独特的作用,还解囊接济困顿中的李家后人,使他们得以顺利葬父,并免受逮捕。此外,周在彼时,依然继续帮李家保存、编辑《守常全集》,甚至帮忙出售书。甚至,在附逆时,周还帮助李星华去了延安,并嘱其为毛润之带口信。所以,虽然周有污点,但还是应该实事

---

① 汪丹:《从男女平权到女性本位——周作人、张竞生妇女观之文化研究》,《安徽大学学报》2003 年第 3 期。
② 周登宇:《文化人类学与周作人的女性观》,《韩山师范学院学报》2003 年第 1 期。
③ 李传玺:《周作人与李大钊》,《学问》2003 年第 9 期。

求是地看待他这一段人生黑暗时期中的闪耀的亮点。

四　周作人与学术研究

周氏文抄常以谈史或品评前人言论的方式批评时弊,因此,评论此类"文抄",亦当在察其"意"的基础上,再品评其文章之优劣,而不能从抽象的文学性着眼,以言志小品之"独抒予怀"为批评准则。据此立论,葛飞[①]通过对周作人文抄文和清儒杂说的比较,认为周作人抄书,可谓是以他人之文代己之欲言,即通过征引清儒的杂说,借重其中的义理,让自己有所言说。经梳理,作者认为,周的写作从晚明小品转到清儒笔记,有两个原因:其一,周不能忘情于时代,但又对文中流露的"师爷气"常存警惕,周深困于此,难以超越,却从清儒处学到了写文章的方法;其二,清儒笔记旁征博引、仅按语见己意的行文方式与周氏趣味相合,使周在行文时,既可追求思想深刻,同时还能不违背敦厚温柔的原则。由此来看,周氏的文抄有很大的解读空间,其既可以看作是一种出世的"学隐",也可看作是入世的"学隐"。但本质上,彼时的周作人确实是在以自己的方式,抗衡着 20世纪 30 年代各趋一端的激进与复古之风。所以,周氏的"文抄",亦可被看作是杂文。而周氏文抄的特色,则正如其所称赞的清儒笔记,是"抄"与"驳"的结合,即不求正统,而以"情理"为准。所以,周氏文抄其实是周无可言说之言说。而周氏的困境与思路,则可体现于《中国新文学的源流》一文。在此文中,周氏看似在梳理双线的文学史和思想史,其实是为了获取批评资源而进行的逆时间之流的探源;周氏借此,营建了一整套以"常识"为中心的批评话语,获得了一整套有现实指向性的词汇。

五　周作人史料研究

《十山笔谈》是周作人的遗作,是一组谈汉字的文章,其于 20 世纪 80

---

① 葛飞:《周作人与清儒笔记》,《鲁迅研究月刊》2003 年第 11 期。

年代发表于海外,但国内仍知之者甚少。孙玉蓉①认为关于《十山遗作》转赠、发表的故事是耐人寻味的,故而对之进行了梳理。50年代初期,周作人曾经写作了一组谈汉字的文章《十山笔谈》。这篇手稿被他保存了十余年,未曾发表过。周作人病逝前,将手稿赠送给曾经关照过他的王益知。王益知冒险保存,并于80年代初,将手稿寄赠新加坡友人周颖南,使《十山笔谈》得以在海外发表。但王益知曾在此手稿发表前,请俞平伯过目,并请其为遗作题写篇名,俞平伯应嘱题写下"十山笔谈"。后周颖南在将周遗作发表前,为其写了按语,认为手稿的写作日期是40年代与50年代的交替之间。但在他写信征求俞平伯的意见后,俞却分析遗作写作日期为50年代之初。周颖南信服俞,并在遗作首次发表前做了修改。再后,周俞二人就遗作的稿费问题通信,并最终将稿费寄给周作人的儿子周丰一。另外,周俞二人还分别将周的遗作寄赠、介绍给叶圣陶。叶圣陶肯定了周的遗作的价值,但限于自身职务考虑,原不打算将其介绍给他人,却转而将之介绍于众。作者认为,叶的做法,既和自身的思想斗争有关,又和遗作的参考价值有密切联系。关于接受和转寄《十山笔谈》,周颖南②有自述,其可作为重要资料,对孙玉蓉的论述进行材料补充。

王世家刊发了鲍耀明③整理的关于周作人的两则选自《秋草园旧稿》的佚文,并对这两篇佚文,及鲍耀明与周作人的关系作了说明。其中,第一则佚文是《古诗今译》,第二则佚文是《民间童话故事六则》。《秋草园旧稿》由周丰一寄赠鲍耀明,其中的佚文是八位古希腊诗人的小诗,题名《古诗今译》。《古诗今译》原有两部分,本文介绍的是第二部分诗歌。王世家介绍,周作人曾经为第一部分诗歌写过题记。鲁迅曾经对其译作和题记进行了修订。而在鲁迅修订的当天,周作人又翻译了本文刊登的八首小诗。后第一部分译诗和题记于次年发表,并成为周作人所写的第一篇白话文;而第二部分诗歌,则成为佚文。王世家推测,后八首小诗,可能也含

---

① 孙玉蓉:《关于周作人遗作〈十山笔谈〉》,《鲁迅研究月刊》2003年第3期。
② 周颖南:《周作人遗作〈十山笔谈〉》,《鲁迅研究月刊》2003年第3期。
③ 鲍耀明整理,王世家说明:《周作人佚文两篇——选自〈秋草园旧稿〉》,《鲁迅研究月刊》2003年第7期。

有鲁迅的心血。其后，周作人又曾对该部分佚文的前六首诗歌进行过绍介和润饰。王世家还指出，鲍耀明是周作人"信得过的朋友"，与周通信四百余封，收藏周氏父子寄赠手稿数十件，鲍所提供的部分周的佚文，对周作人的研究工作有着重要的推动作用。

《东山谈苑》是一本与周作人颇有渊源的著作。汪成法[1]在翻阅30年代的《大公报》时，偶然见到周作人的一封谈及《东山谈苑》的信，并因此起了探究的兴趣。作者遍查《周作人文类编》)和《周作人年谱》均不见对此信的记录，故而推测，其也许是一篇尚未被研究者发现的周作人的文字，并根据周作人对"书"和"信"的分类，将之称为"佚书"。这则"佚书"，是周对《大公报》认为《东山谈苑》"自清初至今，尚无刻本"的回应。而《大公报》亦采用了周提供的信息，改变了对《东山谈苑》的说法。该书之所以重要，是因为周后来在自己的文章中曾多次提到它：从1937—1940年，周作人每年都引用倪元镇关于"一说便俗"的故事，这实在是一个耐人寻味的现象——周作人再三引述此事、此语，是否在进行自我"辩解"呢？

张菊香《鲁迅周作人早期作品署名互用问题考订》梳理了兄弟二人早期合作撰文，署名互用的情况。朱金顺[2]肯定了张文的重要价值，但认为张的考订并不齐全，故而提出周氏兄弟合写的另一篇文章，即《犹太人》的《附记》，希望与研究者讨论。该文收录于周氏三兄弟合译的《现代小说译丛》(第一集)的《犹太人》，由周建人重译。但该文最初发表时，却是由周作人与鲁迅合写。然而，署名却只有周作人。朱金顺以鲁迅写给在碧云寺养病的周作人的通信为证，列举了周氏兄弟合作的情形。该佚文现收入《周作人集外文(1904—1948)》。

周作人曾为同附逆于敌伪政权的钱稻孙所译的《樱花国歌话》作序。当时，钱对此书翻译极快。卞琪斌[3]分析，钱翻译此书，是敌伪授意。故而，钱译完后，即向同时附逆的周索序，是因为周有此"义务"。虽然周撰写的序，看似有其一贯的思想，但因里面亦有周对其原本并不钦敬的岳飞

① 汪成法：《周作人的一封"佚书"——关于〈东山谈苑〉》，《鲁迅研究月刊》2003年第8期。
② 朱金顺：《鲁迅周作人又一篇合写的文章》，《鲁迅研究月刊》2003年第2期。
③ 卞琪斌：《周作人作序的〈樱花国歌话〉》，《鲁迅研究月刊》2003年第6期。

等人的颂扬之词,而这种措辞的文章又和周当时因伪"职务"原因而所作之文、所说之话相似,故而可认为是一篇"应酬文"。另外,作者还注意到,在孙书出版前,周即被"解职",而孙书的发行者,却是周深以为恶的朱深,周和朱的名字竟分列其上。故作者推想:不知周氏在翻看此书时,当作何感想?

六 周作人研究之研究

《周作人俞平伯往来书札影真》(上下册)分别收录了二三十年代周作人致俞平伯的全部书札和俞平伯致周作人绝大部分的书札,属于劫后余灰,对于现代文学来说,其史料价值不言而喻。但是,这些书札绝大部分当时没有注明年代,所以,准确判断这些书札的写作年代,便成了编辑该书工作的关键。但是,孙玉蓉[①]却发现,此书的编者偏偏在考订工作上做得很不够,书中年代、月份的判断错误随处可见。例如,《影真》上册第三封信所推断的年月,就是错误的。正确的年月,应该是 1925 年 6 月 18日。据粗略统计,在上册中,将 1925 年的信误编入 1926 年的书札,有四封;而将 1926 年的信误编入 1925 年的,有两封。由于未及时保存,下册的错误最多。实际上,仅就俞平伯对周作人称谓的变化,便可大致检测书中年代编排的错误。俞平伯对周作人的称谓,是随着周作人笔名的变化而有所改变的:从 20 年代至 1932 年,俞平伯致周作人信的称谓由"启明先生"、"启明师"到"岂明师";俞自 1932 年底始改称周"知堂师",并将这一称谓一直使用到二人交往的终结。所以,如果在众多称呼"岂明师"的信中,掺入一封称呼"知堂师"的信,就可考虑它的年代断定是否有误。据此梳理,作者发现了很多类似的年代错乱、前后倒置的错误,甚至于有些年代的判断错得离奇。如,下册有两封信札就被误编入"一九三〇年"。其中,第一封信札是位于第 98—99 页,自署写于"七月十日"的明信片。经分析,这封信札的实际日期,应为 1941 年 9 月 1 日,农历"七月十日"。

---

① 孙玉蓉:《也谈〈周作人俞平伯往来书札影真〉》,《中国图书评论》2003 年第 2 期。

而第二封信件位于第 101 页,其被编排在"一九三〇年",但实际日期却应该是 1963 年。另外,让作者感到不可思议的是,《影真》下册唯一的一封 50 年代的手札年份判断,也未能幸免于错。该信札位于下册的第 239 页,其日期被标注为"一九五一年",而实际日期却应该是 1954 年。

2003 年 11 月 5 日,河南大学出版社和鲁迅博物馆联合举办了"周作人研究的历史、现状及出版工作座谈会",其时来自国内外的 20 多位专家、学者出席该会。葛涛①整理了该次座谈会的发言。在座谈会中,黄乔生致开场白,孙郁做了总结发言。黄指出了周作人研究的不足,即周作人研究曾经是作为鲁迅研究的副业和补充,并表达了希望周作人研究能够更加深入下去的愿望。随后,舒芜作首席发言,强调研究者在从事周作人研究时要保持平常心和学术研究的态度;同时,他也提出,深化周作人研究的关键是资料,这是一项基本而长期的任务。再后,钱理群深化了舒芜的说法,并指出了周作人研究的困难和解决途径:外在环境的无形压力和研究者的知识结构与研究对象的巨大差距,要求将深化周作人研究的希望寄托在年轻的学者身上,故而可有意识地扶持一些有潜力的年轻人。止庵也肯定了舒芜的看法,他认为,周作人文集的出版最大的问题,是版本的问题。故而,他建议分别出版一本内容翔实的周作人年谱、周作人著译系年、周作人研究文章汇编。黄开发、张铁荣、日本学者汤山美子等人,也看到了周作人研究的短板,并分别强调了资料出版的重要性。但张菊香则认为,出版周作人文集的条件尚不够成熟,当务之急是搜集、抢救周作人佚文、书信等资料;而王世家则认为,周作人研究应该被视为鲁迅研究的深化,而非其他。此外,日本学者小川利康则对日本的周作人研究的历史和现状进行了梳理和介绍。

钟叔河②追溯了他编辑《周作人散文编年全集》的缘起及坎坷历程。作者自述,《周作人散文编年全集》是"自己想编的书"。他二十年前即喜好周作人作品,并曾致信周。后作者意外得到了周的回信和题赠,并对其

---

① 葛涛:《"周作人研究的历史、现状及出版工作座谈会"纪要》,《鲁迅研究月刊》2003 年第 11 期。

② 钟叔河:《〈周作人散文编年全集〉编者前言(初稿)》,《鲁迅研究月刊》2003 年第 12 期。

产生了"知己之感",决心努力于周的"誓愿"。于是,寻机为周出书,并策划重印周的系列旧作。彼时,作者曾就此事登广告,主张对周要"人归人,文归文"。但作者的计划,却不幸夭折。幸而得到自称周作人"护法"的胡乔木的帮助,才免于落入尴尬境地。后作者离休成"老百姓",少了拘束,便着手周作人文集的编辑和出版工作。考虑到周的文章杂且多、错别字多、题材广而风格杂,最终决定将周的文集尽可能选入出版,而不在同行的文集、选本范围内打转。后作者编成《周作人分类文稿》,但书稿完成并上交单位及出版社后,却石沉大海。再后,作者虽自感自己是"书呆子一路",但依然继续努力编辑,最终完成全集编辑。作者自述,编全集的目的是存文,至于读者的读法,则为自己能力之外的事情。但作者也诚恳地自述自己是倾倒于周作人的文章之美的。此外,作者还列举了鲁迅、巴金、胡适等前辈对周作人文章的评价,还列举了周作人对自己文章的评价:周并不以文章之美为重,反倒是认为其文章"所可取者当在于思想"。

第四章　2004 年周作人研究述评

一　周作人散文研究

1. 文体学

黄科安①发现，周作人在一些随笔中喜欢故意写得"别扭"，其原因有二：一是作者本人的性情嗜好以及知识结构，二是作者背后的时代风尚和社会环境。而周作人的"别扭"写法，其实就是"驳正俗说"的修辞策略。所谓的"驳正"，就是反抗正统权威；而"俗说"则是以诙谐的态度出之，即周作人注意用诙谐幽默笔法创作出蕴含社会深意的随笔作品。这虽是"拨草寻蛇"的看家本领，但他也只到要被"火"烤了为止，未必有"殉道"的决心。其深层原因是周作人的"中庸"观念在作祟，但这也使他在"驳正"与"俗说"之间取得一种艺术的节制和均衡。因而他的随笔作品呈现出"中和"之美，有"微词托讽"与"文气庄重"、"游戏而有节制"与"庄重而极自在"的审美境界。

黄科安②还发现，周作人与现代随笔观念的建构有着密切的关联。周作人注意从古代随笔资源中获得有益的养分，曾力图使"随笔"概念成为包容更为广泛的文类，但在将其与"小品文"相区别和联系时，有时却由

---

① 黄科安：《"驳正俗说"：周作人随笔的修辞策略》，《东岳论丛》2004 年第 2 期。
② 黄科安：《周作人与现代随笔观念的构建——周作人随笔综论之一》，《青海师范大学学报》2004 年第 2 期。

于审定不严而产生了概念混淆的现象。但周善于从国外的随笔资源中汲取具有现代意义的精神血液。这就促使他走出传统樊篱，勇于承担起"社会批评"和"文明批评"的重担，重视随笔的道德意义、思想建设。这也正是现代随笔的精魂。另外，周作人也非常注意构建现代随笔的文体内涵，并提出了所谓"平淡"境界以及"常识"和"趣味"等富有创意的美学要素。

2. 美学

冲淡美不但被我国传统美学所青睐，更是周作人散文的一个重要特色。刘春香[①]认为，周作人散文的冲淡美讲究自然、平易。他的散文通过对平实而广泛的内容的叙写和自然平易手法的运用，达到了一种超然于艳冶秾丽之外的散文胜境——冲淡之美。他的这类散文，对中国现代散文的创作，具有开拓性的意义。

二 周作人思想研究

1. 周作人的精神特质

王培元[②]不同意孙郁关于周作人"以独立精神为本"，"周氏传统是鲁迅模式的一种补充"的看法。他认为，叛徒——"隐士"——汉奸是周作人的人生三部曲，其中有着隐约可见的"精神脉络"。为此，作者将其和鲁迅置于同一纬度进行比较，认为周作人是"隐士"，而鲁迅则是猛士，这两种人格有着根本的不同：猛士先敢于正视，才可能敢想、敢做；"隐士"则无此勇气，并逐次沦于不能见、不敢见的叛徒，最终走向汉奸之路。所以，周作人并没有真正的隐逸之心。在中国历史、社会、文化中，鲁迅的猛士人格及其生命境界，是具有叛逆性的，完全新型的。构成鲁迅精神结构的主干的，是意志和情感，由此也铸就了他的至大至刚的主体精神，坚不能摧、韧不可折的个性和炽热无比的生命激情。在这个意义上，作者把鲁迅称

---

① 刘春香：《周作人散文的冲淡美》，《阴山学刊》2004 年第 3 期。
② 王培元：《"隐士"与猛士》，《读书》2004 年第 1 期。

为中国现代知识分子之父。而周作人以"现代隐士"为旗号的生存方式和精神方式表明，他仍在传统士大夫的人生道路上转圈子。和鲁迅不同，周作人最终由逃避逍遥、超然世外的老庄哲学的泥淖，滑入了敌伪官僚的深渊，并表现为逃避黑暗，厌倦抗争，畏惧痛苦，放弃责任，拒绝承担。所以，周作人的这种"现代隐士"的人生哲学，是虚幻的、自欺欺人的，其本质上是遇见强者，不敢反抗时，以"中庸"为粉饰的自慰和卑怯。

易前良等人①认为，唯美主义作为一种生存体验，与东方古典艺术精神有契合之处。作者从周作人的"无形功利说"的文学观（即"文学无用论）、"茶道"式的人生态度以及鉴赏式批评观等三个方面去辨析其与英国唯美主义之间的关联，发现周的思想中有西方唯美主义的成分，但同时也归依于古典东方精神。"文学无用论"是周作人系统的文学观和批评观。但和西方唯美主义不同，周的"文学无用论"与自我情感表现论有密切联系，其本质是维护文学的独立性。"茶道"是周作人的人生态度，里面蒸腾着"中正"精神、"凝神观照"的态度和贵族精神。至于周的鉴赏式批评则既包含了印象主义批评的内核，又融入了自己的思考，同时还与中国传统批评有深刻的内在关联。

刘堃②发现，在周氏兄弟精神特质的比较中，他们的信仰变化轨迹和宽容精神可以形成有意味的参照，而他们的精神特质的差异也导致他们各自文体的独特创造性。鲁迅和周作人等先觉知识分子都有关于"人"的信念与人的自觉。在新文化运动高潮期，周作人选择了性道德和妇女问题作为突破口，宣扬具有超越历史与现实的人性；后来因感受到革命的狂潮，其信仰动摇，并转而投向"新村理想"；但随着"'五四'的落潮"，其新的信仰很快也再次动摇，并再次对启蒙和群众失望，而周也最终变成了喜爱静观的"爱智者"。但在此过程中，鲁迅凭依"立人"思想，始终关注底层，具有不同于周作人的"民间意识"色彩，强调担当意识和"过客式"的拯救。从宽容精神来看，周作人的"宽容论"使个人主义与人道主义趋于统一，而

---

① 易前良、谢刚：《周作人与唯美主义》，《社会科学辑刊》2004 年第 2 期。

② 刘堃：《从散文看鲁迅与周作人精神特质比较》，《鲁迅研究月刊》2004 年第 10 期。

鲁迅则强调自我与他人、独与众的矛盾对立。但鲁迅性格中这种决绝的否定与批判精神并没有妨碍他在现实生活中的"宽容"，而周作人则相反。周在思想上的深刻和清醒导致他在感情上的淡漠和在观念上的固执己见，所以其在兄弟失和后，对兄长在感情和思想上都不能"宽容"。周氏兄弟精神特质的不同，也导致了他们各自文体的创造性：鲁迅找到了"闲话"和"独语"来表达自己的思考，传达自我的生命体验；而周作人则在"闲话"、"抄书"中"行贩"科学常识，节制、甚至隐藏情感。

"五四"前期周作人以宣扬、实践人道主义的社会理想著称于"五四"中国新思想界，但在1921年之后，他的思想命题发生了重大的变化。张先飞[①]论述了在20世纪20年代初周作人思想的第一次重大转折的思想过程，即从坚定的人道主义理想到"自己的园地"思想立场的初步确定的观念历程。"自己的园地"这一新的思想原则成为20年代中后期周作人思想历程的重要逻辑起点与思考基础。

孙俊杰[②]认为，"两个鬼"是周作人对自身矛盾性的一种概括，亦是人们对他的普遍认识。但通过周作人与鲁迅的比较，作者发现"两个鬼"并不是周作人所独具的特性，而是人性的普遍存在。

2. 周作人的人生哲学

徐鹏绪等人[③]认为，周作人的思想世界博大精深，涉及面极广，看起来甚至有些驳杂，但其实有一个灵魂，那就是"人"。抓住了他的人生哲学，就抓住了他思想的精髓。其人生哲学的第一方面便是要人"知道你自己"。为此，周提出用"常识"作为认识"人"的工具，其中包括了解个人及全人类的生物学、性心理学和文化人类学知识等关于人生的最基本的"常识"，和能培养理智的自然和社会科学知识以及"怡情养性"的艺术。第

---

① 张先飞：《从人道主义理想到"自己的园地"：1918—1922：周作人现代人道主义观念的转变》，《淮北煤炭师范学院学报》2004年第4期。
② 孙俊杰：《周作人的"两个鬼"》，《江苏教育学院学报》2004年第1期。
③ 徐鹏绪、武侠：《论周作人的人生哲学及其对文艺观和文学创作的影响（一）》，《鲁迅研究月刊》2004年第4期。

二,是人性论。周作人偏向提倡人的生物性,要人"顺其自然",反对"不净观"的性态度,反对社会"假风化之名"干涉两性关系,要人遵循人生不同阶段的特性和发展规律。第三,是生死观。他认为,死亡是自然规律,但不是生命终点,这使他更加关注生活和生命,并乐于享受其过程,执着于生,却并不渴望长生。第四,是人生虚空论。周作人的人生虚空论源自于他的教训无用论和历史轮回观。周作人发现,圣贤教训都是无用无力的,历史总是在过去与未来之间进行中性的交替,无所谓前进和后退。第五,是人生孤寂感。这种人生孤寂感来自于他对人与人之间相互沟通和理解的怀疑,同时也可视为一种智者的寂寞。第六,是生活的艺术。周作人提倡一种把生活当作艺术的态度,即"艺术地生活",强调生命之外的生趣和"无用"的闲趣,但其本质上是周对人生"执着"与"悲观"二者融合的结果。

在总结了周作人人生哲学的主要内容之后,徐鹏绪等人[①]又进一步归纳其主要特色。他认为,周作人人生哲学最大的特点就是"抽象的人性论"。周作人把人性定义为"兽性"与"神性"的合一,并且把两者放在同等重要的位置。他看重人的自然性,这对千百年来束缚人性的封建礼教起到极大的颠覆作用;但是,他基本没有认识到人的社会性。他所说的人的"神性"指的是人有调节和控制自己本能的理性来保证全体的共存,尽管也能把人放在"类"当中理解,但这个"类"指的是由无数个体人简单组成的大人类,而非具有在历史和现实交叉关系中的具体的社会有机体。周作人人生观的第二大特色就是"中庸",他多次标榜自己的思想是儒家,特色是中庸,并将其称之为一种不彻底的人生观。但他的这种中庸观,却是在广泛博取了传统文化中的儒、释、道、法以及日本和西方文化的基础上得来的。

徐鹏绪等人[②]还认为,周作人的人生哲学不仅直接决定了他人生道路的选择,还深刻影响着其文艺观和文学创作。从文艺观来看:第一,周

---

① 徐鹏绪、武侠:《论周作人的人生哲学及其对文艺观和文学创作的影响(二)》,《鲁迅研究月刊》2004 年第 5 期。

② 徐鹏绪、武侠:《论周作人的人生哲学及其对文艺观和文学创作的影响(三)》,《鲁迅研究月刊》2004 年第 6 期。

作人将"物理人情说"贯穿在他的文艺思想里,并将其作为评判文章好坏的标准;第二,周作人在其灵肉一致的人性观基础上,提出了"人的文学",强烈反对非人的文学;第三,周作人提倡"平凡的人道",认为人生的真理并不那么神秘高深,而是蕴含在芸芸众生最普通最平凡的日常生活中,所以他提倡"平民文学",主张用普通的文体写普通人的生活和思想情感;第四,周作人认为文学应当"真诚",即所谓"修辞立其诚",因此他强调文学是独立自我的表现,反对把文学当作宣传教化的工具,提出了"文学无用论",强调文学的个人性和文章的天然本色;第五,周作人注重生活情趣,偏爱简单质素、于苦中品尝生命甘甜的艺术化生活态度,他将这种理念贯注在文艺思想中,用"趣味"、"平淡自然"、"简单味"和"苦涩味"等四个概念来解说文学的艺术性,并选择了散文这一具有写真特征、主观性强、能够以小见大且形式不拘一格的文体为主体进行创作。周对散文创作的选材,也可谓非常自由广博。其文章风格,呈现出一种"平淡腴润"与"浮躁凌厉"矛盾统一的复杂面貌,并表现为不刻意经营文章结构,随意发挥,追求文章冲淡简朴的外形,崇尚天然,力求和平委婉,但却也不缺尖锐泼辣之文。

张宏伟[1]认为自然科学对周作人人生观及其求真精神的形成,发挥了重要的作用。自然科学是周作人知识体系中的一个重要构成要素。他重视自然科学知识的学习和当时的社会主流、少年的学习兴趣以及鲁迅的影响有关。自然科学使周建立了一种新的人生观,其不仅把生物学作为一种规定人类行为标准的新经典加以推崇,毅然否定了传统的封建思想观念,抨击人类的非人类行为和"女人佛教人生观",还挖掘传统文化的精华,并在此过程中窥视到中国人缺乏求真的精神和认识事物的科学方法。

蔡长青[2]对周作人的生活观进行了研究。作者发现,从表面看,周作人似有两种截然不同的生活观:一为"自然地简易地生活",一为"微妙地

---

① 张宏伟:《刍议自然科学与周作人人生观的形成》,《西安石油大学学报》2004年第1期。
② 蔡长青:《论周作人生活观的建构》,《安徽教育学院学报》2004年第4期。

美地生活"，但二者并非割裂而实相通。前者在其生活观建构中并不具有独立性，只是作为基础而存在，后者才是周作人最终追求的生活目标。

3. 周作人的文学思想

黄开发①认为，周作人的文学观明显可以分为留日时期、"五四"文学革命前期和二三十年代三个时期。在这几个时期中，其文学观都与功利主义存在着对立、依存和对话的复杂关系。留日时期的周氏兄弟都主张借用文学来改革国民精神，但同时却又接受了"非功利美学"等思想，强调文学的"无用之用"。周氏兄弟的文学功用观是对梁启超主张的功利主义的文学观和王国维主张的"无用之用"的文学观的双重超越。对前者的超越使他们的文学观念摆脱了中国传统功利主义的思维方式和价值观念的掣肘，为文学深刻地表现现代社会生活开辟了广阔的空间；而对后者的超越则使他们重视文学的社会价值，把文学现代性与启蒙现代性结合起来。没有这两点，中国现代性的文学观念便无法真正确立。在"五四"文学革命前期，周作人虽然也重视文学的思想启蒙的工具性价值，并从思想革命的视野提出了他的文学革命主张。但是周作人却是文学革命的主要倡导者中，唯一一个始终注意并维持文学自身独立性的批评家。而到了二三十年代，周作人开始由功利主义色彩浓厚的"人的文学"走向"个性文学"，并试图通过坚守"个性"反对"工具论"来抵制功利主义文学。所以，他的文论有一定的论争色彩，但他并不排斥文学的"功利性"，坚持"五四"启蒙的价值观。所以，周的"个性文学"虽然有缺陷，但却是对功利主义文艺观的一种反驳。回顾周作人的文学观与功利主义的关系，不仅有助于深入地把握现代文学观念的特点，而且还能够对我们思考中国文学的现状和未来有所启示。所以，周作人的文学观为我们省思中国现代功利主义文学观念提供了一个十分重要的参照系。

进化论曾经是周作人在文学革命时期的信仰。郭建玲等人②认为，

---

① 黄开发：《周作人的文学观与功利主义》，《中国现代文学研究丛刊》2004 年第 3 期。
② 郭建玲、杨联芬：《一种信仰的怀疑——论周作人文学思想的进化色彩》，《海南师范学院学报》2004 年第 6 期。

周作人以"从动物进化的人类"这一人性观来阐释人的本质,提出"人的文学"命题,并以此确立新文学的现代品格,故而其在思想道德方面对文学革命作出了独特的贡献。然而,文学革命落潮后,周作人对进化论产生怀疑,并以循环论的眼光审读文学史。从进化论到循环论,这一转向构成了周作人文学思想中最为痛苦的冲突。

段炼[①]发现,青年钱钟书对周作人《中国新文学的源流》一文的批评有误:第一,钱钟书将周作人所说"言志"与"载道"坐实为对"诗"和"文"两种具体的文学体裁特征的描述,而这与周作人的观点不符;其二,钱钟书以"载道"文人也可以书写性灵并言志,来否定周作人提出的"言志派"和"载道派"在中国文学传统中此消彼长趋势的观点,是以局部而否定整体,以个案而否定趋势。

李志孝[②]认为,"五四"退潮后的周作人,因思想上的保守,放弃了原先"为人生"的文学主张,而提出文学是作家"自己的园地",是"表现",并提出文学批评要"宽容";但周的宽容有自己的"趣味"限制,其对左翼文学就极不宽容,理论与行为呈矛盾状态。故而,周作人并不是一个具有开放的胸怀,能够兼收并蓄从而构建自己理论批评体系的批评家。

杨永明[③]认为,作为 20 世纪的文化先觉者,周作人的文艺观呈现出复杂而矛盾的特点。"五四"时期周提倡为人生的"载道"文学,后来则主张带贵族气的"言志"文学。周的文艺观既受着西方人文主义、理性主义思潮的影响,又打着中国传统文化的烙印,并显示出由儒家"济世"思想到道家"隐世"思想,再到佛家"空"、"苦"观的演变。

4. 周作人与外国文化

(1) 周作人与古希腊文化

古希腊文学因其闪光的精神特质而保持永恒的艺术生命。张积文[④]

---

① 段炼:《"言志"与"载道":从钱钟书对周作人的一个错觉谈起》,《博览群书》2004 年第 5 期。
② 李志孝:《周作人文学批评的宽容观及其矛盾》,《辽宁师范大学学报》2004 年第 1 期。
③ 杨永明:《周作人"载道"、"言志"文学观的传统文化思想流脉》,《宜宾学院学报》2004 年第 6 期。
④ 张积文:《论周作人与古希腊文学》,《哈尔滨学院学报》2004 年第 12 期。

认为,思考中国文化的周作人在对古希腊文学的大量接触与研究之后,以启蒙者的眼光发现了古希腊文学中蕴涵的卓越精神,认为这种精神对中华文化来说有很大的补充和裨益。周作人文化精神的重要内容,如人道主义、自由观念和"中庸"思想等,与周作人自己所推崇的古希腊文学蕴涵的精神特质有密切关系。

翻译古希腊文学、研究古希腊文化是周作人一生中的重要工作之一。凭借自己良好的古希腊文学素养,周作人对古希腊文化有着深刻的理解和认识。然而,蒋保①认为,周氏研究古希腊文化的最终目的是对中国传统文化进行系统的鉴别和批判,并期借此能改造提升国民文化素质。通过与中国传统文化的比较研究可发现,周氏关于古希腊文化的"现世"、"爱美"、"中庸"和"明其道不计其功"的"好学"特征的论述,在今天的中国仍然具有重要的学术价值和现世意义。

（2）周作人与日本文化

方长安②认为,由日本获得的崇尚自然的文化观,是周作人倡导、建构"人的文学"观的内在驱力与基本原则。它决定了周作人对厨川白村灵肉调和论的成功阐述并符合周作人心以为之的个人与人类关系的新村主义,促使周认同《小说神髓》,进而形成了"人的文学"观。"五四"后,周作人将其"人的文学"观的关注重点,由"写什么"转移到"怎么写"上。他自觉告别新村,对"人的文学"观的内在结构进行了调整,并使之有两个特点:第一,将"人的文学"观的核心从人类意志与个人意志的和谐、统一调整转换为单一的个人意识与趣味;第二,为"人的文学"观引入贵族文学精神,使其贵族化。但他未意识到,他是以更地道的新村方式告别新村。于是,其调整后的文学观着上了更深的新村主义色素。而当他以调整后的文学观,整合夏目漱石、有岛武郎的文学论及俳句、川柳等时,其"人的文

---

① 蒋保:《周作人之古希腊文化观》,《社会科学评论》2004年第3期。
② 方长安:《形成、调整与质变——周作人"人的文学"观与日本文学的关系》,《文学评论》2004年第3期。

学"观也由此而发生了质变。

刘伟等人①则认为,在周作人的内心深处有一种日本文化情结。周作人的日本文化情结是长时间被扭结的抹煞了民族界限和剔除了正常理性的特殊精神——心理现象,它是周作人在民族危亡时的民族立场的迷失和在人生道路上误入歧途时的内在情感因素和隐形动因。具体说来,周作人的日本文化情结以强烈、巨大和持久的日本文化情感为核心,包含着复杂的多重思想内涵:一是对日本文化的认同,即体现为对民风民俗、日常生活等的喜爱;二是对同为"东洋人"的文化身份的确认和对"中日文化共同体"的想象。所以,我们不能回避也无法否认日本文化情结与其附逆的必然逻辑关系。其《鲁迅与周作人对日本文化选择的比较研究》②则认为,在对异域文化的选择和研究上,鲁迅代表的是大多数留日学生的文化取向,而周作人则是特立独行的一个。

孙德高等人③认为,周作人思想尽管来源庞杂,但日本传统文化对其有很大的影响,他的"趣味"的养成与日本"江户情趣"有很大的关系。他的"颓废"思想有西方唯美思潮的因子,也有佛道的影子,同时还离不开对日本平安时代"物哀"与"谐趣"的文学传统的体悟与吸纳。而这种现象,则反映出东方文化在吸收西方文化时的某些共同的倾向。所以,从东西比较文学的立场看,周作人和永井荷风代表西方唯美主义文学在中日的最初景观。

5. 周作人与中国传统文化

鲁迅与周作人是现代文学史上的代表人物,作为相同环境、相同文化熏陶下成长起来的同胞兄弟,他们在很多方面表现出截然不同的精神风

---

① 刘伟、柴红梅:《日本文化情结与周作人的附逆》,《东岳论丛》2004 年第 6 期。
② 刘伟、柴红梅:《鲁迅与周作人对日本文化选择的比较研究》,《辽宁师范大学学报》2004 年第 6 期。
③ 孙德高、陈国恩:《周作人与"江户情趣"——兼与永井荷风比较》,《武汉大学学报》2004 年第 4 期。

貌和价值取向。束景南等人[1]认为，周氏兄弟个性的不同，造成了他们对吴越文化中"激烈"与"冲淡"两种不同的人文精神承传与吸收的差别，由此形成了他们为人为文的迥异。具体说来，吴越一带丰富的水域是造成吴越两种不同文化的原因，北人南迁时带来的玄学之风亦为其增添了内涵。其体现在周氏兄弟身上便形成了鲁迅的"刚中带柔"和周作人的"柔中带刚"两种性格。对吴越文化精神内涵的不同接受，使周氏兄弟在早年性情的形成之初就开始有所分歧。具体来说：鲁迅的接受是单向的"接受—沉入—浮出"，周作人则走了一段"接受—沉入—浮出—再沉入"的循回路线。周氏兄弟对吴越文化接受角度的差异表现在批判和楔入两个方面：首先，周作人表现为对民俗文化尤其是吴越民俗的研究和从其散文中流露出的对故乡诚挚的怀念和喜爱，而鲁迅则注目于吴越民俗消极落后的一面，尽力发掘，并将其作为批判传统国民性的起点；其次，还表现为二人对复仇意识和"名士"心态的不同取舍。

周作人作为现代文学史上著名的争议人物，思想纷乱驳杂，其中佛教文化与儒家思想相汇合而占据主要地位。李哲等人[2]认为，佛教文化对周的影响表现在：与佛教结缘的一生、佛教文学的濡染、禅宗文字观的影响以及其固有思想与佛教精神的契合。周作人对佛教是取舍有度不妄信之，因此他所尊崇的佛教带有明显的个人特征，迥异于教徒的顶礼膜拜，显示出强烈的独特性。周作人对于佛教的态度，也就是他对于一切思想的态度，不偏颇、不迷信、不热衷、不苟同，永远保持冷静而理性的思辨精神，以中庸的思想予以观照。在作者看来，他对佛教的这种似近还远，槛内看花的态度，可成为一种独特的需用诗意描述的在世方式。

顾琅川[3]也看到了周作人身上的佛性因子。他认为周作人的身上有

① 束景南、姚诚：《激烈的"猛士"与冲淡的"名士"——鲁迅与周作人对吴越文化精神的不同承传》，《文学评论》2004年第3期。
② 李哲、徐彦丽：《负手旁立心有鹜　槛内观花在家人——周作人与佛教文化》，《江淮论坛》2004年第6期。
③ 顾琅川：《生命苦谛的慧悟与反抗——周作人"苦质情结"的佛学底蕴》，《绍兴文理学院学报》2004年第1期。

一种"苦质情结",即周有一种偏于从悲苦、绝望一面去体悟人生、解释世界的气质特征。而周作人这一气质特征之形成,与佛学苦谛所体现的生命本体观存在着深刻的渊源关系。由此,作者又分别论述了周作人之抗争残虐无道与"佛性说"、历史循环观念与"业力轮回说"、挑战虚空与佛学坚苦卓绝的愍世情怀间的内在因缘,从而具体析离出周作人苦质情结中的佛学底蕴。

6. 周作人与知识分子

陈思和①认为,周作人亲手编辑的自选集《知堂文集》体现了其现代知识分子的岗位意识。作为有异于鲁迅的"五四"知识分子的另类代表,周作人以"爱智"者自命,并将之确立为现代知识分子的岗位意识。而这种岗位意识的价值取向,与其以前所坚持的以知识分子为中心的启蒙的广场意识的价值取向迥然不同。但周作人的转向不是突变,而是有一个渐变的过程,这一点可体现于《知堂文集》。周作人通过删除《知堂文集》中那些表述时代共鸣和个人即兴的时事文章,而保留对表达妇女问题的关切和对历史倒退的警惕的文章,来表明"知堂"的心意,即以保守的姿态删除"言而不当"的东西,但同时保留说真话的权利。由此,作者发现《知堂文集》对文章的取舍和编排很有意思。《知堂说》可以当作《知堂文集》的序来读,后面连续几篇诗文都是体现了周的生命历程:《胜业》可视为周作人人生道路改变的起点,周作人在此文中宣言自己不再做启蒙知识分子,只是在爱智的传统上确立自己的工作岗位;《沉默》解释了周作人为什么会及时转向,指出了彼时现实环境对言论的压制和"五四"知识分子坚守广场价值时遇到的尴尬处境;《伟大的捕风》可视为《沉默》的补充,它以周氏特有的话语风格,再次说明了周确立了自己的岗位意识;《闭户读书论》标志了周作人价值取向的彻底改变,同时也明确地宣告他与现实的不妥协。所以,从《胜业》,到《沉默》,到《伟大的捕风》,再到《闭户读书论》,这四篇文章完整地展示了周作人从"五四"到 20 年代末的一个心路

---

① 陈思和:《现代知识分子岗位意识的确立〈知堂文集〉》,《杭州师范学院学报》2004 年第 1 期。

历程,周把这四篇文章按照他自己的思想顺序编在《知堂文集》的前面的同时,也宣告了自己的人生道路的转向和新的价值取向的确立。另外,作者还谈到了其对周作人散文的语言艺术的感受,即文体的迂回和丰腴。周作人文体的迂回的特点,在行文上给人吞吞吐吐的感觉,体现在内容上,则表现为言说本身的自我消解,让人感觉特别绕。与此相关,周作人文体的另一个特色,就是丰腴,即体现为知识的渊博和细节的丰富。至于"苦涩",作者认为,那不过是周作人有意为之的一种招牌,和其文体没有直接的关系。

三 周作人生平研究

1. 附敌事件

周作人附敌事件,一直是现代文学史中一个热门的话题。高玉[①]认为,周作人附敌有深层的世界观和人生信念上的根源,即自由主义。但周作人的自由主义与胡适等人的一般自由主义不同,周的自由主义可以说是一种"自由至上主义"或者说极端自由主义。现代文化史上的周作人的种种思想和行为都与这种信念有着一种深层的内在关系。周作人于"五四"时期激烈的反传统、反封建礼教和三四十年代回归传统、回归儒家看似矛盾,但却可统一于自由主义的信念下:在封建思想占统治地位的时候反封建思想,在西方思想占统治地位的时候提倡中国传统思想,这可以说是自由主义的精髓和必然的逻辑结论;而其表现在人生上,就是个人有选择生存方式、选择生活道路的权利。而附敌对于周作人来说,就是这样一种属于自由性质的选择。但显然,在攸关民族生存危亡之际,周作人误解了所谓"自由"。

不同于前者,蔡双全[②]从胡适和周作人的比较中探究了周作人附逆的根源。他认为,导致胡适与周作人在抗战时期背道而驰的逻辑起点,是

---

① 高玉:《"自由至上主义"及其命运:周作人附敌事件之成因》,《河北学刊》2004 年第 3 期。

② 蔡双全:《试论胡适与周作人抗战时期不同的人生道路抉择》,《江淮论坛》2004 年第 6 期。

二人对于抵抗日本帝国主义侵略的不同观点：胡适对抗战的态度虽然有一个从低调到高调的转变过程，但是其基点却是理性的抗战主张；周作人却始终坚持中国必败论，并因而发展为"日中同命运"论。所以，抗战时期周胡二人对人生道路的不同抉择，归根结底源于其在人生观上的不同取向。另外，作者还认为，对政治问题和社会责任的不同认知，是胡适、周作人二人抗战时期不同的人生决择的又一重要原因。

蔡德金编注的《周佛海日记全编》，收周佛海 1937 年 1 月 1 日至 1947 年 9 月 14 日的日记，缺 1939、1946 两整年和若干月日。朱正[①]发现，其中有涉及鲁迅、周作人兄弟的点滴资料。但涉及鲁迅的只有这样一条：1938 年 10 月 19 日胡愈之电邀周佛海履职参加鲁迅逝世二周年纪念日，周佛海却将之理解为对其个人的邀请，并以"思想不合，且无友谊，婉谢之"。比较而言，《日记》中涉及周作人的地方就多些了，日记中所记的一些事情，例如周佛海《日记》所载 1942 年 5 月去机场接待并宴请汪精卫，周作人就是有参与的。日本投降，周佛海周作人这两个人都以汉奸罪被捕，还曾关押在一起，有了直接的接触。周佛海由死刑判为无期徒刑后，有意劝导周作人等人将"每日散步聚谈，作鸡尾酒会看"。再有，周佛海在日记中所载迁居东独居一事始末，可对周作人在《知堂回想录》中所谈说的"移往东独居"一事作详细的注解。此外，周佛海还记录了周作人为他改诗的事情。

孙玉蓉[②]发现，天津人民出版社 2000 年 4 月出版的《周作人年谱》中，记载了周作人在出任伪北京大学文学院院长期间，曾经为多人谋职解难，但书中的这些记载其实是很不全面的，且有缺略，故作者以他所搜集到的资料为之补正。第一，周作人曾在俞平伯生计艰难之时，两次主动为其谋职：一次是周请俞接替他在燕京大学的教职，俞平伯因怕出城麻烦和日后让学生轰下台，拒绝周；另一次是请俞平伯为《文艺杂志》编审稿件，俞在生活十分拮据时，接受并胜任愉快。第二，周作人曾多次受俞平伯等人

---

① 朱正：《〈周佛海日记〉中的鲁迅兄弟》，《鲁迅研究月刊》2004 年第 3 期。
② 孙玉蓉：《出任伪职前后周作人为他人谋职轶事探究——为〈周作人年谱〉补遗》，《鲁迅研究月刊》2004 年第 8 期。

所托,为他们的亲友谋职,即周作人两次为俞平伯表弟、爱国民主人士许介君谋职,两次为曾与俞平伯夫妇相与的许雨香谋职,为许雨香的侄女许家儒及另一人士高洁谋职,为经俞平伯求情的陈某君(注:原文如此)谋职,为张润丰谋职,甚至还为中共地下工作者谋职。从上述事例可见,在周作人出任伪职期间,其受朋友和弟子之托,为他人谋职的事情甚多。周作人在力所能及的范围内,对俞等人尽量做到了有求必应。第三,周作人请俞平伯姐夫郭蛰云出山就任伪华北教育总署署长,郭用骈体文写了《致周启明却聘书》,严词拒绝,并登报发表。

2. 人事交往

陈言①发现,将台湾作家张深切和周作人进行比较研究颇有意味。二人可进行比较研究的理由有二:理由一,他们都曾活跃于抗战时期的华北沦陷区,都发行或主编过重要的文艺杂志,都因精通日语而被看成是中日文化交流的桥梁,从而为沦陷区各方势力所争取,都曾在伪政权供过职,都因服务于伪政权,在战后时乖运蹇,而究其一生,他们的身上都有自由主义知识分子的特质,都有文化至上主义倾向,其晚年的写作都为研究中国现代文学留下了重要史料;理由二,张周二人在北平沦陷区时,因工作关系多有交往,后来因工作上的纠葛互为参商。所以,他们在日本占领下的文学活动及交往的过程,可体现华北沦陷区文坛错综复杂的关系,是一段饶有意味的历史叙述。

陈言②还发现,同在日本人统治下的北平时期的周作人和梅娘没有任何接触,但抗战胜利后的整肃汉奸运动却使两个人发生了一次颇具戏剧性的联系。1946年,周作人汉奸案在南京审判期间,一位名叫杨嵩岩的北京市民致函首都高等法院,并用快航挂号邮去梅娘创作的《青姑娘的梦》童话书,以此证明曾为该书作序的周作人不仅奴化一般民众,更奴化童稚少年。而这与事实是不符的。但就在周作人律师的辩词已将此事说

---

① 陈言:《沦陷时期张深切与周作人交往二三事》,《新文学史料》2004年第4期。
② 陈言:《周作人与梅娘——抗战胜利后一个颇具戏剧性的插曲》,《博览群书》2004年第12期。

得很清楚的前提下,周作人却说该书的作者梅娘与日本人勾结,反对他的思想。这显然是周作人对梅娘的诬告。周作人通过丑化梅娘来与其划清界限,虚构自己的清白和无辜,让其作为一代文学大师的风范丧失殆尽。

余连祥①以周作人和丰子恺前后长达四十年的交往中的四件事为切入点,分析了两人的人事交往纠葛。第一件事发生在 20 年代,周作人视丰子恺为圈内人,对丰子恺为俞平伯的诗集《忆》所作的 18 幅漫画插图进行了肯定,这使得丰子恺与周作人的交往有了一个良好的开端。但是丰周二人关系的发展却出人意料:丰子恺始终十分尊敬周作人,而周作人却对丰子恺多有批评,且这种批评丰子恺又无缘知道。第二件事发生在抗战时期。当时,周作人附逆,丰子恺在全国媒体对周的一片讨伐声中,却对周的附逆表示怀疑;而周作人却在有关文章中批评他的漫画"浮滑"。第三件事发生在抗战胜利后。其时,周作人被国民党作为"汉奸"关进了监狱,丰子恺非但没有在文章中批评周作人,反而引用其文字,并在完全有理由谢绝的情况下,为其《儿童杂事诗》配漫画,间接帮助其作品在《亦报》上发表。但是,周非但不领情,反而批评《亦报》和丰子恺。第四件事发生在 60 年代。丰子恺为翻译《源氏物语》深下苦工,并虚心向周作人请教,周作人却因为丰子恺接替了曾与周同为汉奸的钱稻孙的工作和出版社的工作方式,对丰子恺妄下评语,多加批评。作者认为,对于后三件事,丰子恺是因无意中站在了周作人的对立面,才受到了周作人的批评。而周对丰的这种批评,是有失公允的。

四　周作人与期刊研究

何玲华②研究了《新青年》时期的周作人,发现周作人在《新青年》反"传统"的思想革命中,一方面主要以直译的形式传播东西洋文明进步的新道德,指斥旧有道德之丑陋;另一方面,注重于文学革命的理论建设,将

① 余连祥:《历史语境中的周作人与丰子恺》,《鲁迅研究月刊》2004 年第 4 期。
② 何玲华:《〈新青年〉中的周作人》,《天府新论》2004 年第 2 期。

具体而切实的思想革命的内容,尤其是西方人道主义精神注入于文学革命的思想理论之中,使《新青年》所倡导的文学革命内涵更为丰富,更具有现实的批判性。其中,后一方面使中国文学真正地融入于现代世界文学的洪流中,并由此而具备发展的可能和发展方向的保证。

第五章　2005年周作人研究述评

一　周作人散文研究

1. 美学

周作人反对把文学当作政治宣传的传声筒或道德教训的工具，但却主张文章要体现"人情物理"的表达与获得。黄科安[1]认为，周作人所谓的"人情物理"，具体说，"物理"是指"正确的智识"，而"人情"就是"健全的道德"，两者合起来就是周作人所认为的"智慧"。周作人的随笔创作不仅给我们知识上的陶冶；同时注意分辨是非，在"赏鉴里混有批判"。周作人重"人情"，讲"人情"，与他深味人世间的苦辛密切相关，而这种"人情"，其实在人世间中是最普通的"常识"，是最平凡的"真情"。周作人思想中的"物理"的理论资源主要来自中国古代和西方，而"人情"则源自日本文化和中国文化以及他深味人世的苦辛体验。

沈敦忠[2]则认为，周作人散文平和冲淡风格形成的原因和传统文学中平和冲淡风格形成的原因有质的不同。它是周作人在国民性改造思想指导下，受蔼理斯理论影响和对中国文学研究独特心得的结果。蔼理斯的自由与节制相均衡的思想和关于人的现在意识的思想，使周作人在散文创作过程中注重主观情感的隐藏与流露、文字的简约，并在借助文艺惊

---

[1] 黄科安：《"人情物理"：周作人随笔的智慧言说》，《绍兴文理学院学报》2005年第3期。
[2] 沈敦忠：《周作人散文平和冲淡风格的现代思想根源》，《怀化学院学报》2005年第6期。

醒思想启蒙时，将目光集中于现实与人生。另外，周作人在进行中国文学研究中看到的文学的"贵族精神"，符合当时的时代语境。所以，周作人散文平和冲淡风格所蕴涵的现代思想的价值是以"五四"时代精神为叙事背景的。

2. 语言学

肖剑南[①]认为，周作人纯散文（即抒情散文）破除了美文不能用白话的迷信，在中国散文发展史上具有里程碑意义。从辞意的比例、藻饰的程度和笔力的强弱等角度来考察，周作人纯散文语言简洁凝练、质朴本色、淡而有味、圆润有力。周作人推崇文风的简练和文字的锤炼，却没有使其晦涩；其追求拙朴、自然的境界，在语气上富有谈话风；其语言朴素直陈，却因杂糅进欧话语、古文、方言等分子，而有"涩味"。因此，从语言表征的层面看，周作人纯散文呈现出简单、坚韧的风格。

二 周作人思想研究

1. 周作人的精神特质

朱德发[②]将齐鲁文化的人学结构与"五四"周作人的人本思想进行了对比研究。他认为，孔孟的人学结构是以人为本，以"仁"为质的规定性，既"爱人"又"泛爱众"的人道主义思想体系。它既重"己"的主体性又重"众"的主体性，更重"君子型"理想人格的建构；并把以人为本的主体性或独立人格植根于深邃复杂的"仁"的范畴，"泛爱众"的博爱平等则是"仁"的最高境界，"礼"与"乐"内蕴自律性与他律性的因素。周作人的人本思想源于欧洲，"个人主义的人间本位主义"是其人学观念的核心，并立足于深广的视野，故而其有不同于齐鲁文化的人学结构。但其人道主义还具

---

① 肖剑南：《周作人纯散文语言风格论》，《泉州师范学院学报》2005年第5期。
② 朱德发：《齐鲁文化的人学结构与"五四"周作人的人本思想》，《山东师范大学学报》2005年第2期。

有四个特点，即：一是个人与人类相互依存相互扶持，二是"利己又利他，利他即是利己"，三是爱人类与爱自我相结合，四是"人"的理想生活应是物质生活与道德生活的和谐统一。所以，这两种人本思想的话语系统虽存在差异，但却并非完全异质相对，至少在"爱人"与"泛爱众"的人道主义核心内涵上是遥呼相应，并隔代相通的。

顾琅川[1]在文章中分三个部分对周作人的精神特质进行了探讨：其一，论述了周作人硬气、沉实的精神个性与古越先民强悍好斗的野性、勾践兴国雪耻而惨淡经营的稳实作风间的深刻的内在联系。论者认为，古越文化为周作人这种精神气质提供了文化基因。其二，围绕周作人的"故乡泛化意识"，探讨了深受越初民敢于轻舟泛海的海洋心态与其"世界民"意识之形成、古越怀疑而非盲从的理性思维方式与其破除传统故乡意识的影响。由此，作者认为，周作人对日本文化的兴趣是渗入着他于"文化交通历史"的思索，以及于中国传统文化异地寻根的自觉意识在内的。其三，梳理了周作人散文平淡而又无法平淡的风格与古越精神中任适自然、追求事功两种对立文化质素并存兼容间的某种内在因缘。论者认为，正是这种因缘的存在，才使得周作人在书写自己现实趣味之时，总不忘给现实捣点乱子。

李曙豪[2]认为，周作人的思想主要体现在他对人的看法上。在周的"人的观念"中，生死观、享乐观、妇女观、轮回观是其内核。具体说来，人生无常、及时行乐的观念源自生物进化论和自然人性论；妇女观则体现了人道主义和文化人类学对他的影响；而轮回观主要受到佛教和基督教的影响。"人的观念"体现在他的小品文中，形成了淡、雅、缘、苦的文学趣味，还体现在文论中的人道主义和审美非功利主义。

石坚[3]认为，"平和冲淡"不是直接出于周作人在美学上的自觉追求，而是出于作家对"五四"时期启蒙知识分子"高谈阔论"的话语姿态及其影响的反思。周作人认为，防止启蒙者被群众运动裹挟的要点是启蒙者停

---

① 顾琅川：《古越精神与周作人文化性格》，《绍兴文理学院学报》2005年第2期。
② 李曙豪：《论周作人的"人的观念"》，《苏州大学学报》2005年第6期。
③ 石坚：《"平和冲淡"的背后——读周作人》，《苏州科技学院学报》2005年第3期。

止高谈阔论,转而以平和的姿态"说自己的故事",去掉浮夸,语意诚恳,做有趣味的事。所以,他在反观中选择了"冲淡平和"的姿态书写启蒙话语。

2. 周作人与无政府主义

孟庆澍①认为,20世纪初期流行一时的无政府主义思潮对周作人影响甚深。留日期间,受留东学界激烈思想气氛和自身思想的偏向的影响,周作人被无政府主义刊物《天义》所吸引,并成为其主要作者,在女子革命问题上逐渐接受了"天义"派无政府主义者的观点,强调私有财产才是女性问题的根源,从而以社会革命作为女子革命的最终解决手段。而无政府主义思想的介入,又使周作人在建立现代民族国家的强烈诉求中,始终保持对于狭隘的国家主义的警惕。但刘师培夫妇的叛变,导致周作人对无政府主义态度的迅速冷却。同时,周作人还对俄国无政府主义思想家克鲁泡特金产生了浓厚的兴趣,并从革命精神和文学理论两方面介绍了克氏的主张,从而为后来"五四"时期提出的带有无政府色彩的"新村"理论奠定了思想基础。

3. 周作人与中国传统文化

在中国现代文学史上,周作人是为数不多的始终对民众宗教意识和宗教情绪予以高度重视的作家之一。哈迎飞②认为,周作人对中国民众宗教意识的特点、成因及存在状况的考察和对巫术传统的重视,在理论与现实上均有重要的意义。作者发现,周作人认为国民的思想里法术(或巫术)的分子比宗教的多得多,且该思想不仅没有退出现代人的头脑,反而根深蒂固地隐伏在现代人的生活里。具体来说,周作人认为中国民众的宗教意识和宗教情绪主要有以下几个特点:首先,万物有灵的观念普遍存在,民间鬼神信仰发达;其次,迷信法术,轻信奇迹,巫术意识根深蒂固;再次,禁忌繁多,神秘心理严重;最后,符咒心理普遍。而对中国民众宗教

---

① 孟庆澍:《从女子革命到克鲁泡特金——〈天义〉时期的周作人与无政府主义》,《汕头大学学报》2005年第1期。

② 哈迎飞:《论周作人对中国民众宗教意识的考察》,《鲁迅研究月刊》2005年第3期。

意识的考察，则使周作人深刻地认识到形形色色的迷信思想正是阻碍国人思想觉悟和社会进步的主要障碍，其中"神道设教"和民众的鬼神信仰是典型代表。"神道设教"和儒学的宗教化是其重要原因，而其引起的结果则表现为王权合法化和儒士的道士化，以及由此引发的对中国民族所产生的更加恶劣的深远影响。对于前者，周作人在将其置于与希腊文化的比较视域的考察中找到了出路，即提倡科学、普及教育等；对于后者，周作人在将其置于与日本文化的比较视域的考察中看到了中国民族的希望之光，即重政治而非教化。

庄锡华[1]认为，周作人在"五四"时期提出了"人的文学"的口号，产生了重要的影响，从思想资源看，他吸纳了中国传统文化中为人生与为艺术两大文学主潮的文学主张，并提出了为人生的艺术观。其中，"墨子"的"兼爱"思想和儒家的爱人内容，是其思想源头。在学术方法上，他的中国式的持平执中、宽容兼取的学术立场也使其学术思想能够更多地融入传统文论中的优秀因子，并更加富有包容的张力。在审美追求上，他通过对文学史的深层次体验相继提出具有否定与继承关系的普遍与真挚、入世与超越的文学品格来评论文学作品，并凭此建构了新文学的一个完整的学术框架。

庄萱[2]认为，对周作人而言，中庸思想既是他的世界观的一部分，也是方法论的一种基本原则。周作人的中庸思想的文化渊源是多元错综的，它系根于中国传统文化中的儒家学说，也烙上道家、法家、释家的思想印痕，同时还融和了古希腊的"中和之德"与英国性心理学家、思想家蔼理斯的学说，具有相当复杂的内涵，并渗透到他的人生观、处世态度、文化艺术观及文学创作中。从人生观和处世态度看，中庸思想对周作人的影响以消极的一面为主；而从文学创作的影响来看，中庸思想对周作人的影响以积极的一面为主。

---

① 庄锡华：《传统文化与周作人文学思想的重识》，《福建论坛》2005 年第 5 期。
② 庄萱：《周作人中庸思想的文化渊源与历史评估》，《福建师范大学学报》2005 年第 6 期。

刘小平①认为,20世纪中国文学借用儒家"善"的思想对欲望进行了再叙述,使儒家文化悄然渗入了中国文化。例如,周作人在部分吸收儒家伦理思想的同时,用"个人主义的人间本位主义"置换了儒家"善"的核心内涵,从而通过"中庸"这一方法完成了对于"善"的重新设置。有关"善"的话语即是"欲望"话语,周作人通过对"善"的重新设置,达到了对"欲望"的话语转移,这种新鲜的欲望话语在"五四"时期以及后来的中国社会文化发展中都产生了积极而广泛的影响。

4. 周作人与外国文化

（1）周作人与日本文化

李怡②认为,1907年前后,周作人与鲁迅在日本的异域体验已经预示了中国文学现代演变的重要新质。如果说,鲁迅以其"入于自识"的选择标示出了这个年代中国知识分子的思想高度,那么周作人与日本"协和"的体验则导致了他对于这一异域文化的更深入的理解和认同,除了作为中国文学发展的比照之外,周作人与鲁迅的不同也在某种程度上埋下了未来兄弟殊途的线索。当然,无论鲁迅、周作人兄弟的日本体验有多大的差别,在当时却都较一般的留日中国学生更为深刻和更有远见,因此这些出现于1907年前后的文学活动（包括《新生》的尝试）实际上包含着他们之于中国文学现代转换的深刻认识。

张先飞③分析了周作人在"新村时期"对现实人间关系现状的判断。作者发现,周认为现实人间关系的对立、仇视,从本质上来说,可将之完全归之于每个"自我"之间的隔膜;而这种隔膜的最终恶果是导致现实社会人类在精神上彼此完全隔绝,在这种状况下,人类社会面临着巨大的危

① 刘小平:《儒家"善"与20世纪中国文学的欲望叙述——以周作人、王润滋、陈忠实为分析对象》,《学术探索》2005年第2期。
② 李怡:《1907:周作人"协和"体验及与鲁迅的异同——论1907年的鲁迅兄弟与现代中国文学之生成》,《贵州社会科学》2005年4期。
③ 张先飞:《人类精神的隔绝——"新村时期"周作人对人间关系现状的判断》,《江南大学学报》2005年第1期。

险。于是，暴力解决似乎成为无法避免的结果，而信仰人道主义的周作人则对此表达出深深的忧惧。

鸟谷真由美①以周作人三篇以"饮食"为题材的文章为例，以周作人为何批判北京饮食文化而赞美日本饮食文化为问题，围绕周作人与日本文化的关系，尝试探讨了周作人的生活趣味形成的一个侧面。作者认为，周作人对北京文化的批判，是用"记忆"时空中的具体的茶食来批判"现实"生活的背景的茶食这一方式来完成的。而其赞美日本文化，是因为日本茶道文化中的喜爱自然的精神内涵和周的生活趣味观相一致。所以，周作人对北京文化的批判，与其"日本记忆"有关。

黎杨全②认为，日本文艺理论家厨川白村对周作人的文学观产生了一定的影响，在"灵肉一致"的理想人性、个人与人类的统一、"苦闷的象征"以及小品文理论四个方面，周作人受到厨川白村的启发，但也有自己独特的思考。例如，在"灵肉一致"的现实指向上，厨川白村以现代人为现实蓝本，周作人则以中国的孔孟时代为历史依据；在对实现"灵肉一致"的"节制"的认识上，厨川白村受到西方现代文论的影响，周作人则受到中国传统文化的启发；在对文学作品是"苦闷的象征"的认识上，周作人前期观点和厨川白村一致，后期却发生了变动。

（2）周作人与古希腊文化

黎杨全③对周作人的希腊神话情结进行了解读。他认为，周作人之所以终其一生对希腊神话感兴趣，是因为希腊神话中表现的希腊思想，如现世主义、自然人性、爱美的精神及节制之德契合了其社会理想、文学理想与人生追求。周作人推崇希腊神话中的"现世主义"和"爱美精神"。前者表现为"神人同形同性"，后者表现为自然人性。后者是前者的成因，其本质上是人本主义思想，并和周作人的思想相契合。而希腊神话中的节制之德，则因其本质上也是一种"美化"观念，可以对现世主义起到过滤、

---

① ［日］鸟谷真由美：《周作人与日本文化——以饮食文化为中心》，《鲁迅研究月刊》2005年第12期。
② 黎杨全：《论厨川白村对周作人文学观的影响》，《南京师范大学文学院学报》2005年第1期。
③ 黎杨全：《解读周作人的希腊神话情结》，《海南大学学报》2005年第4期。

节制及提升作用,使人在满足自己正常欲求的过程中不至于走向恶俗化,故亦为周作人所钟爱。

5. 周作人的文学思想

赵海彦[①]对周作人与中国现代趣味主义文学思潮的形成与发展进行了研究。他认为,上世纪 20 年代初,亲历死亡威胁的周作人由对人生意义的追问与否定开讲"生活之艺术",由对国家、民族命运自觉承负的时代领潮人物一变而为彻底的颓废主义者;人生观转变之后,周作人的文学观也由坚定的"人生的"艺术派一变而为追求轻松写作、趣味阅读的"趣味主义",其间经历了由"教训之无用"到"文学无用",由"文学无用"到创作的"自足",由创作的"自足"再到"草木虫鱼"三个层面的理论转换;周作人不仅通过《语丝》、《骆驼草》等刊物为中国现代趣味主义文学思潮的形成营造了必要的氛围,培养了作家力量,而且也为其提供了合法性论述支撑,成为该思潮事实上的理论建构者,从而最终促成了这一思潮的形成与发展。

尹东升[②]认为,俄国文化与英美文化中进步的人文主义思想,使周作人萌发了"人的自觉"的意识,促使其"五四"时期极力鼓吹在"灵"与"肉"的统一上表现"人的文学";但日本文化"爱好自然"、"崇尚简素",却是周作人倡导、建构"人的文学"观的内在驱力与基本原则。这一点可体现在周作人旅日的最初印象、厨川白村的理论影响、"新村"精神的内化吸取上。另外日本文化"闲适"、"诙谐"和英美"美文"中的"真率"与"和谐",一道影响了周作人的散文创作"冲淡平和"风格的形成。

唐小林[③]认为,周作人早期文论的基本质态是一种普世诗学。周作人"人的文学"中的"人"不主要指"个人",而是指"人类",因而他的"人的

---

① 赵海彦:《周作人与中国现代趣味主义文学思潮的形成与发展》,《甘肃社会科学》2005 年第 2 期。

② 尹东升:《东西文化汇流中的抉择——周作人"人的文学"观形成与西方文学的关系》,《前言》2005 年第 4 期。

③ 唐小林:《普世诗学:周作人早期文论的基本质态》,《四川师范大学学报》2005 年第 4 期。

文学"不是"个人本位主义"的文学,而是"人间本位主义"的文学;他的"平民文学"中的"平民"也不是"民粹主义"意义上的"平民",而是泛指"人类",因而"平民文学"不是有关底层民众的文学,而是关于人类的文学。由此,普世诗学构成周作人早期文论的基本质态,而不是人们早已习以为常的、所谓以个人主义为核心的人道主义文学观。

6. 周作人的儿童观

杜传坤[①]认为,中国现代儿童文学理论在周作人手中开始,也基本在周作人手中成熟。他的儿童本位的文学观至今仍是很有魅力的儿童文学理论话语,尤其是其对儿童空想权利的维护,对教训主义的批判,以及对"第三的世界"的独特理解,都极富有现代品格。其中,前者主要集中于"童话之于儿童必要性"的揭示上,中者集中于对"在故事里提倡爱国"的批判,后者体现在对超越并融合了成人与儿童的世界之"第三世界"的设想上。

7. 周作人的女性观

李奇志[②]认为,在中国新文学作家中,周作人的女性思想是自成体系并溢出了主流意识形态框架的。这主要表现在:周的女性思想是以"男女两本位的平等"为人本框架的,其特别强调"女性本位"的两性关系法则,并在此基础上提出了女性"生活之艺术"的审美追求。周作人的这种"自下而上"的女性解放思想是颇具有前瞻性和现代意识的。

8. 周作人的理解与接受

周氏兄弟在 20 世纪中国文化史上可以说是两个象征性人物。周作人与日伪政府的关系,鲁迅与中国共产党的关系,深深地影响着每个具体的个人对他们的态度。赵思运[③]认为,何其芳对周氏兄弟的区别性接受

---

① 杜传坤:《论周作人的儿童文学观》,《山东师范大学学报》2005 年第 5 期。
② 李奇志:《伟大的捕风——周作人女性思想评述》,《武汉理工大学学报》2005 年第 5 期。
③ 赵思运:《周作人和鲁迅:何其芳的两个精神镜像》,《菏泽学院学报》2005 年第 6 期。

就体现了他政治态度的微妙关系,并可借此看出他从自我道德觉醒、自我改造、进而改造别人的心路历程。所以,周作人和鲁迅可以说是何其芳精神生长中的"旧我"和"新我"两个自我镜像。

三　周作人生平研究

倪默炎[①]考察了周作人晚年的生活。周作人在中国爆发第二次国内革命战争时因战时"疏散"而出狱,但洪炎林回忆关于周作人出狱后曾要求去台湾的说法却是很可怀疑的。周作人出狱后尤炳圻父子将他接到上海,周作人曾记述了其旅途所见的南京的混乱状态。在寄居期间,有施蛰存、金星屋等人到访,所以周的生活也算不得太寂寞。然而,闲不住的周,却在这期间写、译了一些东西。后周返京,朋友为其捐赠旅费,《亦报》分别发表了不合事实的《胡适硬拉周作人》一文,尽量将周作人和胡适攀连起来,并不断编出胡适与周作人的种种故事,借此抬高周的身价。其间,周作人陆续发表《周作人走访沈尹默》、《周作人决定北归》、《周作人北归得生计》,这些文章有虚有实,隐含了朋友对周的关照。回到八道湾胡同后,周作人不得已为稻粱谋大量生产"袖珍小品",优异者有《朱逷先》和《小破脚骨》。这些文章多纪实,以知识小品数量最多。这些文章的内容既来自生活又来自书本。但周作人的这种散文体例虽然体现了其早期散文的平淡风格,且不乏佳作,也不能说都是精品之作。

魏邦良[②]不同意钱理群关于周作人对自己的附逆不辩解是出于浙东地方性格中的"硬气"的观点。作者认为,周作人之所以不辩解,是因为他认为辩解不仅无益,反而会让自辩者自取其辱,"一说便俗"。但是,在作者看来,周作人在"落水"后写的大量的文章,其实是在以一种曲折而隐秘的方式为自己辩解,其目的正是为了给自己取得心理的平衡。所以,周作人不仅赞赏古今中外的"道义事功化"的人,在生活中发现这样的人,还羡

① 倪默炎:《晚年周作人》,《鲁迅研究月刊》2005 年第 7 期。
② 魏邦良:《周作人:"一说便俗"》,《社会科学论坛》2005 年第 9 期。

慕没有被家室所累的人。而这种明知道辩解是无用的可笑的,写作时又无法抑制辩解的冲动,使周作人的文章有了"涩"味。而"涩"的成因及表现,首先是一种心绪的苦涩,其次是一种隐讳曲折的自我辩白,再次是文章的"隔",即不切题。所以,尽管周作人知道"一说便俗",却未能免俗,而这也正可反映出人性的弱点。王培萱①则认为,周作人叛国附敌事件的产生,有无数互相交合的力;但多年来,学术界却忽视了道德视角这一种"力",而它却是诸力中最具周氏个性的"这一个"。周氏道德原则是"利己"第一。它以我国道法两家和西方人类学的伦理思想为渊源。由它派生的道德准则、道德控制(良知)是导致周氏叛国投敌的重要内因之一。

陈明远②对周作人的经济生活进行了详细考察。他认为,周氏兄弟失和的原因离不开一个"钱"字,周作人卖身附逆也与钱有关。作者发现,周作人在洋务学堂的学生时期的学费低于周树人。在日本留学时期,其与妻子家的生活也很仰仗周树人的扶持和资助。在受聘北大时期,其经济好转,并与鲁迅集资买了八道湾的四合院。在八道湾时期,鲁迅薪资最高,羽太掌家,周氏"兄弟怡怡"。后鲁迅经济困难,周作人收入高于鲁迅,羽太掌家挥霍无度,周氏兄弟对"钱"的原则的分歧突出,周氏兄弟不和,鲁迅搬出八道湾。后抗战烽火渐起,收入不少却无法维持较大开支的周作人有了经济困境,于是卖身附逆,"老而为吏",物质生活也更为阔绰。1949年时期,周作人以给《亦报》上发表回忆鲁迅的回忆录赚取稿费,经济拮据。后因毛泽东对周"养起来做翻译工作"的指示,周的经济生活有所改善。但在"文革"中,其每月的生活费却只有10元。

王锡荣③根据自己所掌握的资料,对四次公审周作人真相予以了披露。第一次公审中,检察官对周作人宣读起诉书,认定了周作人担任的伪职、犯罪的证据和所犯法条,然后进行了调查取证。周作人自述其没有南迁及其附逆的动机,并以"维持教育,抵抗奴化"和朱家骅"华北教育未伪"、片冈铁兵对自己的攻击等理由为自己辩护。第二次公审,为法庭调

① 王培萱:《道德视角下的周作人叛国附敌》,《晋中学院学报》2005年第5期。
② 陈明远:《周作人的经济生活》,《同舟共进》2005年第8期。
③ 王锡荣:《四次公审周作人真相》,《世纪》2005年第1期。

查取证,周作人上呈材料,以片冈铁兵对自己的攻击证明自己并未通敌,以自己保护过北大校长和进步人士等而显示自己的"小功劳"。第三次公审,法庭继续调查周作人提交的证明材料。这些材料,如蒋梦麟和胡适证明周作人保护过北大财产的回信等都是有利于周的。虽然朱家骅说自己的论断是对事不对人,但周依然能援以自用。第四次公审,法庭对周曾保护过进步人士继续进行取证,舆论界一如既往关注,但热度在降温。在审判中,周以及周的律师王龙所采用的策略是"虚与委蛇",具体说,即周留在北平是为了保护北大校产,附逆是因为环境恶劣兼汤尔和怂恿,而附逆后则依然有维持教育,抵抗奴化之功,甚至其还暗地帮助过国民党;由此,周可借上述理由来给自己减罪,邀功。但上述事情只是周的一面之词。最后,周的判决书否认了周的说辞,但在考虑周确有保护校产、救助地下工作人员的情况下,也有对其减刑。周却不服上诉,而复判的结果亦只是稍减轻了周的刑期而已。

廖久明[①]认为,搞清楚高长虹与周作人冲突的来龙去脉,不但能让人们明白高长虹与周作人冲突的真相,而且有利于人们正确理解高长虹与鲁迅的冲突,并有利于人们了解 20 世纪 20 年代中期的周作人。高周二人的论争起源于周作人发表了《南北》,指斥当时的南北之战的本质是民主思想与酋长思想之战。而高长虹误认为该文是针对他的,故而连发数篇文章,从而将高鲁之争转变为高长虹与周氏兄弟的冲突。针对高的指摘,周作《南北释义》解释其文中的"酋长思想"的代表是吴佩孚。周的解释符合他当时对南北战争的认识。所以,认为周作《南北》是"上阵助兄"的说法是站不住脚的。高长虹与周作人的论证文字主要集中于两点:第一,通过"索隐",认为周作人在攻击自己,并借此反攻;第二,认为周作人的"谈道"是"空谈",自己的"道"才是正道。周作人则撰文认为,高的观点是封建专制思想的延续,并说明其与高的关系以及高攻击自己的原因是高得不到别人的理解。而高则认为周和鲁迅"一鼻孔出气",对周和鲁同时攻击。事实上,高对周作人开战的原因可归为三点:第一,未能得到希

---

① 廖久明:《高长虹与周作人——从路人到仇人》,《新文学史料》2005 年第 3 期。

望得到的"同情与帮助";第二,有个人英雄主义思想,希望能成为新的"权威";第三,太过疑神疑鬼,以致将别人的"好心作了牛肝肺"。

散木先生①发现李大钊遗著的出版与周作人有密切关系,但却"因人废言",几乎所有提及李大钊的书刊,都决口不提周作人。在李大钊去世,李家生活困顿至售书解困时,周作人曾参与并代劳。李大钊殉难六周年,其遗孀想将其埋葬,周作人曾参与对李的募捐和公祭等活动,并在李大钊遗著的出版和整理活动中发表过文字。在国民党"清党"运动之后,周作人接受李大钊亲人的委托,冒险接任,并在后来接受李夫人的委托,为李大钊遗著寻找出版社,并与曹聚仁规划、接洽具体事宜。在李大钊遗著出版再遭坎坷时,周作人又联系了北新书局李小峰。这期间,周作人对李大钊子女李星华等人的学习以及地下工作提供了帮助,作了掩护。而周作人的上述举动,与他曾与生前的李大钊的交往和友谊分不开。也正是因为这种友谊,所以周曾在李大钊家人落难之时保护他们,让其住在周宅。后来,李大钊遗著出版,其版本就有选用周作人所保存的李大钊的书稿,故而周作人在李大钊遗著的整理和出版上是有功者。

四 周作人与翻译研究

刘军②对周作人与日本文学翻译进行了相关的研究。作者认为,在轰轰隆隆的"五四"新文化运动中,周作人及其同时代的文学革命主将们,抱着变革中国陈旧、不合新时代要求的旧语言的理想,通过译介外国文学作品,吸收外国文学作品中的"新的字眼,新的句法,丰富的字汇和细腻的精密的正确的表现",以期建立新的文学语言,为文学革命找到一种崭新的表达方式,周作人无疑是其中的杰出代表。他在对第一代翻译家如严复、林琴南的文学翻译进行吸收、扬弃的基础上,提出了著名的"直译"理论,并用自己长达六十年的翻译实践,躬行着这种理论,形成了他独特的

---

① 散木:《周作人和李大钊以及李大钊全集的出版》,《博览群书》2005 年第 10 期。
② 刘军:《周作人与日本文学翻译》,《鲁迅研究月刊》2005 年第 6 期。

翻译风格。解放后,在日本古典文学翻译领域,更是做出了他人难以企及的成就。他的特殊的生活阅历、对于日本人及日本文化的深刻洞见、对于日本文学及日文的精深研究,使他的日本文学翻译具有了个人独特的色彩。他的日本文学翻译内容广泛,几乎包括日本各个时代、各种题材的作品,短歌、俳句、俗歌、谣曲、剧本、随笔、神话、小说等无所不包。他把翻译提到创作的高度,使之成为真正的艺术精品,独立的美学创造。总之,周作人以他优美的译笔,沟通了中国读者与在时间、空间上迥不相同的国家的原作者的心灵,同时又提高了翻译文学的独立地位与价值,而这都构成了周作人在中国现代翻译史上的独特贡献。

周氏兄弟翻译出版的《域外小说集》,可谓是中国近代文学史上的一座丰碑。顾钧[1]认为,该书集中了被压迫民族文学,代表两兄弟已经站到了当时的历史语境中的时代前列。该书的价值可表现于三个方面:第一,所选作品均是优秀作家的精品之作,有长期价值;第二,开关注被压迫民族文学风气;第三,使短篇小说集中呈现于国人眼前。该书体现了周鲁二人相似的翻译路径。但与鲁迅的完全直译有别,周作人的翻译路径较为灵活,兼顾了译文的原意和译笔的灵活性。但也因为不符合译文的通俗化的总趋势,故而显得陈旧了些。在从事该书的翻译时,周氏兄弟有明确分工:编辑、出版等事务由鲁迅负责;译文作品则大多出自周作人之手。这种分工有现实的原因。在翻译时,鲁对周抓得很紧,促成了周后来的翻译工作,并构成了他文学活动中的一条线索。可以说,参与译印《域外小说集》是周作人文学活动中的一个重要的起点,也是他追随大哥鲁迅为新文学运动作出的重要实绩。

五 周作人与期刊研究

北京大学《歌谣》周刊发刊词,原本未署名,但该文作者的"周作人说"

---

[1] 顾钧:《周氏兄弟与〈域外小说集〉》,《鲁迅研究月刊》2005 年第 5 期。

却已成为现代文学界以及民俗学界的共识。施爱东[1]探讨了此说从无到有的过程及其观点的合理性。作者发现，发刊词作者的"周作人说"的源流，是一个由怀疑到肯定，由个人肯定到集体认定的过程：最早怀疑发刊词出自周作人之手的是钟敬文，后王文宝肯定了其说法，张紫晨沿用之；再后，让"周作人说"成为广为传播的事件是陈子善和张铁荣的《周作人集外文集》和张铁荣《周作人年谱》的出版和对该说的事实性肯定。然而，"周作人说"是值得怀疑的：第一，《歌谣》周刊发行时，发刊词未署作者之名，而周作人没有匿名的必要；第二，周刊当事人在有生之年，未提及过该文的作者；第三，周对自己的文章极为重视，而该文影响很大，周却未将其收录；第四，从发刊词的行文方式看，其有与周作人写作习惯很不一致的地方；第五，发刊词的译文引述不符合周的译法原则；第六，至 1985 年为止，没有人勘定发刊词的作者是周作人；第七，在周刊发行前后，周日记对此无记载。此外，作者还讨论了发刊词作者的另一种可能性：发刊词可能是由常慧起草，经过周等人的修改的集体作文，故而才会出现谁也不敢自认为发刊词之作者的现象。

六　周作人史料研究

孙玉蓉[2]对周作人和许介君的交往史实进行了考辨。许介君是抗战时期的地下工作人员。周作人和许介君的相识源于许介君工作的需要。许介君在俞平伯的引荐下于 1939 年拜访苦雨斋拉开了许周二人交往的序幕。许常在俞的作陪下造访周，以便于地下工作。频繁交往，使许渐得周信任。1940 年为抗战需要，许游说周出任伪华北教育总署督办，并针对周所表现出的畏难情绪许以帮助。然而，许在此事的回忆是有误的。许还在周上任后尽快熟悉情况、顺利开展工作给予了支持，如他在家中宴请宾客，为周结交新交提供了便利。许"游说"周的事实，可在俞平伯致胡

---

① 施爱东：《〈歌谣〉周刊发刊词作者辨》，《民间文化论坛》2005 年第 2 期。
② 孙玉蓉：《周作人、许介君交往史实考辨》，《新文学史料》2005 年第 4 期。

适、周作人致鲍耀明的信件中得到佐证。但就实际来说,许的"游说"的作用十分有限。此后,周作人也曾帮助过许。周曾在 1941 年时,因许托俞以"曲会"名义向周借车护送抗日救国地下人员时,借车于许。后周被伪政权解职伪督办,关心许的行踪。许拜访周,为许设宴。许因生活没有着落,求职于周,其间俞平伯有帮助许。周对许有求必应。然而,周不久即在日记中骂许,因为许未对他摆脱解职伪教育总署督办的尴尬处境给予实质性帮助。虽然许自认为在向周游说时,并未说出身份,但周作人是明白的。在周被关押、审讯期间,周却并未供出许的言行,以减轻自己的罪责;而许亦在其后撰文如实写出周出任华北教育督办伪职的经过,并对周在沦陷期间保护俞平伯名声,表示赞誉。在这一生一死中,也可看出两人的交情。

卢毅[1]根据现有的一些线索,大体复原了章太炎晚年在苏州刊刻的《弟子录》的主要内容。根据章太炎致钱玄同、钱玄同致信周作人等信函,"章门弟子录"录入人数以东京学会为首,后渐增加,因章记忆等原因,其中有诸多缺略,如鲁迅等人即未载其中;钱玄同惊疑、询问章"弟子录"是否有去取有义,章否认,并有补录之意。钱玄同亦多次建议补录,并提议登报重新刊印,却未能实现。鲁迅对此有记录,周作人亦撰文,并认为相传之章太炎弟子中有等级之别的说法,是不确之事。故"章门弟子录"并未重刊,且因章太炎的去取时太随意,其亦并不足作为衡量"章门弟子"的去取标准;但,凡《弟子录》中所收录之人确为章门弟子无疑。而钱玄同之所以知道章太炎弟子录并与周作人就此事通信,是因为他初次见到弟子录时人数只有二十几人,且遗漏人甚多,这使其意外;第二次见到时,人数略多,周作人被收入其中,钱于吃惊之余,方致信周询问。另外,钱在该年日记首页空白处写下的人名与章门弟子有关,作者推测这是钱在目睹《弟子录》后触景回忆同门的记录。

---

[1] 卢毅:《关于"章门弟子录"的考订》,《鲁迅研究月刊》2005 年第 8 期。

第六章 2006 年周作人研究述评

一 周作人作品研究

1. 思维学

黄科安《历史循环观念：周作人随笔创作的独特思维》[①]指出，周作人深受英国性心理学家蔼理斯生活循环观的影响，认为历史与生活都是一个"永远的构成作用与分解作用的循环"。这种非前进性的历史循环观并非高深的学问，但却对他形成独到的观察历史和现实的思维视角产生了重要作用。"僵尸"或"死鬼"是周作人历史循环观中的两个重要意象，他对这两个意象的挖坟刨根，主要表现在对中国人"食人"与"奴性"的劣根性的批判。自古以来这些品性时刻在中国人身上表现着，周作人认为这是一种根深蒂固的遗传病，中国人是"祖先的鬼的重来"，将来中国灭亡之根即在于此。他对"祖先的鬼"充满着忧惧感，认为甩掉个人身上的"鬼"气是改造国民性问题的关键。但同时，周作人深受"日光之下并无新事"的历史循环观念的影响，看不到历史也是在螺旋般地上升、前进，导致他走向了悲观和冷淡的一路。

---

① 黄科安：《历史循环观念：周作人随笔创作的独特思维》，《贵州社会科学》2006 年第 1 期。

2. 文章学

刘全福《发"新潮"于"旧泽"》①从四个层次追寻了周作人《论文章之意义暨其使命因及中国近时论文之失》一文的创作背景与时代意义：第一，"精神之美大"这一"先声"命题联系了精神与国魂，同时对传统的文学思想进行解构，赋予其以新的"文"通"国魂"的时代意义。第二，借西方"精神之美大"思想，反观中国传统文学难逃"思无邪"的藩篱，甚至出现偏失之现象，引发了周作人"及旧泽之不存"的思考。第三，发"新潮"于"弗作"，在对"旧泽"进行拆解的同时，将建构的基点集中在对文学意义及其使命的方位探讨，廓清了文学与非文学的区别，提出了文学"文心词致"与"灵明之气"并行的观点。第四，清末年文学陷入了一片"浊流"，周作人对文学进行了正本清源与重新建构，贬斥了文章的偏见性与功利性，通过对本源的追溯以及对浊流的疏通，完成了文学从消解到重构这一过程。

二　周作人思想研究

1. 周作人与中国传统文化

范历《新与旧的矛盾和冲突——周作人儒家入世哲学在现实中的尴尬和悲剧》②指出，周作人与祖父周介孚有着明显的相似性：他们同是封建科举制度的忠实信徒与反叛者，他们生根在儒家的入世哲学中，时时想入世，却时时仕途不顺。周作人成长于新思想新文化崛起的新时代，但无论他怎样紧跟时代潮流，他所做的人生抉择都符合儒家入世思想的规绳。他的封建传统文人性格与时代发生了偏差，他的儒家入世哲学在现实中也难逃尴尬和悲剧的境地：青年时期希望通过科举走上仕途施展抱负，

---

① 刘全福：《发"新潮"于"旧泽"——周作人〈论文章之意义暨其使命〉对我国传统文论的消解与重构》，《内蒙古社会科学》2006 年第 2 期。

② 范历：《新与旧的矛盾和冲突——周作人儒家入世哲学在现实中的尴尬和悲剧》，《鲁迅研究月刊》2006 年第 4 期。

两次应试落第使他梦想破灭；社会变革中他积极投身到思想革命中去，1920 年的一场肋膜炎让他从浪尖跌到谷底；日军占领北平后，周作人出任伪职，在仕途上"前进"了一步时，却在道德上出现了"全线崩溃"，汉奸的骂名从此伴随余生。周作人一生都在寻路，他找到的入世哲学，在特殊的时代现实面前，却只给了他一场尴尬的命运悲喜剧。

李雅娟《论周作人 20 世纪 40 年代的思想构架》①细致分析了周作人附逆时期所写的 4 篇"较为重要"的"正经文章"：《汉文学的传统》、《中国的思想问题》、《中国文学上的两种思想》、《汉文学的前途》。文章指出，20 世纪 40 年代在沦陷区的北平，出任日伪职务的周作人提出"中国的文艺复兴"。在承认若要结束"国家沦亡"的局面非用武力不可的前提下，周作人开始从文化角度出发考虑政治问题，即排除"国家"在外的民族问题。周作人认为时空上中国的民族维系之物就是"思想语言文字"，因此周作人在 40 年代所写的这四篇正经文章，其目的和意图就在于，试图为"中国的文艺复兴"确立起"固有思想"和"汉文学"的传统，以此寻求汉民族文化与汉民族的主体性地位。

曾欢《周作人的原乡情结论》②以周作人对乡土回忆的情结为起点探寻了周作人三个并行的心理层次：传承、情感与解救。首先，人对故土的亲近的本能使得周作人在异乡异域难逃对原乡的思念并在潜意识中通过某种相似的回忆将异域（日本）看作第二故乡，这重在怀旧而非知新。其次，随着外来文明的渗入，周作人面临着理性和感性的艰难抉择：他无法摆脱原乡的羁绊，也不得不对其落后愚昧进行理性的审视并将对故乡的思考作为缩影推及到整个国家，告别了"凡本国的必好，凡别国的必坏"的盲目家国观念。最后，"五四"高潮后，原本激荡的热情被现实打压，周作人内心孤独迷茫，故乡成为了他的精神寄托，他将目光转向故土来找寻归属感，这是对故乡的再次认同与回归。

---

① 李雅娟：《论周作人 20 世纪 40 年代的思想构架——以〈汉文学的传统〉等 4 篇文章为例》，《重庆工学院学报》2006 年第 6 期。
② 曾欢：《周作人的原乡情结论》，《江苏广播电视大学学报》2006 年第 5 期。

董馨《周作人的"纯文学"观与中国文化传统》①指出，深邃、悠远、复杂的儒、道、释合力构筑的中国文化传统成为周作人"纯文学观"的深厚文化渊源，它们在不同层面发生了显在的影响。周作人"纯文学"观中"载道"和"言志"的并蓄体现了儒家兼收并蓄的"中庸"精神；对"纯文学"既求美又求乐的追求则是道家与禅宗清高淡远、超然洒脱的生命情调的体现；周作人以"苦"为代表的众多作品中内含着个人心性中对人生苦涩的体味以及表面平和地对待的思想觉悟，这正是释家苦涩与平和融会的价值观。它们在周作人"纯文学"观中充满张力的显现在一个特定层面形成了中国现当代文艺理论的全景画卷。

2. 周作人与外国文化

（1）周作人与古希腊文化

冯尚《周作人的神话意识与对现代性建构的自省》②集中讨论了周作人在汉语文学现代性建构活动中的"历史情结"，指出他在致力于文学现代性理论建设的同时，不断翻译介绍古希腊文学元典，尝试为现代汉语文学寻找自异乡"源头"涌出的泉水。作者认为周作人进行这一工作的动力源自儒家文化的熏陶更大于时代的影响。在周作人看来，"爱美"与"好学"是希腊文明精华之所在，这也是华夏文明所缺乏的精神，由此提出了希腊文明的当代意义。在希腊文学中，周作人毕生执着于"疾虚妄"讽刺性作品的译介，而他晚年嘱咐《路吉阿诺斯对话集》是自己唯一文学遗产的提法遮蔽了希腊文学的诗性本质，也动摇了周作人思想鼎盛期的真知灼见。

耿传明《周作人与古希腊、罗马文学》③以对周作人翻译作品的剖析展现周作人所推崇的古希腊、罗马思想所展现的永恒价值以及在中国土地上的价值与意义。文章指出，古希腊文学是周作人进行文学、文学批评

---

① 董馨：《周作人的"纯文学"观与中国文化传统》，《佛山科学技术学院学报》2006 年第 2 期。
② 冯尚：《周作人的神话意识与对现代性建构的自省》，《文学评论》2006 年第 3 期。
③ 耿传明：《周作人与古希腊、罗马文学》，《书屋》2006 年第 7 期。

的评价标准的主要来源，他以希腊文学为标准来衡量后世文学。周作人的希腊文学观主要包括：他强调希腊文学中的"人性自然"与"中和之德"，并以此来进行中国的"人的启蒙"；他在对希腊文学的翻译工作中加以主观评判，发表个人意见，并将希腊文学视为抗衡宗教的"美的宗教"；他重视"理性"、"爱美"与"自由"的希腊精神；《路吉阿诺斯对话集》表现出周作人唯理主义伦理观与犬儒主义关联。

刘全福《"主美"与"移情"：周作人古希腊文学接受与译介思想述评》①指出，周作人开古希腊文学在我国接受和译介的新纪元，在希腊文学中发掘了现世主义与美的境界，批评"文以载道"的传统观点，强调文章"主美"与"移情"的作用，为古希腊文学作品重新建构了前人所消解的艺术审美价值，促成了中国传统文学同古希腊文学现代意义上的互动与对话，从而为中国新文学的健康发展注入了一定的活力。

（2）周作人与基督教文化

哈迎飞《"爱的福音"与"暴力的迷信"》②以陀思妥耶夫斯基作品中的人道主义精神与周作人所推崇的基督教的"博爱"、"非暴力"的关系为切入点，指出陀思妥耶夫斯基作品（尤其是《罪与罚》）中所显现的基督教义的"爱之精神"对周作人思想发展影响极大，引发了周作人对中国民族"嗜杀性"的反思与对"无我爱"、新村式的"非暴力革命"和"爱之福音"文学的关心和提倡。"五四"时期这种看似脱离现实的乌托邦的文学诉求，有着周作人对历史的深刻洞察和对传统中国式暴力革命及民众造反运动的合理性与合法性的理性思考。

（3）周作人与日本文化

丸川哲史《日中战争的文化空间——周作人与竹内好》③就日本侵华期间出任伪职的周作人和在北京从事文化工作的竹内好对"中国的思想

---

① 刘全福：《"主美"与"移情"：周作人古希腊文学接受与译介思想述评》，《解放军外国语学院学报》2006 年第 4 期。

② 哈迎飞：《"爱的福音"与"暴力的迷信"——周作人与基督教文化关系论之一》，《福建师范大学学报》2006 年第 5 期。

③ 丸川哲史：《日中战争的文化空间——周作人与竹内好》，《开放时代》2006 年第 1 期。

问题"进行展开。周作人认为,汉文在时间空间上有甚大的联络维系之力,是联系东亚文化圈的不可少的中介。无独有偶,竹内好在北京滞留期间向日本人推行学习中文的行动,试图以汉字为媒介,在兵刃交锋的日中战争舞台上,推行相互文化理解的增进,但这都仅仅限于对战争未来不明朗的背景下提出。在历史潮流的裹挟中,两个人都遭到了失败:周作人"汉奸"与竹内好"丧失党派"的尴尬身份丧失了话语的可靠性,连同他们"大东亚文化"的构想,都添加了极端"败北主义"的色彩。

许宪国《论周作人对日立场的演变》[①]通过对周作人二三十年代对日本批评的变化,分析其中所包含的由于中日时局变化和他自身思想的变化对其日本批评的表现形式和态度的影响。他指出,周作人对日态度发生了数次转变:20年代随着日本帝国主义步伐加快,原本对日本报以好感的周作人在民族立场面前对日本进行批评和抨击,"排日论"应时而生;二三十年代政治环境的改变以及周作人自身思想的变化使得他的"排日论"在对象、角度、立场、态度方面发生了变化;30年代对中国必败的恐惧以及个人主义思想的再次抬头,他以平和的文化批评来代替了"排日"的主张。这一时期的周作人已不自觉地滑入了历史悲剧的轨道。

李国宁《论日本文学对中国文学的影响——俳句与周作人》[②]一文以俳句与松尾芭蕉、俳句与周作人以及俳句对周作人文风及创作的影响三个方面,探讨了日本古典文学对中国近现代文学的影响。文章认为:第一,松尾芭蕉将俳句由卑俗提高到了清新且严肃的艺术境界;第二,周作人赴日期间由俳句进入了日本文化的殿堂并颇有研究地对日本俳句进行翻译,在社会上产生了很大影响;第三,俳句的简洁凝练、高远清雅与淡泊平定的"苦涩"之味都对周作人的文章创作产生了或浅或深的影响。总之,俳句作为日本文学的典型代表,对中国新文学的产生与发展都起到了不可忽视的作用。

---

① 许宪国:《论周作人对日立场的演变》,《南京工业职业技术学院学报》2006年第1期。
② 李国宁:《论日本文学对中国文学的影响——俳句与周作人》,《日本问题研究》2006年第3期。

余文博《周作人与吉田兼好比较论》①从周作人后期随笔创作与日本古典随笔作家吉田兼好的《徒然草》出发,对他们的文章创作进行了比较:他们的文章都显现出了趣味性和常识性,但周作人在乱世谈闲适,心境全然不及吉田兼好那般徒然;人生的无常使他们的作品包含了隐逸思想,吉田兼好规劝人们及早遁世修行,周作人则袒露了选择隐逸生活的无奈情怀和悲观主义情绪;周作人与吉田兼好的作品在选材、记述故事、语言表达方式中都体现出了佛禅意识。可以说,20世纪20年代中期周作人对《徒然草》的部分译介,正是他的文学主张与创作风格于1928年前后发生转变的一个前奏。

魏法谱《周作人与五四时期的新村主义思潮》②对周作人在介绍新村主义中的作用、新村主义的基本精神以及新村主义产生的影响三个方面进行了分析。他指出,新村主义对自由、人、社会、国家、人类的思索是不可低估的进步思想,而周作人通过撰写文章介绍新村主义、进行实地考察体验新村生活、积极在各地进行新村主义演讲的行动为新村主义在中国的广泛传播做出了巨大努力并产生了巨大影响,虽未能成功,但其表现出的是先进的中国人在追求救国救民道路上的探索精神。

(4) 周作人与英国文化

陶丽萍《周作人思想与散文创作的现代源流》③认为,作为西方现代文化思潮源流之一的蔼理斯的思想学说对周作人的思想与艺术创作起着主导性影响,表现在:周作人"五四"时期"人的文学"、"平民文学"等大胆激进的观念来源于蔼理斯"生物的"人性的自然观点;周作人对礼教文化本原的阐释则基于蔼理斯的性本能理论;周作人将性心理的精神分析方法运用在文艺批评中;1927年前后周作人反映在文艺思想上的悲观民族主义发源于蔼理斯文艺观的自我表现说;蔼理斯生活艺术化的隐士风度一定程度上使得周作人在大革命失败后的创作走向了闲适。周作人对蔼

① 余文博:《周作人与吉田兼好比较论》,《哈尔滨学院学报》2006年第11期。
② 魏法谱:《周作人与五四时期的新村主义思潮》,《邵阳学院学报》2006年第5期。
③ 陶丽萍:《周作人思想与散文创作的现代源流》,《兰州学刊》2006年第8期。

理斯文学观、性道德观、生活观的为我所用的吸收,在不同的现实条件下,都带来了程度不同的影响。

黎杨全《论斯威夫特对周作人散文创作的影响》①指出斯威夫特散文、小说中对人性对社会"掮臂见血"的"极辛辣"的批判激发了理性与宽容的周作人性格中极端、激进的一面,周作人作品中"浮躁凌厉"的杂文正与斯威夫特的辛辣诉求相符。周作人同时对斯威夫特作品中"巧妙的反语"的反讽技巧表示赞赏,在文章中也时常表现反讽的手法。周作人认为,斯威夫特的"辛辣"与"反讽"的奇异结合,正是他理想化的"绅士鬼"与"流氓鬼"的"铁与温雅"的统一,这在根本上契合了周作人的思想性格、人生哲学与文学趣味。

3. 周作人的文学思想

在中国文学标准成为香港文学标准的文化格局中,晚年周作人成为与香港文学发生关系者之一。雷启立《外来的新文学——以晚年周作人与香港文学的关系为例》②指出,周作人与香港文学的通道先后经由《大公报》约稿与曹聚仁开拓,香港开始成为周作人"拾芝麻"之地,此后逐渐与香港文学通信的周作人感觉到"那种与二三十年代的思想一脉相承的东西似乎苏醒了",周作人式的个人主义与自由主义在香港浮现、复活。尽管《知堂回想录》的发刊与出版历经磨难,尽管这位二三十年代中国文坛上叱咤风云的人物在香港到了没有读者回响的地步,但无论如何,这个与大陆文化语境迥然不同的包容城市,使得周作人晚年的那些残余的思想,得以复活、重现、保存,在 20 世纪八九十年代得以"沉渣泛起"、"重出江湖"。在香港文学史书写中,对"外来"的新文学观念的接受,对立的"中心"与"去中心"观念,在晚年周作人与香港文学的交流中可见一斑。

---

① 黎杨全:《论斯威夫特对周作人散文创作的影响》,《孝感学院学报》2006 年第 1 期。
② 雷启立:《外来的新文学——以晚年周作人与香港文学的关系为例》,《江苏行政学院学报》2006 年第 3 期。

陈平《传统文化余荫下的现代性追求》①以结构主义的运作方式,将周作人的文艺观放在一个广阔的整体背景下进行考察,认为早年的经历给了周作人叛逆反抗之心,但他的性格中难以免除的懦弱的一面,使他的文艺理论和精神追求偏向改良层面。随着"五四"开启的那种相对自由的思想氛围的消失,他表现出"不革命"的文学态度表象,这一时期的生活方式也彻底"闲适"化了,但实际上他仍坚持着"五四"启蒙立场,将所有精力倾注在文艺上面,关心着社会和政治,即使到四十年代产生了悲观态度,但始终以文学为据点做着思想改造和人的解放的事情。"道义之事功化,伦理之自然化"最能解释他整体思想背景下的文艺思想与精神面貌。

王勤滨《周作人美学思想的狂欢化色彩》②用巴赫金狂欢化理论从周作人美学思想的娱乐性、风格的多样化、作者与读者的和谐关系方面加以论述,并指出其当下的现实意义。文章认为:周作人对民间文学通俗文学的整理研究、肯定文学的娱乐性与世俗性、文学风格与语言风格的多样化、打破逻各斯中心主义、与读者建立平等沟通的和谐关系显现了周作人美学思想中带有的狂欢化色彩。时至今日,这些美学思想仍不失其应有的生命活力。

王剑《中国文学现代演进的三个环节——以梁启超、王国维、周作人为个案的考察》③指出,梁启超所开启的"文学革命"的先河与王国维所认同的"文学独立"的价值放在特定的历史语境中都不免有些片面,而周作人的"人的文学"的中心观念对前两者的矛盾进行了合理解决,使文学回到了自身的正确走向。

4. 周作人与民俗、民间文化

张丽华《从"君子安雅"到"越人安越"——周作人的风物追忆与民俗

---

① 陈平:《传统文化余荫下的现代性追求——小议周作人文艺思想的整体面貌》,《涪陵师范学院学报》2006 年第 4 期。
② 王勤滨:《周作人美学思想的狂欢化色彩》,《湖南科技学院学报》2006 年第 9 期。
③ 王剑:《中国文学现代演进的三个环节——以梁启超、王国维、周作人为个案的考察》,《周口师范学院学报》2006 年第 1 期。

关怀》①指出，周作人对名物习俗、风雅传说的关怀，是周氏"闲适小品"的风格标志。周作人的风物追忆，20年代表现出"以心灵的闲适，对抗日益粗糙荒芜的现实"的风雅趣味，30年代转向了"对平民日常生活经验的关怀"的简素风格，这一转向同时包含了一种现代民俗学的自觉。在20世纪30年代的文化背景中，周作人对风土岁时日用人事的强调有着对"载道主义"进行反拨的意味，同时周作人对岁时习俗、风土名物的关注包含着以"俗"为"雅"的趣味自觉。周作人将汪谢城、范啸风的著作分成"君子安雅"与"越人安越"，而周作人对民间岁时风物的关注，从1930年到1937年可谓"君子安雅"，以1937年为界，周作人的目光日渐收缩到绍兴一地，其文章呈现出"越人安越"似的乡愁。从《桑下谈》到《野草的俗名》到《炒栗子》、《卖糖》、《东昌坊故事》等文，均体现了周作人对故乡的追怀及对民间底层文化的皈依。

卢毅《早期章门弟子与"民俗学运动"的兴起》②认为，早期章门弟子的"民俗学运动"是推动中国现代学术转型不可忽视的重要环节：辛亥前后章太炎、鲁迅、周作人的民俗研究成果质量可观，周作人更是奠定了"民俗学"成为一门近代科学的基础；章门子弟在"五四"前夜的白话文运动中对歌谣的征集与研究使民俗学研究更加成熟与专业化，将歌谣运动进一步提升为"民俗学运动"并呼吁民俗学学科的建立，以平等的眼光强调民俗学学科的重大意义。无论是在刊物创办还是在理论建设方面，早期章门弟子的积极探索为"民俗学运动"的兴起作出了不可磨灭的历史贡献。

吴仁援《"民间"在周作人的戏剧视野中》③从戏剧视角审视周作人"民间"意识中的现代精神。文章认为：（1）周作人对"民间旧戏""自大性"的警觉蕴含着清醒的批判精神。（2）周作人对"中国旧戏""自承性"的正视蕴含着客观的传承精神。（3）周作人对"民间""自然性"的守望蕴含着博大的人文情怀。（4）周作人对民间"自由性"的倾向是周作人自由精

---

① 张丽华：《从"君子安雅"到"越人安越"——周作人的风物追忆与民俗关怀》，《鲁迅研究月刊》2006年第3期。
② 卢毅：《早期章门弟子与"民俗学运动"的兴起》，《民俗研究》2006年第4期。
③ 吴仁援：《"民间"在周作人的戏剧视野中》，《戏剧艺术》2006年第4期。

神的体现。(5)周作人对"民间""自得性"的青睐是周作人审美的显现。(6)周作人对"民间""自行性"的尊重则是其平等意识的表达。

5. 周作人的历史观

田广《试论周作人历史轮回观的三维形态》[①]从"叛徒"的批评策略、"隐士"的文学思想、"汉奸"的历史逻辑三个维度分析了周作人的历史轮回观念。作者认为:(1)周作人的反叛思想常以隐曲的方式来表达,而且常常说反话,周作人常谈及的"历史轮回"也是用自说反话的招式起到警醒与刺痛的批评作用。(2)周作人赞同尼采与蔼理斯"把握现实世界"的历史轮回观,他的文学创作表现出了鲜明的现世精神和个人色彩,以闲适隐逸的写作方式反叛中国旧传统。(3)民族虚无主义的历史轮回观使周作人失去了对本民族的信心,这是使周作人沦为"汉奸"的一个最根本的原因。

6. 周作人的女性观

徐翔《周作人女性观中的异质性成分》[②]将周作人女性思想中与女性的解放、"哀妇人"这样的命题相左的部分称为其女性观中的异质性成分,指出以往的研究出于种种方法论上的原因(研究者本质主义与形而上学思维习惯的影响、意识形态的潜在制约、对研究对象神话化与符号化的倾向)和具体的策略,往往在研究视野上对这些异质性成分予以排除,也不承认它在周作人女性观中的重要地位。作者通过对周作人的文本和实际行动的解读,指出这种异质性成分的种种表现,如周作人的"妇德"观,对女性爱情和性的干涉,对许广平、王蕴茹的爱情和婚姻的反对,对周静子爱情的干涉,对母亲鲁瑞和寡嫂朱安的淡漠等,并要求对它们予以充分正视和承认。

7. 周作人的儿童观

应玲素《论周作人儿童文学观的现代际遇》[③]分析了周作人"五四"时

---

① 田广:《试论周作人历史轮回观的三维形态》,《学术探索》2006 年第 4 期。
② 徐翔:《周作人女性观中的异质性成分》,《中国现代文学研究丛刊》2006 年第 6 期。
③ 应玲素:《论周作人儿童文学观的现代际遇》,《北方论丛》2006 年第 6 期。

期享誉全国的儿童观在 20 世纪 20 到 70 年代所面临的现实困境：（1）周作人崇尚的个人自由与中国传统的"群体"价值相违背,忽视了儿童文学的社会目的性与现实意义,产生了个体优先与群体本位的矛盾。（2）周作人强调的儿童的本能兴趣与中国传统文化对个体定位与职责的要求相冲突,在儿童观上产生了娱乐游戏与传统教化的对立。（3）周作人西化儿童观"独立个体"的呼吁与中国家庭宗法传统的主流思想互为排斥,形成了西化儿童观与传统儿童观的对立。总之,周作人的儿童观由于缺乏与中国传统儿童文学观的适时联系,出现了遭遇悲剧性际遇的必然结局。

8. 周作人的精神特质

周作人所强调的"个人主义"脱离了西方本土文化语境进入中国,受制于中国文化,原始意义必然经历转变。刘洋《意义与价值的背离》[1]对周作人"个人主义"观念的价值内涵进行重新定位,认为周作人的"个人主义"与西方"个人主义"相比,存在着以下差异：（1）西方"个人主义"是以个人为中心的价值观念,涵盖对某种体制的信念。周作人的"个人主义"仅限于文学上的个性主义,仅领会到了"个人主义"的一部分内涵。（2）西方"个人主义"强调法律约束下的"个人自由",周作人的"个人主义"却是不受约束的"消极的自由"的传统观念的表现。（3）西方"个人主义"认为人具有最高价值,周作人的"个人主义"则认为个人服务于人类这一群体,个人没有独立而终极的价值。周作人所理解的西方话语下的"个人主义",隐藏的是中国传统文化本质。

9. 周作人综论

孙郁《关于周作人》[2]对周作人进行了简介与点评。文章认为,周作人思想深处有着不可理喻的复杂性,他有着非正统的儒家传统,同时又受野史杂书的吸引,其文章多显哀凉。他早期与晚年创作风格有很大差异,

---

① 刘洋：《意义与价值的背离——对周作人"个人主义"观念的另一种阐释》,《乐山师范学院学报》2006 年第 4 期。
② 孙郁：《关于周作人》,《南方文坛》2006 年第 2 期。

前期文章昂扬有力,晚年则趋于消极。他既不是纯粹的理论家,也非真正的作家,他大概介于二者之间,徘徊在学理与性情之中。他将思想家的意绪和艺术家的灵感汇于一身,形成了独立的文风。他精神深处是个绝望而消极的人,却又常常不甘于绝望与消极,这是一个痛苦的矛盾,它几乎缠绕了周作人的一生。他的写作处于史家与文学家间,散文随笔有见识、有趣味、有学匪的痕迹。他文字中的学识与放达之音,加之一些平静冲淡的态度,体现了他的绅士气与流氓气。鲁迅研究者、带有复杂心态的异端者与报人留下了诸多品评文章,成了叙述苦雨翁的主体。

三　周作人生平研究

耿传明《周作人的"附逆"与"现代性"伦理的困境》①对周作人的"附逆"行为做出了深入考察。相对于某种平面化的政治道德评判,作者更倾向于考察导致周作人附逆的文化心理因素。他从新文化与周作人"附逆"的关联出发,指出其"附逆"行为是文化上的"现代性"事件,主要表现在:1. 周作人"五四"时期个人本位的"世界主义",使他试图超越民族国家这种中间环节,直接从"个人"到"人类"再到"世界大同",这淡化了他的民族国家认同感,减弱了他对民族国家的责任意识。2. 周作人"现代性"的"自然人性论"的信仰显然带有乐观主义的幻想性,无法应对现实中的随时、随处可见的道德冲突问题,只能使他"苟全性命于乱世",再进而"附逆"。3. 具有启蒙意义的"道义之事功化"的追求出现了理性的偏至,忽视了其"内在价值",使周作人的事功主义丧失了原则。总之,周作人对个人主义和民族失败主义的深信不疑,导致了其步入歧途的人生悲剧。

黄开发《沈启无——人和事》②通过对周作人弟子沈启无的生平的研究探索了其整个人生历程,尽管文章以沈启无为对象,但也可以从侧面挖掘出一些曾与沈启无关系密切的周作人的事迹:沈启无作为周作人四大

---

① 耿传明:《周作人的"附逆"与"现代性"伦理的困境》,《烟台大学学报》2006 年第 3 期。
② 黄开发:《沈启无——人和事》,《鲁迅研究月刊》2006 年第 3 期。

弟子之一受周作人赏识,其作品中也可略见周作人之思想:1944年"破门事件",沈启无被周作人逐出师门可见周作人性格中"铁的温和"。

四　周作人与期刊研究

秦艳华《周作人文艺思想"转向"与文学出版》[①]指出了20世纪20年代出现在周作人文学出版活动中的文艺思想的"转向"并分析了"转向"的原因:从《自己的园地》所表现的人文关怀和社会功利追求到自由主义的主张,是由于周作人精神大厦中"流氓鬼"信念随"五四"退潮而摇摇欲坠的产物;从"文艺丛书"和《语丝》对不同文学观念的包容到《骆驼草》时期对文学政治化、商业化倾向的反拨和对纯文学的坚守,则随着政场的风起云涌而变化丛生。文章认为,在某种程度上,周作人文艺思想的"转向"与文学出版活动,是构成中国现代文学中趣味化、轻松化写作力量和自由主义文学流派生成的两个直接动因。

崔银河《〈晨报副刊〉与周作人》[②]指出了《晨报副刊》与周作人的密切联系:周作人为新文学运动摇旗呐喊的文艺批评、谈天说地的小品散文以及对国外作家作品的翻译介绍三大类文章都曾发表在《晨报副刊》上。作者对这三方面的文章进行了分类整理与客观评析,从中可以感受到一个文学家的切剖之音。

五　周作人与美术研究

江平《从周作人的金石事论其性情》[③]从周作人日记、散文兼及旁人回忆他的文字中搜集了周作人"玩物"的相关信息,将周作人与印章、碑拓之事作一专题,窥探其心性之本色,也从侧面揭示出周作人无尽的"小事不糊涂"与仕伪等"大事糊涂"之间存在的关联。文章指出,周作人对印章

① 秦艳华:《周作人文艺思想"转向"与文学出版》,《重庆师范大学学报》2006年第6期。
② 崔银河:《〈晨报副刊〉与周作人》,《渤海大学学报》2006年第2期。
③ 江平:《从周作人的金石事论其性情》,《绍兴文理学院学报》2006年第4期。

的兴趣主要表现在：印张众多，隔三差五有印事，将印文分类，刻"若子纪念"印章，印文酣古又时尚，印章材质多样。周作人对古碑、古砖的留意表现为在日记中多次提及、与友人互赠古碑拓片、对古砖有着废寝忘食的沉迷。作者认为，通过周作人喜好的事物可以看到其性情的主要方面，同时这些事物也影响着周作人：其一，把玩印章、碑版淘养了周作人的古雅气质，进而影响了他的文学、书法；其二，无尽的"小事不糊涂"与"大事糊涂"之间存在某种关联，周作人的心灵长期沉浸在玩物中，对社会大事的清醒度就很容易"被过滤掉或衰减掉了"。

六　周作人研究之研究

李玉兰《还原一个真实的周作人》[①]对王锡荣著作《周作人生平疑案》进行了评析。文章认为，《周作人生平疑案》一书旨在就周作人研究的盲点，进行考证和分析。它的重点在叙述史实，而不是论述观点，有着"事实即为论述，论述即为事实"的显著特点。该书作者在材料收集、整理、组织方面用力很大：1. 资料的新。作者从相关报道、报刊、照片中，挖掘出了许多新史料，这是本书的最大亮点。2. 资料的详。周作人日记、书信、创作、同时代的评论文章、报刊中的相关报道、照片、研究者的观点及论争过程、政府机关文件等，在本书中都得到了收录。3. 资料组织有序。作者以最能解决书中归纳的二十个周作人生平疑案为根本出发点，将各种材料有机地组织起来，为从各个角度解疑服务。

---

① 李玉兰：《还原一个真实的周作人——评王锡荣〈周作人生平疑案〉》，《鲁迅研究月刊》2006 年第 2 期。

第七章　2007 年周作人研究述评

一　周作人作品研究

1. 周作人散文研究

（1）知识学

郑家建、林秀明《知识之美》[①]一文从知识之美、知识之源、知识之刃三个角度入手，分别对周作人散文中的"常识"进行解读。首先，从审美角度来说，在他的"草木鱼虫"系列散文中，他常常在文章结尾处会情不自禁地把所写的事物与自己的故乡、儿时、记忆联系在一起，由此而幽幽暗暗地传达出一种淡泊、忧郁的乡土之思与生命之思。在民间民俗系列散文中，透露的则是周作人十分敏锐的对人世间，对人心，对凡人信仰的悲悯与同情的人文之思。其次，周作人散文中广博的知识来源于他对"杂学"的心得发现，这些心得与发现都内在地构成了他多元化的知识结构中的一个要素。最后，周作人确立了知识生成和再创造过程的历史理性和批判维度，在这种历史理性和批判维度中，他共时性地并置了现实与历史，经验与理论，个别与普遍之间的矛盾性，并在这种矛盾性的文化冲突和裂缝中找到批判的意义与立场。这种独特的解构性所具有的批判维度带给周作人以十分锐利而独到的知识之刃，这表现在周作人形成了对历史人

[①] 郑家建、林秀明：《知识之美——论周作人散文中知识的审美建构》，《鲁迅研究月刊》2007 年第 11、12 期。

物迥异时论的评价眼光。

(2) 语言学

文贵良《知言：周作人的文学汉语实践与现代美文的发生》①认为，周作人的文学汉语特色可以用"知言"来概括。首先，周作人知言的最基本特质是智性，知言的智性在语句的层面上表现为"言而当"之"言语"的合理裁融；在叙述的层面上，表现为"言而当"之"言说"的恰当选择；在认识的层面上，表现为"言而当"之"言/我"的独特体悟。其次，在说话与文章的同一性关系中，周作人看重的是说话之真与文章之好的同一性关系，这同一的支点上矗立的是个人。最后，知言型的文学汉语，是在周作人自身的文学汉语的实践过程中诞生的。

(3) 美学

刘桂华《论周作人小品散文的艺术审美理念》②认为，周作人作为现代小品散文的倡导者与实践者，把美文引进中国后，逐渐完成了本土化进程，成为和诗歌、小说、戏剧并驾的正宗文学。作为现代中国小品散文的一个成功原型，周作人的散文艺术在文学史上具有不可忽视的地位。他独特的抒情文体既吸取了西方小品的精华，又得益于中国传统文化。他的作品连缀起来构成了一个充满着内在艺术秩序与特殊方式的艺术世界，并受明确的艺术审美理念指导。在继承与革新的基础上，周作人提出了比较完整的散文理论与审美范畴概念，如滑稽、趣味、平淡自然、苦涩、闲适等，他以深思型的审美品格，开创了小品散文的广阔天地。

宾恩海在《周作人小品文的人生旨趣刍议》③中说，周作人的小品文将"寻求享乐"、"近于顽童"、"庸凡之心"的人生旨趣置于"虫鱼之微小，谣俗之琐屑，与生死大事同样的看待"之中，并不具备更为强烈的时代精神反而新添了现代散文"思想博大，见识明达，趣味渊雅，懂得人情物理"的特质，拓展了现代散文"谈人生琐屑之事"的创作特征和文学语境，也指向了人的内在生命的深秘而永存的普遍真理和共有人性，常常使读者不断

---

① 文贵良：《知言：周作人的文学汉语实践与现代美文的发生》，《复旦学报》2007 年第 6 期。
② 刘桂华：《论周作人小品散文的艺术审美理念》，《山东社会科学》2007 年第 8 期。
③ 宾恩海：《周作人小品文的人生旨趣刍议》，《广西大学学报》2007 年第 4 期。

地发现自己作为人的价值而惊异。应当说这是具有现代意义的人生旨趣的开掘,它以现代知识分子的自我意识为依据,用现代散文形式表现现代生活背景下的自我意识、平民意识,这正是周作人从古典散文意识中所获得的解放,仅此一点,其影响可谓深远。

（4）谱系学

刘卫国《论"自己的园地"文学观念的思想谱系与历史意义》[①]认为,周作人"自己的园地"文学观念建立在"消极自由"的"个人主义"思想基础之上,这一文学观念是一个有益的探索。但可惜的是,周作人没有将自己对"消极自由"的"个人主义"的正确理解贯彻到底。首先,"自己的园地"坚守文学的个性主义观念;其次,"自己的园地"极力提倡"宽容";最后,"自己的园地"反对"文艺的统一"。同时,文章批驳了"'自己的园地'的思想基础是个人主义,正是这种个人主义,应该为周作人背叛民族的行为负责"这一观点,认为:第一,周作人并不是一直脱离当时的现实;第二,周作人在中国现代文学批评史上最先触摸到"消极自由"的概念。

2. 周作人诗歌研究

（1）文体学

王雪松、王泽龙《论周作人诗歌的诗体特征及其在新诗发生期的意义》[②]认为,周作人的诗集《过去的生命》在其个人创作历程及新诗发展史中,有着不可替代的地位和作用。该诗集的诗体特征可以从散文化的文体、欧化语体、戏剧性和智性等几方面评析其在新诗发生期的意义。第一,周作人从散文入手切入新诗,这种诗的意义单位扩展到句群、段落、篇章,从而在运思过程中不再拘泥于炼字炼句;第二,诗的现代化一方面由现代化的社会生活所决定,另一方面又由欧化与传统的合力所决定。第三,不论是中国的"剧诗"还是西方的"诗剧",二者都是"诗"与"剧"的因素

[①] 刘卫国:《论"自己的园地"文学观念的思想谱系与历史意义》,《绍兴文理学院学报》2007 年第 2 期。

[②] 王雪松、王泽龙:《论周作人诗歌的诗体特征及其在新诗发生期的意义——以〈过去的生命〉为例》,《江汉大学学报》2007 年第 5 期。

综合。

（2）心理学

关峰《平生怀惧思，百一此中寄——由杂诗创作看周作人的文化心理》[1]认为，文化心理是时代状况下人的活动的内在法则和存在方式，强调个体无意识的筛滤与别择，不同于个体心理的随意性、偶然性，文化心理带有强烈的理性精神。在现代中国作家中，周作人的文化心理极具丰富性和深刻性。就文体来说，杂诗是体现周作人文化心理尤为重要的文类，不仅因为杂诗集中了他以前散文创作中的观点和思想，而且大都产自其一生中最为困窘和煎熬的时期。周作人的杂诗在儒家人生主义、批判气节、人情物理主义和忍过事堪喜几个方面展开。忧惧心理是周作人杂诗文化心理的主要内容，而虎与狼、梦与醉、故园与天河几组意象则集中说明了周作人杂诗文化心理的复杂趋向。其中，虎是凶险的人事的象征，还代表一种强大的威慑力，狼则是隐秘狠辣的象征。周作人对于梦的认识则是和心理分析学派及佛教联系在一起的，醉代表了一种逍遥的境界，是用"他者"的方式表白关心国家治乱之源和生民根本之计；故园则多作为周作人的一种情感寄托方式。天河意象，是一种象征，表达了对"距离"的认识，与对时间匆逝的体验一道，显示出人的生命的顿悟和光芒。

二 周作人思想研究

1. 周作人与中国传统文化

卢毅《章门弟子与五四思想革命》[2]认为，在"五四"新文化派中，章门弟子较早地意识到思想革命的重要性，从而他们将奋斗目标及时转向了伦理道德领域，为"五四"新文化运动的深入发展指明了前进的道路。在新文化运动中，章门弟子等新文化派正是以"覆孔孟，铲伦常"作为自己的

① 关峰：《平生怀惧思，百一此中寄——由杂诗创作看周作人的文化心理》，《湖州师范学院学报》2007 年第 6 期。
② 卢毅：《章门弟子与五四思想革命》，《广东社会科学》2007 年第 2 期。

首要任务和突破点，从而掀起了一场轰轰烈烈的思想革命的。章门弟子受到章太炎"订孔"乃至"诋孔"思想的影响，集中体现在以下几个方面：第一，俗化孔子历来不可亵渎的圣人的形象，打破其独尊地位，并对孔子的人格提出质疑，认为孔子诈取老子藏书而立说；第二，"夷六艺于古史"，对所谓"六经"进行俗化和历史化，强调"经"的最初含义只是指古书的制作材料和方法，彻底剥除了它们的神圣华衮；第三，论孔学"非所以适今"，认为孔子学说固然有一定的历史价值，但并不适合于今日。同时，他们认为"三纲"、"五常"等封建礼教，严重束缚人性的发展，明确提出了反对"吃人礼教"的思想主张。鲁迅与周作人还在妇女观与儿童观上达成了一致意见，共同号召打破"三纲"中的夫权和父权。

哈迎飞《周作人对法家暴力文化的批判》①认为，周作人是"五四"时期为数不多的几个始终对法家思想保持高度警惕的思想家之一。周作人对法家文化的批判首先集中在它的暴力思想上，周作人一生多次提醒世人要注意中国民族的"嗜杀性"。周作人认为在中国，严刑峻法的威慑，一方面使统治者视民众如草芥，另一方面也使在暴政统治下成长起来的民众见酷而不觉其酷，甚至会踏着残酷前进，比暴君更暴。其次，周作人对法家文化中的君权至上思想、"三纲"主张以及法家化的"酷儒"进行了深刻的批判，对周作人来说，现代中国思想革命既要深入揭批作为"历代帝王专制之护符"的儒教伦理，彻底解构为君的、为父的、为夫的绝对权威，更要对法家化的"酷儒"保持警惕，并尽快"输入西洋社会国家之基础，所谓平等人权之新信仰"。最后，周作人对法家文化也不是只有批判，没有辨析。周作人认为，法家思想中的一些内容对于改造和矫正儒家由于忽视道德是历史的产物而走向伦理绝对主义的弊端，不可全盘抹杀。他认为法家思想中积极的无神论思想以及理性务实精神等，还是有意义的。

郭晴云《显意识层面下的真实姿态》②指出，周作人是以激烈的反传

① 哈迎飞：《周作人对法家暴力文化的批判》，《福建论坛》2007 年第 12 期。
② 郭晴云：《显意识层面下的真实姿态——周作人的早期思想与儒家文化的内在联系》，《潍坊学院学报》2007 年第 1 期。

统姿态开始他作为现代思想者的历程的,但是他的早期思想,尤其是他在"五四"时期的文化建设思想,明显与传统儒家文化存在着内在的、必然的联系,只不过被其强烈的反传统姿态所遮蔽。理解这一点,是理解周作人后期公开标榜儒家,甚至以儒家自居的逻辑起点。韩高峰《论周作人对传统中庸观的继承与改造》①则认为,周作人用科学常识置换出了作为传统中庸观内在评判尺度的"礼"或"礼教"教义,从而建设起了自己新的中庸之德。传统中庸观中的"中"、"和"思想对他产生了重大影响,不仅成为他典型的思维方式,而且已经衍化成了一种人生策略,成了他寻找灵魂归宿和生存依据的途径。

席建彬《"隐逸"的一种限度》②认为,20 世纪 20—30 年代,随着"五四"的落潮,周作人的文学重心从社会性的人生关怀转向了个体性的人生关怀,表现了浓重的隐逸气。然而"隐逸"并不意味着作家就离弃了现实和"人的文学"观念,他的所谓"隐逸"其实是在既有"人的文学"观念框架内作出的一种调整,思想的实质倾向了"理想生活,或人间上达的可能性",仍沿续着"为人生"的文学轨道。这一变化的产生不仅和其"人的文学"观念的丰富性有关,还涉及到周作人现代和传统的二重人格以及这一时期社会境况变化的影响。高俊林、王卫平《"在荒野上叫喊"》③则认为,"在荒野上叫喊",是周作人对于自己从事思想启蒙工作的一种认识。为此,他从魏晋六朝文化里借取了许多积极有益的资源。周作人对于当时的隐士现象抱着深切的同情态度,这一态度与其本人后来的思想转变及现实人生选择也有着深厚的渊源关系。

关峰《周作人传统思想三题》④认为,有了传统,就能把新事物从常态中区分出来。以《中国新文学的源流》为代表,周作人就在连续而同一的总体中不断地实践从常态中区分新事物的工作。周作人推崇"心的故乡"

---

① 韩高峰:《论周作人对传统中庸观的继承与改造》,《宜宾学院学报》2007 年第 4 期。

② 席建彬:《"隐逸"的一种限度——试论 20 世纪 20—30 年代周作人的"隐逸"转向》,《连云港师范高等专科学校学报》2007 年第 1 期。

③ 高俊林、王卫平:《"在荒野上叫喊"——论周作人的文化思想与魏晋六朝文化之因缘》,《陕西教育学院学报》2007 年第 1 期。

④ 关峰:《周作人传统思想三题》,《山东科技大学学报》2007 年第 4 期。

之文学,而非村郎文字、学究文字、白席的书。民族的败亡所激起的怪戾悲愤的风气是周作人尚"己"之思想的原动力,明末清初乃其历史和逻辑上的源头。周作人称八股文为"中国文化的结晶"、"旧传统之极致"、"新的反动的起源",这是相当大胆又令人信服的论断。周作人打油诗的思想根柢是忧与惧,其意在反抗各种各样的压制和扭曲。时代使得周作人辗转躲进新历史主义式的共时性模式中,逃脱余裕的蛊惑。

2. 周作人与外国文化

哈迎飞《基督教文化对周作人文学观的影响》[①]分析了周作人"爱之福音"的文学观与基督教文化的关系。周作人认为,文学不仅与宗教关系极为密切,而且文学的发达大都出于宗教,它们之间有很多相同和相通的地方,尤其是近代人道主义思想和文学与基督教的关系更为密切。基督教强调"爱",周作人认为文学的终极价值也是"爱"与"同情",而怨恨与文学的本质根本冲突。首先,在周作人看来,对一切偏见、骄傲、嫉妒、憎恨的情绪的否定和超越,正是文学本质力量的体现,因此,他不仅坚决反对一切鼓吹复仇,煽动民族仇恨的创作倾向,而且坚决反对为了反对异族而专门培养国民间的憎恨和敌意,以致养成专断笼统的仇外思想的想法和做法。其次,对"爱"与"理解"的强调是"五四"时期的周作人文艺思想中的一个重要内容。最后,既不用暴力,又排斥一切阴谋手段,那么剩下的唯一可走的路,实际上就只有自己受苦了。爱就是受苦,这是基督教给周作人最大的启示之一。

杜心源《文化利用与"国民意识"的文化重构》[②]指出,周作人的古希腊文学研究不是一种静观的学术工作,而是他对中国现代思想进行反思批判的成果。他对希腊文学尤其是对其中神话和拟曲的译介实质上是对现代中国的国民意识建构的灵活参与,以阐释希腊为文化策略,周作人一方面从国族社会的压抑中解放出"人"的自然天性,另一方面希求激活中

---

① 哈迎飞:《基督教文化对周作人文学观的影响》,《武汉理工大学学报》2007 年第 1 期。
② 杜心源:《文化利用与"国民意识"的文化重构——对周作人的古希腊文学研究的再探讨》,《华中师范大学学报》2007 年第 2 期。

国民间传统的伦理性，使之成为现代民族主义的文化资源和表意工具。这一传统通过他的想象加以转化和重构，超越了狭隘的地方性范畴，具有了"世界主义"的合法地位。黎杨全《文化复兴与国民性重建》①则指出，在认为中国与古希腊都存在现世主义与中庸两种文化特质的基础上，周作人展开了中希文化进程的同构性想象，并企图复兴中国"孔孟时代"与古希腊相似的"灵肉一致"生活，重建国民性。然而，由于文化的误读与虚构，这种文化复兴与国民性重建的"宏伟构想"最终陷入了理论与现实的困境。

　　许宪国《论周作人日本批评的内在矛盾》②认为，周作人在20世纪二三十年代中日关系日趋紧张时期曾发表了大量日本批评的文章，将之称为他的"排日论"。但在周作人的日本批评中，不仅包含着民族立场，还隐含着强烈的日本文化立场甚至日本立场，他执着于对日本文化的喜爱，往往从文化的角度来寻找对日本政治行为的解释，这使他的日本批评显示出无法调和的内在矛盾。周作人的日本批评的内在矛盾主要表现在两个方面：一是民族立场与日本——主要是日本文化立场的矛盾；二是对政治日本的认识与对文化日本认识的矛盾。在当时中日关系紧张的时代背景下，这两对矛盾是相互关联的，它们共同塑造了周作人日本批评的独特复杂的面貌。陈融《周作人与日本文学研究》③则认为，在国内的东方文学研究中，日本文学研究成果丰厚。周作人是我国日本文学研究、日本文学史撰写的开拓者和奠基人。1918年，周作人在北京大学文科研究所用《日本近三十年小说之发达》为题发表讲演，该演讲以研究的心态，以叙事明理为目的，最早以史的形式论述日本文学，在事实上开启了我国学界的日本文学史撰构。他所提出并强调的通过文化的角度认识域外国家和民

---

① 黎杨全：《文化复兴与国民性重建——论周作人对古希腊文化的误读》，《江西社会科学》2007年第9期。
② 许宪国：《论周作人日本批评的内在矛盾》，《北京理工大学学报》2007年第1期。本年度许宪国发表的与周作人与日本相关的文章还有：《论周作人以文化为中心之日本研究的特点》，《沈阳农业大学学报》2007年第1期；《关于周作人对日本文化及日本国民性研究的思考》，《沈阳农业大学学报》2007年第3期。
③ 陈融：《周作人与日本文学研究》，《苏州科技学院学报》2007年第1期。

族,在认识的过程中须着眼于该种文化与本国、本民族文化之不同等方面的观念至今仍然具有相当程度的方法论意义。

3. 周作人的文学思想

童龙超《五四时期言人人殊的"平民文学"》[1]指出,"五四"时期,对同一"平民文学"术语,却是言人人殊。周作人认为它是时代需要的具有平民精神的文学,胡适认为它是古已有之的来自民间的文学,鲁迅则说它是革命胜利工农解放后真正体现工农思想的文学。解剖这种表面用语相同、实际所指相异的现象,对于纠正今天"五四"时期"平民文学"研究中的偏颇,启发今天学术界对于现代文学名词术语的清理与研究,具有一定意义。

刘卫国在《论"人的文学"文论体系的内在特征》[2]一文中指出,周作人建构的"人的文学"这一文论体系,建立在新村主义的人道主义基础之上,具有辩证性和空想性的特征。由于陈义甚高,"人的文学"的主张在当时并没有多少可行性。但是,随着社会的发展,"人的文学"将越来越多地发挥其作为理想参照系的纠偏作用。

4. 周作人的国家观

周作人的附逆落水与他的国家观有着密切的联系。哈迎飞《论"五四"时期周作人的国家观》[3]认为:(1)1917 年的复辟事件使周作人清醒地意识到思想革命与伦理革命的任务不完成,政治革命的成果也难以保持。(2)坚决反对国家偶像说,主张为自己故而爱国,非为国家故而爱国,是周作人"五四"时期国家观中另一个突出内容。周作人认为,国家是历史的产物,并非人类与生俱来,天经地义的永恒存在,因此,也决没有非崇拜不可的理由。(3)周作人认为,国家之上还有人类,国家会变更,而人类将长久存在,人类与国家是两个不同的范畴,因此,不能一味强调本国利

---

① 童龙超:《五四时期言人人殊的"平民文学"》,《华中科技大学学报》2007 年第 3 期。
② 刘卫国:《论"人的文学"文论体系的内在特征》,《晋阳学刊》2007 年第 1 期。
③ 哈迎飞:《论"五四"时期周作人的国家观》,《鲁迅研究月刊》2007 年第 3 期。

益,从而最终损害人类的基本利益。(4)周作人坚持爱国以正义言,非关政府,爱国实即爱自由。

5. 周作人的精神特质

对周作人来说,"生活之艺术"是个很重要的问题。伊藤德也《"生活之艺术"的几个问题》[①]认为:(1)周作人讲"生活之艺术",艺术是什么的问题几乎就等于人是什么的问题。(2)对周作人来说,"生活之艺术"就是生活的技术、做法、方式,这技术、做法本身就是一种审美对象。(3)周作人指出,"生活之艺术"是一个调和禁欲与纵欲的技术。(4)周作人主张节制欲望,对"情"的拥有也同样。(5)周作人所说的"意"就是一个伦理主体。"生活之艺术"原本注重伦理主体对自我的驾驭,是试图纵览和评判庞杂的文明文化的全部,它是一种主张对商品经济中的欲望尽量进行节制的、能动的具有主体性的态度。

韩靖《周作人的"自我观"探析》[②]认为,童年自我的自性不足,孱弱无助,使得周作人一方面对于世界和他者是隔膜和拒绝的,但同时又激发起他对世俗幸福的执着。因此,追求自我与他者、与世界的和解,也是自我与自我,感性与理性,个体与社会,现实与理想的和解,从而实现一个健康圆满的现世人生,是周作人的理想自我。但是,受童年自我局限性的影响,周作人在实现自我与他者、与世界的和解时又要求双方爱的相互性,而当这个相互性被破坏时,自我便又重新回到狭隘封闭的状态中去,从而使自我实现的理想破灭,这是周作人的自我观的内在局限。

6. 周作人的知识分子观

陈思和将中国知识分子的价值取向概括为"庙堂意识"、"广场意识"

---

① [日]伊藤德也:《"生活之艺术"的几个问题——参照周作人的"颓废"和伦理主体》,《鲁迅研究月刊》2007年第5期。
② 韩靖:《周作人的"自我观"探析》,《兰州学刊》2007年第5期。

和"民间岗位意识"，许冰杨《建构知识分子的主体独立性》①借鉴这一理论，阐述了中国早期民间岗位知识分子的代表人物周作人的思想，描述了中国自由知识分子在现代化的框架里对庙堂与广场知识分子的传统价值取向的大胆反叛，以及对自身主体独立性的自觉和形塑。首先，民间岗位知识分子是从"广场"的意识形态战场撤离下来，回到普通的民间社会，建立起自己的专业知识的价值系统，形成一个与政治权力（权威）话语既不相通也不相斥的民间的知识分子岗位。其次，周作人一方面对知识分子在民间的启蒙效果倍感怀疑，对"民众"和民粹主义进行批判；另一方面，他力图构建以"人"为中心的新的思想大厦。最后，周作人民间岗位的建立，表征着他把知识分子的立足点从传统士大夫的"家国意识"和民粹主义转移到个人本位上来。

7. 周作人与民俗

肖向明《"鬼气"与"鬼趣"》②以人鬼纠葛为视角，考察和分析鲁迅和周作人如何面对自己、面对民众的文学思考，"鬼气"和"鬼趣"作为研究他们内在思想及其复杂状况的关键词，可以发现他们"虚妄人生"与"生活之艺术"、启蒙与审美、直面与回避、坚韧与犹疑的诸多差异。"鬼"之于鲁迅和周作人，存在着三种形态：一是表现为"人与鬼的交融"，这是一种富于人情人性的"自然鬼"；二是表现为"人与鬼的纠葛"，存在于他们对败落家族"鬼"的梦魇的阴冷记忆和对国民性的深刻观察中，称之为"人为鬼"；三是附注了他们内心矛盾与痛苦的形而上思考的"心中鬼"。就人间地狱和鬼气弥漫的感应方式，鲁迅与周作人分别代表了两种不同的文学思考：一则是借"鬼"启蒙民众及解剖自我的理想坚持；一则是醉心于"鬼理人情"的个人世俗生活的诗意生存。

清末民初以来，民间文学被知识分子当作文化改良和文学变革的资

---

① 许冰杨：《建构知识分子的主体独立性——周作人论知识分子与大众的关系》，《长江师范学院学报》2007 年第 5 期。
② 肖向明：《"鬼气"与"鬼趣"——论鲁迅和周作人"与鬼对坐"的不同文学思考》，《青海社会科学》2007 年第 5 期。

源。周作人以民俗学方法入手,对民间文学有着独特的认知与论述。林分份《周作人的民间立场及其对新文学的建构》①通过考察"五四"后周作人民众认同的转移及其对各种民众文学形态的评判,考察他的民间立场与新文学建构的关系,并由此呈现其身份认同的独特性和思想心态的复杂性。在周作人的民间文学与新文学论述视野中,现实的国民文学、阶级文学、革命文学等文学思潮,都被其归入民众文学的范畴。周作人对文艺的"感染性"效用的否定,正是他审美个人主义最核心的部分。同时他承认贵族文学在"国语文学"中的合法地位,并坚持民众与贵族在知识与精神上的差异,显示了周作人的民间文学论述与新文学建构中精英主义与理性主义的立场。

8. 周作人与宗教

哈迎飞《周作人与非宗教运动》②认为,"五四"时期的周作人对宗教是相当热心的,但 1922 年春天爆发的声势浩大的"非基督教运动"却使他从这种宗教的兴奋中清醒过来。首先,他认为非宗教大同盟不用理性剖析基督教的优劣得失和是非正误,不用客观的态度探讨宗教产生的原因、存在的问题及历史上的贡献,而一味地诉诸感情上的指责和谩骂,态度偏激。其次,周作人认为,宗教是个人的事情,信仰也是个人自由的行动之一。非宗教大同盟越出法律的框架强行干涉他人的信仰自由,这种做法不仅违背法律的精神,而且与人道主义精神相抵触。再次,周作人认为非宗教运动存在一种盲目排外的倾向和非理性的民族主义情绪。最后,在非宗教运动中,周作人对现代知识分子掩藏在无神论外衣下的准宗教情绪进行了深刻的反省和批判,他强调"理性的反抗才是一切革命的精神的本源"以及"专制的狂信"是东方文化中最大的毒害。对周作人与宗教作出解读的还有郭若平③等。

---

① 林分份:《周作人的民间立场及其对新文学的建构》,《南京师范大学文学院学报》2007 年第 4 期。
② 哈迎飞:《周作人与非宗教运动》,《广州大学学报》2007 年第 5 期。
③ 郭若平:《陈独秀与周作人关于宗教的争论》,《百年潮》2007 年第 11 期。

三 周作人生平研究

钟友循《"爱智者"的沉沦》①认为周作人的人生悲剧,有其复杂的思想根源。其中,作为"爱智者",其早期的生命与进化观、存在与历史观中,就潜伏着与鲁迅迥然不同的消极成分。周作人的生命观,大体包含如下几个层面。即:1.生命是正当的,应当体认与首肯;2.生命是活动的,应在变化中提升;3.生命是自然的,应当接受与顺应;4.生命是大事,应重事功轻气节;5.生命有两个,二者各有其价值,一是种族的生命,一是个人的生命。而周作人对存在的认知,最后上升到了虚无主义和悲观主义乃至绝望主义的"精神高度"。加之其文化性格的独特性,使他在命运的沉浮中,呈现出人格形态的分裂情形,虽以理性自恃,热衷于"生活之艺术",却仍然不能不堕入悲剧性的泥沼。

方芳《周作人晚年经济状况初考》②写到,周作人晚年的经济状况有据可查,对周作人的收入和开支进行大致的盘底,可以使人们对周作人的晚年生活状况有更直接的了解。首先,周作人晚年的收入来源大致分为四个部分:第一部分是为报刊杂志写文章获得,第二部分是翻译书籍获得,第三部分是人民文学出版社每月的预付稿费,第四部分是许多朋友给他的经济和物质上的支援。其次,周作人晚年生活的开支情况中至少还包括以下四个方面:第一,接济亲戚朋友;第二,生活水平并不算低;第三,出手大方;第四,其他方面的花费。最后,周作人晚年的生活水平也应该分为两个阶段,以 1965 年为界,1965 年之前周作人的收入水平比1965 年之后要高得多。1965 年之后特别是到了"文革"前夕,周作人的生活中已经彻底地没有了乐趣,随之而来的是"文革"中巨大的精神折磨。

---

① 钟友循:《"爱智者"的沉沦——周作人的人生悲剧之因由初探》,《湖南城市学院学报》2007 年第 6 期。
② 方芳:《周作人晚年经济状况初考》,《宜宾学院学报》2007 年第 3 期。

四　周作人与翻译研究

袁一丹《试论〈域外小说集〉的文章性——由周作人的"翻译文体观"谈起》①认为，周作人30年代着力表彰六朝文，并将佛经翻译纳入其内，有意疏通这两者的因缘。这不同于以文白的更迭来结构译经史的思路，他从佛经骈散杂糅的角度进入，试图将文体新变的可能限制在传统文章的畛域内，以显示文、言分合之外，"文"（而非"文学"）的内部逻辑及自我更新的能力。而《域外小说集》所代表的周氏兄弟早年的文言译作，据周作人追述，正是取法于六朝的译经文体。这种骈散相间的文体，与其直译乃至硬译的主张如何可能在文本中共存，却有待于深入到原文与译本之间逐字、逐句地探讨。该文将小说当作文章来解析，内涵着一个判断：所谓"域外小说"还是作为文章——不是关系群治的经世之文，而是执著于艺术之境的"醇文"——来经营的。

五　周作人与学术研究

郝庆军《两个"晚明"在现代中国的复活——鲁迅与周作人在文学史观上的分野和冲突》②认为，"晚明"及小品的复兴在现代文学史上是一个显要话题。但同是"晚明"，鲁迅与周作人却有不同的叙述。探究"晚明"如何进入文学史，对两种叙述同样给予足够的关注，并辨析这两种叙述及其冲突的诸多面相，也许有助于我们更确切深入地理解文学史复杂幽深的一面。两个"晚明"，其实是两种立场，两种对现实的态度。风花雪月，雅致幽韵自然是晚明的一个方面，但把它看作晚明的全部或者是主流，显然不智。鲁迅钩索文籍，查考野史，发现了一个血腥与虐杀的晚明，无非

---

① 袁一丹：《试论〈域外小说集〉的文章性——由周作人的"翻译文体观"谈起》，《南京师范大学文学院学报》2007年第1期。
② 郝庆军：《两个"晚明"在现代中国的复活——鲁迅与周作人在文学史观上的分野和冲突》，《中国现代文学研究丛刊》2007年第6期。

是提请陶醉于性灵小品的君子,睁眼观察历史,注意现实。鲁迅发现的晚明中自然还包含一个"东林",并试图从东林党人的命运中观察出民间的力量。火源①则细致辨析了晚明文学和"五四"新文学观念的同异。首先,公安派的"真"不离人心,注重的是"真心",而"五四"新文学倡导者们的"真"里有"客观真实"这一点,公安派对外界的"真"却是排斥的。其次,公安派把文章的价值定为"质"的有无,而"五四"文化人则希求新文学就是一种"应用的工具",不仅风格要朴素,而且要"白",人人能懂。最后,"尚今"是两者共同的立足点,认为现在的人才是立足的根本,反对放弃现在的人,依附于古代的法则,正是从这个一致性上立论,周作人追认公安派为"新文学"。

权绘锦《周作人与六朝文学》②认为,周作人所认同的六朝文学是经过了特殊别择的。六朝文人中的陶渊明和颜之推的思想与生存方式不仅引起了周作人强烈的情感共鸣和精神沟通,而且影响到了他后期的思想变迁和人生道路选择。同时,六朝文学骈俪华美的风格也引发了他关于新文学语言建设的独特构想。首先,周作人经过"非正宗的别择法"的选取,所认同的是他自己心目中的非正宗的六朝文学。其次,陶渊明通脱透彻、明达自然的生命哲学使周作人为建构自己的现代"人学"观找到了本民族文化传统资源。再次,颜之推融会贯通、理性通达的文化思路对于新文化有着积极的历史借鉴意义,但他"苟全性命于乱世"的人生哲学却引导着后期的周作人走向了黑暗的深渊。最后,周作人试图在六朝骈文中提倡"混合散文的朴实与骈文的华美"的新文学语言建设的构想。冉红音③则认为,后期的周作人选择和标举六朝,就意味着他选择了一个非正宗的时代,而在非正宗的时代中,他又选择了一个非正宗的描述。这也就形成了他独特的关于六朝文学的认识,构造了一个新的六朝文学形象。陶渊明和颜之推成了六朝文学的代表。他们以及佛经、骈文、散文也都呈

---

① 火源:《晚明文学和五四新文学观念同异——对周作人发现的引申》,《安徽广播电视大学学报》2007年第4期。
② 权绘锦:《周作人与六朝文学》,《山西师大学报》2007年第3期。
③ 冉红音:《论周作人对六朝文学的独特发现》,《绍兴文理学院学报》2007年第4期。

现出不同的面貌。

周荷初《周作人与清代散文》①认为，周作人一向是标榜"杂学"而多务"杂览"的，无论是读书、搜书或品评历代文学，差不多皆以"正宗"与"杂流"作为甄别的尺度。周作人对清代散文的疏理，予人以强烈印象的无非两点：一是对以桐城派为标识的正统古文的无情解构；二是他对清儒的笔记、日记、尺牍等"旁岔伏流"的努力发掘。首先，周作人对清代桐城文派由表及里进行了批判，直指其中包含的封建奴性文化的思想属性，以及模式化的理学思维的桎梏。其次，识趣才能具有独自的正当见解，这是周作人读焦里堂笔记《易馀录》的心得体会。此中实隐含着一种"文章观"，即为文当以思想识见为先，文章尚在其次。最后，周作人论清代散文，其实也未忽视作品给人的审美感受，其中表现为他对文章"趣味"的注重，这主要是针对叙景兼抒情一类随笔而言。

权绘锦《周作人与〈文心雕龙〉》②则认为，"人情物理"、"趣味"和"自然"是周作人文学批评中的重要术语，它们既是对《文心雕龙》中相关文学思想的继承，又经过了周作人具有现代意义和个人性的改造。该文厘清了二者之间既有相同之处又存在显著差异的复杂关系，证明了现代文学批评与传统文论之间割舍不断的历史连续性。

六　周作人与美术研究

江平《周作人的书法及相关事略》③认为，文学大家周作人原来在书法上是下过那么多功、用过那么多心的。首先，在留日之前多年的日记中，周作人明确记载了在书法上持续练习的情况，并且，周作人留学前的日记，字迹的体式呈现很明显的流变性。其次，周作人1912—1923年的日记大抵可以看作南京时期书风的延续，行文紧密，字形又回复窄长，但左收右放，更显著的是所有横画都下斜、捺都直挺而下延。笔画瘦劲如鱼

---

① 周荷初：《周作人与清代散文》，《鲁迅研究月刊》2007年第6期。
② 权绘锦：《周作人与〈文心雕龙〉》，《求索》2007年第4期。
③ 江平：《周作人的书法及相关事略》，《鲁迅研究月刊》2007年第9期。

刺,细察又均有精到的提按顿挫变化,折处常常强化。最后,周作人晚年的字更加平易。较之 30 年代,用笔十分厚实,虽然字架依然方挺,但原来的笔锋明显都内掩了。洒脱少了,而更见内敛、沉稳、蕴藉,这是他历尽荣辱沧桑之后的古雅而宁静的老年心境的真实映照。

七　周作人与期刊研究

李彦玉、姚玳玫《由〈语丝〉兴衰看鲁迅与周作人文学思想观的联盟与分裂》①认为语丝派是一个复杂的文人群体组合,以鲁迅与周作人为执牛耳,二人在现代文学中的影响力不言而喻,自然他们的文学思想观对《语丝》的兴衰也发挥着重大影响。两人各代表两种文学思想观,鲁迅始终坚持"立人"的思想,始终关注社会解放、民族振兴,发挥文学的社会功用;周作人则固守自我,消极对待或排斥社会革命和包括散文在内的文学的功利性和教化作用。他提倡一种"人的文学"和"平民文学",强调"个人本位主义"的文学理念,即"人的文学"也是个人的自我表达。在《语丝》的发展历程中,这两种文学思想观不断地联盟、分裂,在分与合中成就了《语丝》的辉煌,也酿成了《语丝》的衰落。

八　周作人史料研究

散木《常风先生生前对周作人的若干回忆》②罗列了常风先生生前对周作人的回忆,常风当时与钱钟书、曹禺等都是清华大学外国语文系的同班同学,此后他又因参与编辑商务印书馆的《文学杂志》,遂与周作人多有交往。特别是华北沦陷后,常风经常到八道湾访问周作人,兼负有为南方友人传信的使命。因此,他了解周作人战时的情况,常风先生的回忆就颇有价值。文章先后谈及到了"落水"后的周作人以及战后时期的周作人的

---

① 李彦玉、姚玳玫:《由〈语丝〉兴衰看鲁迅与周作人文学思想观的联盟与分裂》,《重庆职业技术学院学报》2007 年第 4 期。
② 散木:《常风先生生前对周作人的若干回忆》,《鲁迅研究月刊》2007 年第 8 期。

相关史料,具有重要的史料价值。

汪成法《周作人任教女师大相关史实考校》①认为,周作人是当年"女师大事件"中的一个重要参与者,为"女师大学生运动"和"三一八惨案"都写了不少的战斗文章,但无论他本人还是后来的研究者,在述及这一事件时都出现了很多的表述错误。这可以先从周作人自己的回忆文字说起。首先,周作人在"女师大"的任教起始时间应该是 1920 年 9 月。其次,对于周作人受邀女师大任教起到重要作用的联系人应该是陈中凡和钱秣陵。最后,周作人 1920 年 9 月任教女师大时的校长究竟是毛子龙还是熊崇煦,这是目前仍然需要讨论的一个问题。

---

① 汪成法:《周作人任教女师大相关史实考校——兼及〈鲁迅全集〉的一处注释错误》,《鲁迅研究月刊》2007 年第 5 期。

第八章　2008 年周作人研究述评

一　周作人作品研究

1. 周作人散文研究

（1）写作学

耿传明《“公共写作”与“私人书写”中的周作人》[①]认为，周作人的 50 年代的写作是在“公”、“私”这两个领域进行的，只有将这两个领域结合起来，我们才能看到进入新时代的“知堂老人”的一个完整的形象。他此时的写作主要成为一种为谋生所需要的、满足社会需要的“服务性写作”，写作的社会功能被突显出来。与公共写作中努力追赶时代，温和、冲淡、诙谐一如往昔的周作人不同，日记中的周作人却让我们看到了他内心的悲凉与凄怆、痛苦和无奈。整个 50 年代，周作人就是在这样一种劳碌而又寂寞的状态中度过的。他有愤懑、有不甘，但仍不失那伴随他终生的温雅和平静，自信和自我，他没有根据时代的需要来糟践自己，把自己骂得狗血喷头，以求被接纳、过关。这对于有着他那样的处境的人也算是非常难得了。

（2）类型学

范卫东《探询“现代化的中国固有精神”——论周作人抗战时期的散

---

① 耿传明：《“公共写作”与“私人书写”中的周作人》，《新文学史料》2008 年第 1 期。

文创作》①认为，周作人抗战时期的散文创作，呈现出探究"现代化的中国固有精神"这一基本价值指向，虽然和左翼作家的自由追求大不相同，但潜在地符合了新文化传统逐渐彰显的"本土化"趋势，和胡适等人的自由诉求隐相呼应。这些积极因素与其政治短视并存，反映出周作人作为"思想者"在应对现实生存时的某种困境。抗战时期周作人仍然坚持"五四"以来的个人主义立场，这使他的散文创作继续洋溢着新文学的现代气息；同时他埋首旧书，多讲儒家思想和"传统"，由此显出自己比较独特的思考路向。周作人对中国"现代化"路径的思考呈现了一种相当特殊的眼光，即站在人的角度漠视政治探讨问题，这既显出某种超越性，同时因为沉重的现实政治束缚显出文人思维的迂阔。

（3）美学

茯苓花《周作人散文的四味解读》②把"味"作为解读周作人散文的切入点，通过细细品味周作人散文的味道层次来感受他作品的独特韵味。作者认为，初读周作人散文的第一个感觉或者最初品到的味道层次是淡，有点淡乎寡味。周作人散文品味到的第二层味道是干涩。读起来有种枯燥干涩、难以卒读的阅读感受，一般读者如果体味不深、阅读不细，很容易得出枯燥乏味的结论。周作人散文品味到的第三层味道是甜味。周作人散文的价值也体现在这一点上，他文章的平淡、干涩的背后细细品味能读到内涵的腴厚与丰厚，品味到此自然感觉甘甜爽口、余香不绝。周作人散文品味的最后的味道是苦味。这种苦味才是周作人散文的精魂所在、特色指归。

2. 周作人诗歌研究

刘东方《胡怀琛、周作人现代小诗研究之比较》③认为，20 年代以胡怀琛和周作人为代表的现代小诗研究，是新诗诞生以来第一次对传统诗学

---

① 范卫东：《探询"现代化的中国固有精神"——论周作人抗战时期的散文创作》，《江苏社会科学》2008 年第 4 期。
② 茯苓花：《周作人散文的四味解读》，《内蒙古师范大学学报》2008 年第 6 期。
③ 刘东方：《胡怀琛、周作人现代小诗研究之比较》，《齐鲁学刊》2008 年第 5 期。

的认真反思，同时又是对西方诗学的深层次思考。胡怀琛对现代小诗的研究与新文学重镇周作人有很多共识。首先，二人都对现代小诗运动予以及时的关注，表现出较强的学术敏感性。其次，二人的研究路径大体相同。再次，胡、周二人对现代小诗的某些理论认知颇为一致。胡、周二人的小诗研究，有相同的一面，也有相异的一面。首先，胡怀琛的现代小诗研究，较周作人的研究显得更为条理，更为系统，也更为全面。同时，他还以小诗为立足点，蠡露与传达出他本人对现代新诗的独特理解。其次，对于现代小诗的来源，胡、周二人的认识不尽相同。周作人认为，中国现代小诗的发达是受日本文学的影响。胡怀琛则认为现代小诗的根须，仍然深植在中国的诗歌传统之中。胡怀琛的小诗研究，其中不乏真知灼见，今日看来，它们对于中国现当代诗歌的发展，仍然具有重要的借鉴价值。

学术界关于《蕙的风》评论甚为熟悉，但对周作人在诗歌理论上的建树及影响，长期缺乏应有的关注。姜辉、黎保荣《论周作人的诗歌理论》[①]认为，周作人在诗的"形式与借鉴融合"方面主张诗歌语言、形式的解放，关注诗的形式与内容的辩证统一，在重视"诗体大解放"之余，更关注诗歌的建设，注重对中西文学传统的借鉴与新变，而在"诗之情"方面则关注诗歌的言情特质，诗情的层次和特点；在"诗的读解"方面，则详细考察诗歌的读解基础、原则和具体化问题。总之，周作人不仅对整体的诗歌理论进行了深刻思考，同时也对新诗的初创、建设和深入作出了贡献。

二　周作人思想研究

1. 周作人与中国传统文化

韩靖《周作人"道义之事功化"思想探析》[②]认为，周作人的"道义之事功化"思想以生命关怀、个体关怀取代传统气节思想的"民以奉君"观念，把保护个体生命的自然进行，防止因政治、战争等社会原因造成"未完成

---

① 姜辉、黎保荣：《论周作人的诗歌理论》，《山西师大学报》2008年第4期。
② 韩靖：《周作人"道义之事功化"思想探析》，《绍兴文理院学报》2008年第5期。

的生活之破坏",从而"博得国家人民的福利"的"事功"作为衡量知识分子的"道义"和气节的标准,带有个人主义伦理观的色彩。作为一种人格评价标准,周作人的道义之事功化思想则体现了对于知识分子存在境域的关注和对于独立不依的人格形态的呼唤。然而周作人的"道义之事功化"思想也有局限性。它仅以满足人的自然层面和情感层面的需求作为最高的价值追寻,而无视人的社会归属和社会情感的需要,在现实实践中未必能给人带来真实的幸福,有时可能还会带来灾难。抽象的生命关怀、个体关怀的道义追求并未带给周作人所期望的事功,却让他成为了自己个人主义的伦理思想的牺牲品。

哈迎飞《论周作人的道家立场》①认为,"五四"新文化运动以来,庄子一直受到主流思想界的激烈批判和否定,但周作人认为庄子的无君论、天道自然论和齐物论思想等对儒家思想的现代转型和现代中国思想的建构具有重要的参考价值,不宜全盘否定。在"五四"作家中,周作人对老庄道家的态度是相当严肃而别致的,虽然他的道家立场常被他的儒家身份所遮掩,但把他对道家的好感简单地等同于消极隐逸,甚至视为他附逆的主要原因,显然是极大的误解。周作人虽然喜欢道家,但对道家绝不是毫无批判地完全认同。他对道家的欣赏更主要的还是为了纠正、补充传统儒家思想之不足,并促成其现代转型。周作人的附逆落水与他的道家立场没有直接的关系,而且落水期间,他的道家立场也没有什么变化。

胡辉杰《贵族与平民——周作人中庸范畴论之一》②选取周作人中庸范畴中三组具有代表性的概念:贵族与平民、载道与言志、人情与物理,尽可能把它们还原到具体的历史情境中去予以分析,力图阐明周作人对何时提倡贵族的或载道的文学、何时倡导平民的或言志的文学,如何看待人情与物理等,是一个有意识的策略性的运用过程。周作人在文学观念上的随时屈伸,更多地是基于一种针对当时流行文学观念的补偏救弊的考虑,其最终的价值目标依然是在不断的偏离中回归中庸的平衡和节制,

---

① 哈迎飞:《论周作人的道家立场》,《贵州社会科学》2008 年第 7 期。
② 胡辉杰:《贵族与平民——周作人中庸范畴论之一》,《鲁迅研究月刊》2008 年第 4 期。

坚持文学精神的贵族性和平民性的均衡与合一。在周作人眼中,理想的文艺,无疑是平民的贵族化,凡人的超人化,偏执于一端的纯粹的贵族化或平民化都是不可取的。

关峰《周作人明末清初思想论略》①认为,作为思想解放运动,明末清初的反对甚至痛恨讲体面话的人或文章、反奴、颂真率等思想为周作人所接受。中国古代笑话至明末蔚为大观,清朝建立,遂渐湮没。周作人看重王谑庵,重在其幽默的风度。他把幽默看作国民健全的标志,缺少幽默是社会疾病的一种征候。周作人的乡曲之见和"苏杭文学"的提出,延伸为一种深广的悲悯情怀,汇合成他明末清初思想不竭的源泉和动力。在周作人看来,明末清初不只是现代精神的源头,更像是一面镜子,反射出现代社会的病象。

2. 周作人与外国文化

（1）周作人与西方文化

周作人是中国现代历史上卓越的思想家兼文学家,但世人对其思想的理解,虽不乏真知灼见,却也存在不少误解。曾涛《滑稽与恐怖——论周作人思想的一个独特侧面,兼及其文化精神》②认为,周作人对于文学上滑稽因素(包括诙谐、幽默)始终抱着赞赏和提倡的态度,对于文学中恐怖成分(恐怖分子)则持反对态度。这其中鲜明地贯穿着一个主题——即对于健全充沛的生命活力的赞赏与向往,统一于对中国社会缺乏生命活力的认识,由此希望文章中有一种自由大胆的活力。对中国社会种种病态的观察,无疑是构成周氏这一思想的重要来源,但是,从思想的角度来看,我们却不能忽视其中所表现出的希腊文化和精神的重大影响。理性、充满欢乐、生机、光明与活力的希腊精神在作者的整个思想中占据极为重要的地位,从根本上影响了作者对滑稽和恐怖问题的理解。

---

① 关峰:《周作人明末清初思想论略》,《浙江师范大学学报》2008 年第 1 期。
② 曾涛:《滑稽与恐怖——论周作人思想的一个独特侧面,兼及其文化精神》,《江淮论坛》2008 年第 4 期。

庄萱《周作人借鉴西方 Essai 的考古探源与历史审度》①通过西方 Essai 文体的涵义及其嬗变的考古探源,论述周作人采择 Essai 中的絮语体随笔,同时融合民族散文的传统,率先提倡、尝试"美文"的多维构因与历史功绩,但其摒弃论议体随笔亦给文体创造与现代散文带来了热衷"小摆设"、肤浅、率意等无法弥补的硬伤。周作人对外国散文的接受是经过一番认真筛选、精心抉择的工夫,其提倡美文并非一时的权宜之计,而是他站在中国文学现代转型的制高点上,深入考察中外散文的历史发展与文体变迁而作出的果断决策,从中彰显了一代文体大师高屋建瓴、孤标特立的创造精神。

在周作人早期思想研究中,罗素的影响一直未能引起人们的注意。哈迎飞《罗素对周作人"非宗教"思想的影响》②详细地考察了罗素的"非宗教"观、自由教育思想以及闲适观对周作人的影响。"五四"时期周作人对现代知识分子非理性宗教情绪的批判、对形形色色宗教的或准宗教的意识形态的警惕、以及对自由闲适生活的重视等均与罗素的影响密切相关,深入地探讨这些问题不仅有助于我们更准确地把握周作人的思想,而且有助于我们全面评价和研究他后来的蜕变及思想的复杂性。哈迎飞《论陀思妥耶夫斯基"非暴力"思想对周作人的影响》③则认为,陀思妥耶夫斯基对周作人早期思想发展影响极大,尤其是他的非暴力思想和"爱之福音"的文学观深刻地影响了周作人早期的文学观、人生观、价值观以及社会改造思想、人道情怀和温雅如铁的坚毅个性。

(2) 周作人与日韩文化

周作人在 20 世纪二三十年代中日关系日趋紧张时期,曾发表了大量日本批评和日本研究的文章,这些文章体现了其日本认识。许宪国《论周作人日本认识的局限性》④认为,周作人执着于对日本文化的喜爱,往往

---

① 庄萱:《周作人借鉴西方 Essai 的考古探源与历史审度》,《福建师范大学学报》2008 年第 5 期。
② 哈迎飞:《罗素对周作人"非宗教"思想的影响》,《广东社会科学》2008 年第 1 期。
③ 哈迎飞:《论陀思妥耶夫斯基"非暴力"思想对周作人的影响》,《南京师范大学文学院学报》2008 年 3 月第 1 期。
④ 许宪国:《论周作人日本认识的局限性》,《商丘职业技术学院学报》2008 年第 3 期。

从文化的角度来寻找对日本的政治行为的解释,这使他的日本认识显示出文化批评视野的局限性。这局限性主要体现在两个方面。一是周作人始终无法摆脱文化视野的局限,在日本批评中时时受到日本文化的困扰,企图对日本对亚洲的侵略进行超越政治的日本文化批评和解释。因为过于执着于文化的批判,使他有意无意间忽视了日本的政治行径所包含的军国主义思想,使他对日本行径的批判和解释成为"自欺"而又"欺人"的"文化清谈"。二是在周作人内心深处,一直存在着"东亚命运一体"的思想和"东洋人的悲哀"的情感,这在一定程度上影响了他对日本的认识和态度。它不仅消弭了民族立场和日本立场的矛盾,更消弭了民族之间的界限,为他后来的"附逆"埋下了隐患。

吴敏《台静农、周作人笔下的韩人形象》①认为,台静农的《我的邻居》和周作人的《李完用与朴烈》,不约而同向国人展示了域外英雄的形象。"我"和"邻居"成为当时中、韩民族不同历史境遇、不同精神状态的写照和象征。作者表达了对浴血抗争的韩民族的由衷敬意,并借此批判了缺乏"血性和勇气"的国人。这种对英雄叙事的热衷,是近代中国知识分子通过塑造民族英雄,实现民族"启蒙"的共同政治诉求的表现。

3. 周作人的文学思想

袁少冲《周作人早期"人学"思想价值新论》②在对周作人《人的文学》细读的基础上,选取"个体—群体"的角度对周作人早期"人学"思想进行研究,既反映出周氏"人学"思想相较其他"五四"启蒙者对"人"看法的深刻与独到之处,又独立于周氏"人学"之外的思想,包含着马克思主义的阐释与作者的理解及运用,在一"入"一"出"之间对周氏的理论进行考查。周作人"人学"思想的第一部分,它提出了要"辟人荒"的问题和思想,敲响了"从新要发见'人'"的警钟,在"五四"的背景下将他的"人学"指向启蒙。他把"人"这个大字高悬在每个"五四"知识者们的心头,在他们的心中永

---

① 吴敏:《台静农、周作人笔下的韩人形象》,《当代韩国》2008 年夏季号。
② 袁少冲:《周作人早期"人学"思想价值新论——以〈人的文学〉为中心的细读》,《鲁迅研究月刊》2008 年第 8 期。

久的埋下了对"人"自觉审视的种子。在其"人学"思想的后两个部分,他的那些对"人"的思考、观点呈现为一种理论所必要的构架。周作人"人学"思想达到的对"人"认识的深化首先就表现在这种理论构架上。周氏对"人"思考的深刻性还体现在"灵肉一致"观点的提出,"灵肉一致"是周氏人性论的核心。周作人"人学"思想中最重要的是,他在启蒙的背景下探讨了"个体"与"个体"及"个体"与"群体"之间的关系。

袁少冲《"传统"包裹着的"现代"——周作人的"启蒙"文艺批评》①则认为,周作人的文艺批评一直以来都是一种独特的存在,它是那么"传统"却又如此"现代",因而分析周作人1927年以前的文艺批评及批评思想,尝试探求它既"传统"又"现代"的缘由就显得尤其必要。周作人的文艺批评可在较为外在的形式、韵味层面和较为内在的思想内容两个层面上考查。他的文艺批评在文体形式、语言韵味及审美情调上更多地汲取了传统的养分,而在批评的内容和思想上由于对"人"的发掘和关注而更多地体现了其现代特征。此时周作人的基本批评心理和态度是指向社会与人的"启蒙",而且从启蒙的角度看周作人的观点至今都发人深省。

林分份《论周作人的审美个人主义——兼及对其评价史的考察》②基于"五四"以后周作人文艺观的思想实质,用"审美个人主义"这一概念来指称,并进而考察了周作人的审美个人主义所衍生的批评观、文学史观、生活观等思想形态的理论内核与发展逻辑;同时,结合各个时期人们对此的不同评价,呈现了这些思想形态被现代中国文坛接受与拒斥的状况,并从思想史的层面探讨了周作人审美个人主义的理论资源与历史意义。周作人以人道主义的"人的文学"作为新文学区别于传统文学的主要特征,"个人主义"成为周作人的文学观中既是始点又是指归的标志性因素。基于审美个人主义的"人生的文学"主张,显示了周作人对文艺的独特理解。对"言志"的提倡与对"载道"的批判是周作人的审美个人主义在批评观上

---

① 袁少冲:《"传统"包裹着的"现代"——周作人的"启蒙"文艺批评》,《西安建筑科技大学学报》2008年第4期。
② 林分份:《论周作人的审美个人主义——兼及对其评价史的考察》,《东南学术》2008年第3期。

的具化与延伸。周作人在生活的观念与姿态方面,也忠实于自己所提倡的个人趣味,倡言"生活之艺术"。从文艺观到批评观再到生活观,周作人个人偏向性的思想形态及其实践具有逻辑上的一贯性。在各个时期,周作人的各种思想形态被人们拒斥与接受的不同状况,正是其审美个人主义与现代中国各种思想潮流之间的遭遇与对话,从中映现了"五四"落潮后知识分子之间思想分化的真实图景,也映现了近一个世纪以来中国知识分子对个人主义的接纳与反思的历史脉络。

李涛《论周作人的审美主义》①则认为,周作人的审美主义,是在现代西方文化和中国传统文化的非对称博弈的场景中形成的。周作人的审美主义产生于对落后的中国封建社会的批判以及批判的再批判。就其审美主义而言,影响他的主要是道、禅思想和文化。当然,促进周作人审美主义形成的关键因素,是以科学与民主为核心的现代西方文化。周作人的审美主义,具有以"新"释"旧"、"新""旧"融合的特点,既不是中国古代的原始审美主义,也不是照抄现代西方的审美主义。其核心是传统的"乐生"观念和现代的"大地"意识对道德、宗教、国家等意识形态保持着警惕与疏离,强调以个人主义和自由主义构建此在人生和艺术实践。审美主义是周作人世界观、人生观、文学观中的基本立场与倾向,他的思想世界、文学世界乃至日常生活世界,都刻有审美主义的印迹。周作人审美主义具有鲜明的时代意义,但同时也存在着超历史的局限。

李钧《"人的文学"与"平民文学"观的悖论与互补——生态文化学视野中的鲁迅林语堂学案》②认为,以生态文化学观点考察鲁迅林语堂学案,会发现:鲁迅与林语堂的反目实际上是"五四"的"人的文学"与"平民文学"观的内在冲突与悖论,即精英启蒙思想与民主自由思想的内在冲突。它们有着历史的合理性和互补性,但是由于政治意识形态的原因,文学史对鲁迅的启蒙文学观和周作人、林语堂的"性灵"文学观给予了高下与正误的判定。而鲁迅林语堂学案又是鲁迅与周作人"兄弟失和"事件的

① 李涛:《论周作人的审美主义》,《西华大学学报》2008年第4期。
② 李钧:《"人的文学"与"平民文学"观的悖论与互补——生态文化学视野中的鲁迅林语堂学案》,《东方论坛》2008年第2期。

潜在延续和隐性表现,林语堂则充当了一个替代性的标靶。今天重提鲁迅与林语堂学案,力图放弃文学史写作中的一元政治意识形态标准,使文学研究的标准回到审美,回到和谐。

余荣虎《论周作人的乡土文学理论》①认为,在乡土文学理论探索与建设上,周作人有着较为突出的贡献。作为其趣味主义文学理论的重要组成部分,周作人构建了其乡土文学理论的基本概念,即地方主义、自然美、个性、风土。这些概念大都是世界范围的乡土文学理论基本概念的转译,但是其内涵又注入了周氏个人政治的与美学的思考,在一定程度上绘上了周氏文学理论的趣味主义色彩。

4. 周作人的精神特质

韩靖《一个人的童年和他的政治——从“自我”角度对周作人附逆悲剧的解读》②认为,由于自幼体弱多病,周作人在成长过程中得到了亲人的过度关爱,这影响于他的“自我”就是生命意识的凸显和弱者的自我认同的合一。这决定了周作人现实行为的出发点首先是自我保护,而与外界的自觉的呼应和配合则取决于他与社会的具体关系:只有在一个理解轨道和他的内心相通的环境中,周作人的自我的生命力才会被激发起来,其人格走向才是外向、张扬和成长的;如若不然,便是自我封闭,在对外界的决绝拒斥中退回到童年自我的封闭狭隘中去。周作人的“自我”的独特性在其附逆的人生悲剧中也得到了体现。周作人的选择苦住,只不过是做了他的“自我”必然要做的事情,他选择的是对于他的自我的维护,是对他的个人主义的人生哲学的忠诚。在周作人附逆的人生悲剧的形成中,他的“自我”起着很内在和本质的作用。

在现代中国,强称对方意在取媚强权,屡成攻伐之具。论战文章之意态,与其所出情境密不可分。葛飞《论战中的师爷气与“流氓鬼”——以女

---

① 余荣虎:《论周作人的乡土文学理论》,《南京师大学报》2008 年第 4 期。
② 韩靖:《一个人的童年和他的政治——从“自我”角度对周作人附逆悲剧的解读》,《杭州师范学院学报》2008 年第 1 期。

师大风潮中的周作人为例》①以周作人在女师大风潮中的表现为论述中心，又借助周氏自剖之辞与文明批判眼光，论析了师爷气、"流氓鬼"在现代文人身上的表现方式。周作人常用"绅士鬼"、"流氓鬼"形容自己的精神气质和思想文章的两面性。世人多以周作人为京派绅士的代表，而在20年代中期的周氏自剖中，流氓鬼、师爷气是先在的，绅士风度乃后天习得。社会运动复杂多变，乃周作人徘徊于"两个鬼"之间的现实原因。文章搁置价值判断，复原历史全貌，描述了各种政治文化力量聚焦于女师大风潮的过程。最后指出，论战文字还应放入论战情境中解读。特定情境中的书写，有特定之意态，绅士、才子、流氓、叛徒、师爷云云，皆为文人捉笔为文之意态。

关峰《生活的本文——试论周作人的内面世界》②则认为，周作人太是守护个性生活的完善，拒绝了阶级生活的召唤，除了初期革命所有的自身的缺陷外，对于阶级斗争行为方式的不满是周作人倒向生活天平的重要心理动力。新历史主义追求一种文化上的同谋关系，以构建历史的物质条件为己任，也不回避当代问题与政治潜意识。周作人与新历史主义之间同样具有同一方向上的还原性。

5. 周作人与启蒙

哈迎飞《从国家意识、民族认同与思想革命论周作人的启蒙思想》③认为，周作人是中国现代文学史上最早提出思想革命口号的作家，也是对思想启蒙最为执著的思想家之一。周作人的启蒙思想以人道主义、自由主义和科学精神为核心，以解构传统的家国意识和儒家思想的宗教性光环，确立个人主义的国家观，坚持爱国应从兴民权起，伦理革命与政治革命同等重要，紧紧咬住思想革命不放松为特色。"五四"以后，他固执地以

---

① 葛飞：《论战中的师爷气与"流氓鬼"——以女师大风潮中的周作人为例》，《南京师范大学文学院学报》2008年第3期。

② 关峰：《生活的本文——试论周作人的内面世界》，《殷都学刊》2008年第1期。

③ 哈迎飞：《从国家意识、民族认同与思想革命论周作人的启蒙思想》，《中国现代文学研究丛刊》2008年第6期。

自己的思想方式顽强地走着自己选择的荆棘之路，付出了惨重的代价。周作人的国家意识，首先体现在他对民国的坚决拥护上。其次，坚决反对国家偶像说，主张为自己故而爱国，非为国家故而爱国。第三，提倡世界主义，反对"宗教的"爱国家。周作人坚持爱国以正义言，坚决反对讳疾忌医。从儒学到"神道"，周作人以自己的方式摸索到了日本民族的独异个性，也使自己对日本文化的认识达到了同时代人中少有的深度。日本研究的失败直接促成了他在40年代重回儒家，并最终成为有中国特色的启蒙思想家。周作人始终认为现代中国需要的不仅仅是一场政治革命和军事革命，现代中国的复兴应该是包括了政治的、经济的、文化的、社会的、伦理的、文艺的内容的一项庞大的社会工程，否则，便难以超越历史上改朝换代的王朝革命。

周作人是五四启蒙理想彻头彻尾的拥护者和实践者，对"五四"文化启蒙可谓贡献巨大。然而，在多元启蒙话语并置的"五四"时代，周作人最有特点的启蒙方式是什么？什么才是周作人式启蒙的独特性？姜异新《浅谈周作人的生活启蒙》①从生活启蒙的角度走进周作人，走进"五四"启蒙与中国文学现代转型之初的形而下语境。文章认为，在多元启蒙话语并置的"五四"时代，周作人从生活启蒙的角度，提出了"全生活"的概念，将文学的审美情致引入了日常生活，还原了它的人间性。周作人认为，文学本应成为一种生活方式。健全的生活应能够坦然地拥有人生的兴味，心安理得地为了生活而生活、而艺术，为自己的生存方式做主，这是周作人式启蒙的独特思路。周作人眼中的生活是应该自己做主，有美感渗透，并能进行理性调节的生存。正像在生活中应善待文学的冲动一样，在文学中更要正视生活的人间性。在周作人那里，生活离不开美，而文学艺术是一种沟通心灵再好不过的美的形式，它可以渗透到生活的方方面面，潜移默化地改变国人的思维方式，从而使其逐渐拥有一种健全的现代的人生。他从文学上来起首，试图通过文学的潜质，使人们获得一种健康、美的生活方式，让文学的趣味渗透到世俗生活的点滴当中，让文学与

---

① 姜异新：《浅谈周作人的生活启蒙》，《中国现代文学研究丛刊》2008年第6期。

生活重新变得亲密无间。

6. 周作人与理想主义

新理想主义是19世纪末20世纪初出现的世界思潮，包括哲学思潮与文学艺术、社会思潮两部分。新理想主义是在反拨实证科学时代自然主义人生观的负面影响，并吸收这一时代积极成果基础上发展而来的，它在"一战"前后转变为社会改造的世界性思潮运动。张先飞《五四前期周作人新理想主义观研究》[1]认为，作为新理想主义在中国的重要代表，"五四"前期周作人不仅做出了自己的理论阐释，而且在新理想主义时代即将来临的时代判断基础上，极力推进新理想主义的宣传与社会改造实践。周作人对新理想主义精神本质有其独特的理论思考，首先，在周作人看来，虽然新理想主义者接受了自然主义者对现实、历史的认识及判断，但如何对待这种历史、现实，新理想主义者与自然主义者，以及自然主义时代普通大众相比，则有本质差异。其次，在周作人看来，新理想主义者"寻求圆满的解决"的"积极进行的态度"，与以往一些理想主义者具有本质差异，即新理想主义者寻求圆满解决的积极进行的态度具有坚实现实性。基于他对新理想主义精神本质有其独特的理论思考，周作人对新理想主义世界改造思潮运动积极投入。周作人在"五四"前期的思想观念，及对时代的判断与对未来的展望，皆为新理想主义中现代人道主义基本信念的显现。

7. 周作人与民俗

肖向明《民间信仰文化与鲁迅、周作人的文学书写》[2]透过鲁迅和周作人对"民间信仰"的不同文化心态和文学写作，用一种独特的文化视角去"重读"鲁迅和周作人在他们分别借"民间信仰"的描写达到启蒙的、民俗的、审美的目标，不过，鲁迅表现出多维塑造"民族魂"的顽强姿态；而周

---

① 张先飞：《五四前期周作人新理想主义观研究》，《中国现代文学研究丛刊》2008年第6期。
② 肖向明：《民间信仰文化与鲁迅、周作人的文学书写》，《中国现代文学研究丛刊》2008年第6期。

作人逐渐退守到"自己的园地",孜孜于"生活之艺术"的追求。(一)"启蒙"精神:鲁迅的坚韧与周作人的狐疑。从鲁迅和周作人启蒙民众与个人审美、现代意识与古典情怀的偏重、选择中,可以看出他们"启蒙"精神所持坚韧与狐疑态度的差异。(二)"掏鬼有术":鲁迅的文化沉思与周作人的学术兴致。鲁迅在"掏鬼"心态的背后融入了深沉的文化思索,而周作人则在民俗——学术的立场,细细体味着人生的机微。一种对于"鬼民俗"的记忆,引发了鲁迅和周作人两种不同的文化与文学的想象。(三)"鬼气"与"鬼趣":鲁迅的虚妄人生与周作人"生活之艺术"。在鲁迅和周作人对民间信仰的文学书写当中,明显有鲁迅借"鬼气"启蒙民众、解剖自我和周作人常谈"鬼趣"、醉心个人"生活之艺术"、追求世俗诗意审美的立场之不同。

　　"五四"新文化人对于民间文学的不同论述,集中体现于他们的民间立场的实质性差别,并在实际论述中影响了他们对新文学的塑造。林分份《周氏兄弟的民间立场及其对新文学的塑造》①以鲁迅、周作人为对象,在文学史与思想史的框架中,探讨了他们的民间立场与新文学塑造的关系及其差异,并由此呈现他们的身份认同的复杂性。周氏兄弟所体现的自我身份的模糊与待定,隐含着新文化人民间立场的总体上的不稳定性:鲁迅与周作人在民间文学视野下对新文学各自不同的想象建构,正可视为此一不稳定性所展开的两种极具对照意义的面向。易言之,不管是周作人的精英主义和理性立场,还是鲁迅的民本主义及其情感认同,他们对民间文学的不同论述,以及由此对新文学形象的不同塑造,实际上演绎了作为"资源"的民间文学现代性的两种典型方式,更使我们在思想史的层面上见证了"五四"时代并非全然一致的思想面貌:在"态度的同一性"的表面下,隐现着新文化人各自对民间文学的不同描述、对新文学和自我身份,乃至对时代氛围之反应模式的不同塑造。

---

① 林分份:《周氏兄弟的民间立场及其对新文学的塑造》,《中国现代文学研究丛刊》2008 年第 1 期。

8. 周作人的语言观

刘东方《现代语言学意义上周作人的现代白话语言观》①认为,从现代语言学的角度管窥周作人现代白话语言观念所蕴含的现代性维度,是其研究的一个重要方面。周作人对语言与思想、内容与形式的认知和理解,以及提出的"采纳新名词,及语法的严密化"的主张,都不同程度地体现了现代语言学语言本体论的思想。在他看来,语言表面上是表情达意的工具和手段,但本质上,它是作家思维方式、思想内容的呈现,甚至可以说,语言本身就是一种精神实体,通过语言可以打通人类的思想领域和心灵世界。文学实质上就是运用语言技巧制作出来的语言独立体。基于加强现代语言思维的逻辑力量与表达得准确、缜密的目的,周作人才力主"采纳新名词,及语法的严密化"的欧化主张。随着现代汉语中的新的思想抽象性词汇的增加,西方的思想文化势必渗透、涌入现代汉语的语符系统内部,从而影响和操纵人们的思维和思想,加快中国现代文化、现代文学的现代化进程。而且现代白话语言若要写出流畅的文章,也只有借助西洋的文法。周作人的语言观为中国的现代文学输入了与西方现代语言学理论相似的现代理念,使中国的现代文学迅速融入了世界化的大潮之中。

彭春凌《分道扬镳的方言调查——周作人与〈歌谣〉上的一场论争》②认为,《歌谣》杂志开展的方言调查对现代方言学有开山之功。然而,提倡者周作人,却与众多语言学家就此问题发生了一场争论,迄今未被关注,实则很有深意。周作人为了国语文学建设而提倡方言调查,却与现代语言学家们因为"方言"与"方音"的不同侧重而起争端,双方最终分道扬镳。文章梳理并分析了这场论争的来龙去脉,在学科分化、革命潮涌等新的社会文化背景下,探究此次论争的意义,关注章太炎一脉的学术走向。《歌

---

① 刘东方:《现代语言学意义上周作人的现代白话语言观》,《山东师范大学学报》2008 年第 6 期。
② 彭春凌:《分道扬镳的方言调查——周作人与〈歌谣〉上的一场论争》,《中国现代文学研丛刊》2008 年第 1 期。

谣》方言调查问题引起的争论,首先是 20 世纪 20 年代现代学术分工的趋势下,同样以操弄语言文字为职志的现代语言学与文学职业分途的结果,是"专业"与"不专业"的问题。其次,现代中国语文运动与周作人的"国语文学",确有观念上的歧异,是"革命"与"不革命"的殊途。即便如此,无论在形而上层面,还是在形而下层面,语言学家们的语文运动与周作人的国语文学此后仍有交集。然而,周作人此后明确提出回到《民报》时期的民族主义,与章太炎晚清的思想越走越近,又确乎已在此时露出了端倪。

9. 周作人与宗教

哈迎飞《论周作人对文学与宗教关系的思考》[①]认为,"五四"时期,周作人曾专门研究过文学与宗教的关系,他认为文学与宗教关系密切,而且文学的发达大都出于宗教,但是由于宗教本质上是以神为中心的文化,因此,它与以人为中心的人道主义文学是根本对立的。20 世纪 30 年代周作人又对中国文学的"准宗教性"问题进行了深入研究,指出现代中国的新文学应该说自己的话,"不替政治或宗教办差"。从宗教与文学关系的角度探讨新文学的现代性转型问题,使周作人的思考与当代中国文学研究具有极强的对话性。

10. 周作人的科学观

关峰《周作人科学思想琐论》[②]认为,科学并不是无条件主宰一切的现代的一神教,思想自由才是最可羡慕的。周作人承认文学和科学不大相合,所以他对科学小说和科学小品的说法都不满意。周作人提倡常识,这些常识就是科学的,有了这些学科的基本知识,才能谈得上人的社会活动。他以理性和启蒙作为人类希望的根据,同时指出科学也是道德的,它既是人类社会的手段,同时又是目的。虽然与文学不同,但它始终是文学的伴侣。可以说,科学正是周作人心目中永远的宗教。

---

① 哈迎飞:《论周作人对文学与宗教关系的思考》,《广州大学学报》2008 年第 9 期。
② 关峰:《周作人科学思想琐论》,《衡水学院学报》2008 年第 5 期。

三 周作人生平研究

木山英雄《大东亚文学者大会与周作人》①认为，"大东亚文学者大会"召开过三次，前后总共三届大会，周作人他最终都没有出席。然而，被认为是当然的"中华民国"的代表，而且是理应作为团长到会的他，却很难想象会与这个大会没有任何关系。周作人没有参加第一届大东亚文学者大会，但"周作人团长"这一幻影始终在"中华民国"代表团背后时隐时现。第二届大会已经没有了周作人"让青年们去"或"邀请"的份儿了。另外，已经辞去督办职务的他，也不见有像上回那样向大会传递自己之意愿的迹象。但因围绕周作人而发生的纠纷，甚至带到了第二届大会会场，这便是沈启无和片冈铁兵的发言。沈启无以"中日合办出版机构"这种表现对新民印书馆进行了攻击。片冈铁兵则批评周作人为"反动老作家"而要求对其进行"直接的斗争"。这最终导致周作人与沈启无决裂，并对其实行破门。第三届大东亚文学者大会，周作人则最终还是逃脱了出席大会。在大会召开前一日从北京寄给松枝茂夫的信中，他已经传达了已然预见到其末日的日本占领下自己闲散的近况。

汪成法《从周作人附逆后的一封信解读其元旦遇刺事件》②认为，周作人在1939年元旦遭遇暗杀，周作人就此事给友人写了封信，表达了他对暗杀事件的看法，展示了他在正式落水投敌前后的复杂心态。作者通过对周作人相关书信的解读，可见周作人自己对这次被刺事件的看法，即1939年元旦的刺杀事件是日本人策划指使的。并且周作人认为刺杀事件一方面和他前半年进燕京大学教书有关，另一方面和他在20年代后期写过很多批评日本人在华恶行的文章有关，这两方面的原因自然令日本侵略者怀恨在心，所以，才会要刺杀他。其实，周作人没有在此信中透露

---

① ［日］木山英雄：《大东亚文学者大会与周作人》，赵京华译，《中国现代文学研究丛刊》2008年第1期。
② 汪成法：《从周作人附逆后的一封信解读其元旦遇刺事件》，《南京师范大学文学院学报》2008年第4期。

的一个重要事件是：写信的前一天，1939 年 1 月 12 日，他接受了伪北京大学聘其为图书馆馆长的聘书。这是周作人正式接受的第一个伪职，也就是他落水附逆的起点。作者通过一系列的相关事实说明周作人在遇刺之前，并没有明确显示出将要正式与日本人合作的倾向。但在遇刺之后，他却一发而不可收地在附逆的道路上越走越远。

方继孝《江绍原与周氏兄弟》[①]仔细梳理了江绍原与鲁迅周作人的关系。1917 年江绍原在北京大学做旁听生，他得以结识了鲁迅先生和周作人先生。1923 年恰好是和《语丝》的创刊在同一时期，他开始与鲁迅先生有了交往。江绍原与鲁迅先生交往最为频繁的时期，是 1926 年秋天以后直至 1929 年。1927 年在中山大学的时候，江绍原得到鲁迅的大力支持，为国文系学生开设"迷信研究"课程。江绍原与鲁迅先生的二弟周作人先生的关系也很好。因与周作人在学术上有同好，都对宗教、民俗感兴趣，在文化观上，都很看重"平凡的人道"，都把目光"向低处广处看"。因此，在后来江绍原与周作人先生的交往反而多于鲁迅先生。即使后来周作人"落水"，江绍原也从不回避他和周作人的关系。

高植文《话里话外：1939 年的周作人言论解读》[②]通过对周作人 1939 年写作的两篇文章的解读，来分析周作人在沦陷时期的特殊心态、思想和创作。主要说明两个问题：1. 周作人充分利用纪念钱玄同的契机开始"说话"，为自己"下水"作了精心的掩饰和巧妙的辩解；2. 由《禹迹寺》开始，周作人对他所谓的"半是儒家半释家"赋以新义，将"下水"修饰成了伟大的义举。

四　周作人与翻译研究

顾农《鲁迅的"硬译"与周作人的"真翻译"》[③]认为，鲁迅从事翻译的主要路径乃是所谓"硬译"，特别强调"信"，兼顾"达"，而完全不迁就所谓

---

① 方继孝：《江绍原与周氏兄弟》，《鲁迅研究月刊》2008 年第 9 期。
② 高植文：《话里话外：1939 年的周作人言论解读》，《中国现代文学研究丛刊》2008 年第 2 期。
③ 顾农：《鲁迅的"硬译"与周作人的"真翻译"——读书札记》，《鲁迅研究月刊》2008 年第 2 期。

128　周作人研究述评（2001—2015）

"雅"。"逐句"译乃是"硬译"的主要特征,鲁迅的译文故意保留着原文中的句法,如带有若干从句的相当欧化的长句,这样自然就会显得不流畅。"硬译"并没有得到多高的评价,这是因为太强调"信",完全不管传统的文章之"雅",也不多顾及传统的句式以求所谓"达"——这就势必使得译文艰涩,不能流行。周作人也是主张并实行"逐句"译的,这种译法他称之为"真翻译"。关于所谓"真翻译",周作人解释为:"竭力保存原作的'风气习惯,语言条理';最好是逐字译,不得已也应逐句译,宁可'中不像中,西不像西',不必改头换面。"这种译法要通过翻译取得营养来增强中国话的表达能力,表明了"五四"新人物对于旧派的决裂与超越,具有冲击传统的革命意义。周氏兄弟始终坚持"不完全中国化"的直译路径,引进"异样的句法"。从这个意义上来说,鲁迅、周作人乃是翻译界中的先锋派。

五　周作人与学术研究

宋亚《周作人所读古书研究》[①]认为,周作人读书既多又杂,通过他在《自编文集》中引用之书的考察,略可梳理出较为清晰的轮廓。周作人逐渐亲近传统文化,并致力于对其进行独具特色的创造性转化,对他所读古书从传统四部角度进行概括描述,有助于进一步研究中国传统文化的现代化进程。1. 经部。对于经部,周作人文集中提到的最多的是《诗经》,最喜欢看其中的《国风》部分,感兴趣的还有与解读《诗经》相关的名物及小学类书籍。2. 史部。从对其文集中所引史书的梳理可以看出,周作人所青睐的却是关于战乱记载的。从这些史书的阅读中,周作人形成了自己的历史观——"循环历史观"。3. 集部。周作人还对集部竹枝词研读较多,因为竹枝词也是记载各地风土的重要文体。周作人注重的是文章自然本色,反对作品中过度的人工斧凿痕迹。4. 子部。子部的书在周作人文集所引用传统典籍中占的分量最大,而笔记正是其主要部分,周作人将读书写作作为他的生存方式。

---

① 宋亚:《周作人所读古书研究》,《图书馆学研究》2008 年第 7 期。

魏英《"钱周学案"与文学史书写的两种可能性》①认为，"钱周之争"源于周作人与钱钟书文学史话语和思想背景的差异。从文学现代性的角度来探"钱周之争"，双方文学史话语各有得失，其意义因语境变化而呈现出不同的价值。其实这一学案蕴含丰富，从文学史书写的角度来反观这一事件，便能对当事双方论争的实质有更深的理解，对今后的文学史书写也不无启示。文章从三个方面对此案进行了另一种清理。1. 言志与载道：左右为难的个人主义；2. 两种文学观：浪漫主义与古典主义的交锋；3. 文学史书写的两种可能性。于今看来，对于了解传统文论的历史而言，周作人"借史讲论"的做法不免失真，而钱钟书就事论事的做法则有利于恢复历史的真实。不同的诉求带来了文学史书写实践的不同，而对话语实践的评价又因文化语境的变化而变化着。

李光摩《周作人钱钟书有关文学史论争之述评》②则认为，周作人试图以"言志"与"载道"建构一部中国文学史，钱钟书则认为"言志"与"载道"分别对应两种文体，即诗歌与散文。经过几番论争，两人各有坚持和妥协。在论争的背后，则隐含着两人不同的思想方式。钱钟书注重分析与实证的思维方法，非常崇尚真实，他不能认同周作人带有强烈主观色彩的研究，不能够觉察出周氏这一套言辞背后的用心所在。周作人的学术思想除了受近代西方的影响之外，还和浙东学派有着某种联系。周作人在治学的气度上有着浙东学派的遗传，他对文学的历史发展演变，是有着自己的大判断的，虽然其中难免有着主观的成分。在"言志"与"载道"这个问题上，钱周二人由于各自不同的思想背景而产生分歧，自然是情理之中的事情。

谭佳《"晚明叙事"的美学话语建构与中国的审美现代性问题——以周作人的晚明研究为考察点》③主要以李贽、公安三袁等为主将的所谓"晚明文学革新思潮"为论述焦点，把"晚明"界定为嘉靖中期至崇祯亡。

---

① 魏英：《"钱周学案"与文学史书写的两种可能性》，《安庆师范学院学报》2008 年第 2 期。

② 李光摩：《周作人钱钟书有关文学史论争之述评》，《韶关学院学报》2008 年第 7 期。

③ 谭佳：《"晚明叙事"的美学话语建构与中国的审美现代性问题——以周作人的晚明研究为考察点》，《文艺争鸣》2008 年第 11 期。

真正让公安和竟陵派凸现美学魅力的是周作人："五四"新文化运动以后，周作人经过自我反思和批判，赋予晚明散文以现代社会所追求的"审美解放"意义，完成了"晚明叙事"的美学话语转型。文章从三个方面梳理了周氏的"晚明"叙事：1.从理解周氏的总体文学观念为背景，探究晚明文学为何被他关注和言说；2.周氏具体如何叙述晚明文学；3.分析周氏的晚明叙事在中国社会现代性转型的张力与意义，尤其是对理解所谓"审美现代性"启示所在。

六　周作人与期刊研究

张黎敏《现代性意义下的〈语丝〉考察》①认为，现代性在本质上是个充满了历史进步意识和自我解放内涵的概念。20世纪中国社会所面对的一个重大的热门话题就是现代性诉求，《语丝》之所以能成为中国现代文学史上的重要刊物之一，关键就在于其鲜明的现代性诉求。《语丝》散文的多样化和强烈的现代性意识对于推动我国现代散文文学的发展是不可低估的。1.《语丝》：人的觉醒和文的自觉。语丝同仁不承认任何外界权威，以否定的力量、批判的力量针对现实展开了犀利的文明批评和社会批评，展现了强烈的现代理性意识和启蒙意识。《语丝》提供了一个阵地，让语丝同仁抒发人的自我解放的内在要求。2.《语丝》：同仁杂志的现代延展。语丝成员强烈地表现出人的自我解放和追求时代进步的现代性诉求，"语丝文体"的建构从创作实践到理论归纳，都是有意而为之的，完全是语丝作家的自觉性行为，体现了语丝同仁的现代意识的觉醒以及在审美价值观念上的反映。3.《语丝》：现代散文的本体建构。《语丝》散文从体式上说，主要包括杂文、小品散文两大类。《语丝》批评本体的建构大多是借助于杂文文体，所以《语丝》杂文在进行思想启蒙，树立现代观念，建设具有自觉意识的独立人格的价值正来源于此。在中国社会现代化的进程中，《语丝》这个大众传媒的出现，其意义是巨大的。

---

① 张黎敏：《现代性意义下的〈语丝〉考察》，《新疆大学学报》2008年第1期。

张积玉、赵林《〈语丝〉周刊与中国现代知识分子言说空间的偏离》①认为,语丝社北京时期以《语丝》周刊为阵地进行"社会批评"和"文明批评",是典范的同人刊物,是现代知识分子建构言说空间的一个重要平台。南迁上海后,由于同人立场发生嬗变,这一言说平台由建构到解构,表现出明显特征:同人启蒙立场逐渐消解、批评本体色彩逐渐弱化、编辑主体和创作主体由一体到分离、出版策略与文化理想由反抗转变为迎合。作为文学媒介,《语丝》周刊言说功能的丧失,刊物生存的大、小环境即文化生态环境和"文派制衡"局面起了决定性的作用。选择《语丝》周刊作为个案,考察 20 世纪 20 年代后半期同人刊物的命运,思考同人刊物与现代知识分子建构言说空间的关系时,值得强调两点:1.应充分肯定《语丝》在建构中国现代知识分子言说空间方面的积极意义。2.应充分认识到这一研究的价值有着鲜明的当下性。

七 周作人史料研究

赵京华《动荡时代的生活史与心灵记录——读周作人致松枝茂夫信》②认为,周作人致日本友人松枝茂夫信 114 封,历经战争与革命的风雨岁月而于大半个世纪后得以公开发表,实在是弥足珍贵的历史文献,自然地透露出信函主人身处动荡时代的一个个历史"事件"中自己的人生际遇和内心波动,是我们今天重新解读文人周作人后半生思想和心灵历程的不可多得的档案资料。就作者个人的读后感受来说,这些信函至少在以下三个方面为我们提供了宝贵的信息。第一个方面,是周作人对自己的文章著述的解释和评价。第二个方面,是这些信函透露了周作人与日本文人、学者、出版人、政客等复杂的人员往来踪迹和透过松枝茂夫寻访日文书籍的情况,反映了周作人在那个异常的时代里与日本及其文化的

---

① 张积玉、赵林:《〈语丝〉周刊与中国现代知识分子言说空间的偏离》,《海南大学学报》2008 年第 1 期。
② 赵京华:《动荡时代的生活史与心灵记录——读周作人致松枝茂夫信》,《中国现代文学研究丛刊》2008 年第 4 期。

特殊形态的交流关系。第三个方面,是面对多年来建立起深厚友情可以无所不谈的异国友人,周作人有意无意间表露出对于自己身处一系列历史"事件"旋涡之中其言行举止身世处境的思考、慨叹和寂寞孤独感等。

陈建军《废名致周作人信二十四封》[①]所公布的废名致周作人信二十四封,有二十三封是由废名哲嗣冯思纯先生提供的。另一封系残简,原件底部有部分文字被截掉,但信的内容还是大致清楚的。此简是由北京藏书家赵国忠先生提供的。作者根据邮戳、信中内容和其他相关资料一一作了考证,按写作时间先后依次编号排列,并将这二十四封信摘抄在附录中。

李永春《周作人在少年中国学会的宗教讲演考辨》[②]认为,1920 年 12 月 19 日周作人应少年中国学会之邀讲演宗教问题,为学会讨论和决定宗教信仰问题提供资料和方法指导。这是他在学会的唯一一次宗教讲演,而《知堂回想录》则说成是第三次讲演。导致这种忆误的原因,主要是周作人当时混淆了少年学会与少年中国学会两个团体,以及日记"至第三次少年中国学会讲演"之误。

八　周作人研究之研究

王勤滨《五四以来周作人接受研究》[③]从一般读者、作家的创作、专家的研究等方面探讨了五四以来的周作人接受,为人们今后全面客观认识周作人其人其文提供借鉴。1. 20 年代——周作人接受初期。周作人接受发轫于五四时期,最初注意到周作人的是傅斯年。20 年代读者对周作人散文的研究停留在印象式的评点和单篇的鉴赏,缺乏整体的考量和理论的指导。2. 30 年代——周作人接受的第一次高潮。进入 30 年代,周作人在散文界的地位已经无人可以撼动,沈从文明显受到周作人各方面

---

① 陈建军:《废名致周作人信二十四封》,《鲁迅研究月刊》2008 年第 10 期。
② 李永春:《周作人在少年中国学会的宗教讲演考辨》,《上饶师范学院学报》2008 年 2 月第 1 期。
③ 王勤滨:《五四以来周作人接受研究》,《湖南科技学院学报》2008 年 10 月第 10 期。

的影响。但30年代的左翼作家对周作人散文评价也不完全是正面的。3. 50至70年代——周作人接受的低谷。在散文研究领域，50年代到70年代末，国内很少在公开场合提起周作人，偶有提及，也是作为批判的对象。这一时期，周作人散文的研究在国外以及港台仍在继续。4. 80年代——周作人接受的恢复。80年代是全面认识周作人的阶段。有关周作人散文研究的论文包括他早期、后期散文的主要内容，尤其着重指出他早期散文的革命性以及周作人早期文艺理论的开创性，周作人散文在当时的影响。5. 90年代以后——周作人接受的第二次高潮。90年代初期的中国，是较为传统的保守思想与创新开拓思想激烈交锋的时期，这在周作人研究领域也有反映。

严辉《周作人建国后文学创作活动研究述评》①从史料性成果和研究性成果两个方面，对近20年来周作人建国后文学创作活动的研究成果进行了认真细致的梳理和评价，指出周作人建国后的文学创作研究还有进一步发掘的空间。1. 史料的整理和发掘。史料的整理发掘大致包括以下几个方面的内容：(1)对周作人建国后文学作品的搜集整理；(2)对周作人建国后文学翻译的整理和出版；(3)其他。解放后周作人除写作散文和翻译外，还有其他一些和文学有关的文字。80年代以来这些文字也陆续得以搜集和整理。大体可分为：周作人40年代后期写作的旧体诗、周作人的晚年书信、周作人晚年日记、周作人晚年校订的古籍；(4)对周作人晚年生活的回忆。2. 建国后文学创作研究：(1)周作人建国后散文创作研究；(2)周作人建国后鲁迅研究的研究；(3)周作人建国后文学翻译的研究。

---

① 严辉：《周作人建国后文学创作活动研究述评》，《南京师范大学文学院学报》2008年第2期。

第九章　2009 年周作人研究述评

一　周作人作品研究

1. 周作人散文研究

(1) 政治学

在 20 世纪 30 年代,周作人作为一个散文家和一名知识分子同时产生着影响,这与他面临处理民族救亡的社会责任和文学散文的个体创造的两难困境时,所采用的文化策略及文体策略密切相关。张俊东《散文与社会个体性的创造》①通过重读周作人 30 年代"小品文"创作,探讨白话散文与现代性的关系。论者认为,周作人"冲淡平和"的小品文是在"乱世"中保全"理性的个人"的政治实践和审美实践。在文学"理性化"或"非政治化"的外衣下,周作人的写作具有强烈的政治性:它力图保持"五四"启蒙的个人主义、怀疑主义和批判精神的"纯粹性",力图为现代个体意识寻求风格的自足和日常生活的常态,从而与旧势力和新兴左翼政治持久对抗。所以,虽然周作人小品文的审美特质,是由特定的文化政治紧张局势所决定,但它却在风格层面上掩盖或"升华"了这种紧张。虽然周作人的实践在政治上和道德上以失败告终,但他的散文写作却成功地把特定历史条件下的复杂的文人意识转化为新文学最具有内在强度的写作伦理

---

① 张俊东著:《散文与社会个体性的创造——论周作人 30 年代小品文写作的审美政治》,谢俊译,《中国现代文学研究丛刊》2009 年第 1 期。

和语言自我意识。

（2）文体学

现代书话创作是现当代书话中被长期漠视的一个重要创作现象，对其研究和认识意义重大。赵普光《从知堂到黄裳：周作人书话及其影响》①认为，现代书话流脉从周作人开始，中承阿英的实践，后经唐弢经营，继而孙犁、黄裳着意建构，遂成大观。其中，周作人是现代最突出的书话家。周作人的书话从内容材料、行文风格、文体选择及营造的氛围等诸方面都流露出浓重的传统文人特质。书话是在周氏的手中开创和成熟，才有可能在其后诸多书话家的创作中得以承袭发展。

2. 周作人诗歌研究

周氏兄弟都积极地从事过新诗的创作，都为草创期的"五四"诗坛做出了不小的贡献。章永林②比较了鲁迅和周作人新诗的异同。论者认为，鲁迅和周作人是草创期新诗园地里比肩的诗性守望者，他们在关于文白与诗的问题，如胡适《尝试集》的删定和诗歌意蕴的锻造等方面，以及诗的抒情问题上有相近的看法。但是，鲁迅和周作人却也有各有所依的诗风追寻，鲁迅求真达深，而周作人则求美达善。

张应中③结合周作人写旧体诗时的处境遭遇，从精神状态和思想两方面深入分析了周作人的旧体诗。论者认为，周作人的旧体诗表面闲适，实则含着忧思与苦闷，是苦味的幽默，是"闲而不适"。这些旧体诗贯穿着周作人一贯的人道主义思想，不过比他的杂文表现得更为曲折淡远一些而已。周作人的旧体诗充满"苦涩味"，这是由于历史和个人的原因，周作人追求的闲适与他的人道主义理想不能统一的结果。

周作人20世纪20年代对象征主义"纯诗"的译介，为30年代中国纯

---

① 赵普光：《从知堂到黄裳：周作人书话及其影响》，《福建论坛》2009年第1期。
② 章永林：《鲁迅与周作人新诗比较》，《河北师范大学学报》2009年第4期。
③ 张应中：《闲适与人道——论周作人的旧体诗》，《中国韵文学刊》2009年第3期。

诗运动作了重要的理论和艺术准备。高蔚①认为，周作人1919年所译法国象征诗人果尔蒙的《死叶》，在新文学的象征诗译作中，最早兼顾了生命质感与形式因素的完整性。他对象征诗艺的兴趣，是中国纯诗最早的个人与时代记忆。

二 周作人思想研究

1. 周作人与中国传统文化

胡杰辉《载道与言志——周作人中庸范畴论之二》②从中庸的角度探讨了周作人对文艺作品的载道与言志观。论者认为，周作人将文学看成国民精神的寄托，看重文艺"言志"的功能，并将其看成是纠正"艺术派"与"人生派"偏执的对症处方。他的这种文艺批评思想既合乎他的中庸艺术观念，也合乎艺术自然发展的规律。与此相对，周作人反对"载道"说，崇尚个人主义，坚信个人主义文学是文艺的正路，文艺的生命在于自由而不是平等，所以，他对于主张普遍、统一、唯我独尊的"道"痛恨到无以复加的地步：崇"道"的必然结果就是排斥异己，形成专制思想。所以，"载道"派的文学实际上只能是一种"遵命"文学。周作人对朱熹、韩愈等的批评也是因此而来。但周作人在提倡文艺的宽容的同时，却也让自己卷入到时代的纷争中。但是，周作人并不真的反对"载道派"，他之所以先扬文艺的言志抑载道，后一反前说，其实是在当时的历史语境中努力实践中庸的结果。

胡杰辉《人情与物理——周作人中庸范畴论之三》③从中庸的角度探讨了周作人的人情与物理观。论者认为，周作人主张人情与物理合一的智慧观，并将其当作判断检验一切事物的唯一标准；而这种标准的本质其

---

① 高蔚：《中国纯诗最早的个人与时代记忆——周作人与中国新诗》，《延边大学学报》2009年第2期。
② 胡杰辉：《载道与言志——周作人中庸范畴论之二》，《鲁迅研究月刊》2009年第1期。
③ 胡杰辉：《人情与物理——周作人中庸范畴论之三》，《鲁迅研究月刊》2009年第2期。

实是一种中庸思想。周作人对物理,即知识特别看重,是因为他痛感于中国传统文化中的缺陷和中国国民思想中充斥着封建礼教因素,故而欲借助科学知识,立足国民思想改革的结果;他对情也特别看重,认为离开情,理就失去了存在之本。周作人把人情物理的标准,用来实践在他为人为学、品物论世的各个方面。周作人对文艺批评的实践、对待鬼的态度等方面即为例证。周作人的人情与物理观之所以能够调和,是因为其立足于"个人主义的人间本位"。也因此,周作人批评假道学,并在自我言说园地中突出其所钦敬人物的理不碍情的一面。

孙郁《周氏兄弟笔下的北京》①认为,北京对鲁迅与周作人的文学创作与学术活动都有着很大的影响,北京的存在对二人成了一种参照,潜在地制约和丰富了他们对乡村中国的文化想象。倘若没有北京的生活经验,鲁迅的乡下小说图景不会呈现出浓厚的地域色彩;而周作人关于江南民俗的勾勒,也会缺少对比的色调。鲁迅与周作人对北京文化的态度是不同的,鲁迅对北京文化始终持有一种批判态度,而周作人则对北京文化从批判逐渐走向欣赏。打量周氏兄弟与北京文化的关系,可以感受到现代文化中的分合兴衰。周氏兄弟留给北京的,远不是文学上的花絮,而是关于知识分子自我选择的文化难题。

权绘锦《周作人的现代语言观与传统文化》②认为周作人的现代文学语言观以传统文化为资源。汉代王充无分古今、不避雅俗、"适用"为贵的实用理性精神,六朝佛经翻译以"信"、"达"为本、重在创造的主张,六朝骈文追求华美、重视文学语言审美特性的创作实践,启发并影响了周作人,使他的理论既顺应了时代要求,又没有背离民族文学传统,既有丰富的内涵,又具有切实的可操作性。

许建平、李留分《李贽思想在周作人接受过程的近代演进》③通过分析周作人对李贽文学思想的接纳、变异这一个案,探讨李贽思想在被接受过程中的演进轨迹,并认为周作人的文学观来自西学与中国传统,而传统

---

① 孙郁:《周氏兄弟笔下的北京》,《北京师范大学学报》2009 年第 3 期。
② 权绘锦:《周作人的现代语言观与传统文化》,《长江学术》2009 年第 2 期。
③ 许建平、李留分:《李贽思想在周作人接受过程的近代演进》,《河北学刊》2009 第 2 期。

多于西学，传统中又以李贽的影响最为有力。李贽的人学观直接促成了周作人的"人的文学"观；李贽的文学表现童心说，促成了周作人文学是人的自然天性表现、且以表现之自然为美的文学思想。周作人发现了李贽人学思想中的现代性因素，并用西方科学化、人本化融释李贽思想，使之在周作人这里进一步世界化、近世化了。

潘正文《浙东文化传统与周氏兄弟"为人生"文学的奠基》①认为，周氏兄弟的《域外小说集》，无论是在翻译对象、翻译主题的选择上，还是在翻译文体上，不止包含着日本文坛和欧洲文学的影响，更还包含着浙东传统文化这一"内源性"的影响。浙东文化传统中的"人本"思想，及其对"既成道德的反抗"传统、"求真务实"的精神及其背后所体现出来的启蒙性特征，都为周氏兄弟"为人生"的翻译选择和审美取向作出过重要的贡献。

2. 周作人与外国文化

周作人是现代中国大学日语教育的重要先驱者，但是其日语学习者、教育者的身份却在众多"宏大叙事"中被无情忽略、遮蔽，其日语观的研究也因此乏人问津。王升远《从本体趣味到习得训诫：周作人之日语观试论》②以此为着眼点，对周作人的日语观进行了研究。论者认为，周作人早期的日语观，是在救亡图存的时代背景和留学日本优游读书的生活背景之下形成的。此时期的周作人只是将日语作为学习异国文学的"敲门砖"。后来，随着异域生活的变动，须在异域独立处世的周作人，其日语观也开始发生变化：周作人开始由关注书面日语，转而接触现实生活的日语，并在关注日本的俗文学的同时，发现了日本语言文字中的诙趣，周作人的日语观也由"外在工具论"转为"本文趣味说"。周作人对"草花"生趣的发现即为例证。而这种观念的转变又使周作人对"和文汉读"的日语学习方式进行了批判。这对于中国日语教育史具有重要意义。但是，其"述而不作"的局限，却降低了周在中国日语教育史上原本应发挥的价值。

---

① 潘正文：《浙东文化传统与周氏兄弟"为人生"文学的奠基》，《东岳论丛》2009 年第 12 期。
② 王升远：《从本体趣味到习得训诫：周作人之日语观试论》，《鲁迅研究月刊》2009 年第 7 期。

于小植①认为,周作人对日本文化态度是"重菊轻剑",即周作人重视并挚爱日本富有人情和世俗的一面("菊"),但却对日本文化中的军国主义的一面("剑")缺乏批判精神。前者表现在周作人在日本有着愉快的经历,对日本的衣食住行方面能够完全融入,喜爱日本的俳谐文体和浮世绘,喜爱日本民间的落语和狂言;后者表现在他对日本文学作品的翻译中。事实上,周作人对日本军国主义的野心并不是视而不见的,但是他的纯文人心态,使他试图从文化的角度来揭示日本侵略中国的原因,甚至将之归结为日本受汉文化压迫的结果。应该说,周作人对日本文化的这种态度和周作人的落水附逆有着潜在的联系。

3. 周作人与民俗

陈怀宇《赫尔德与周作人——民俗学与民族性》②认为,周作人撰写的作品中使用了许多民俗学和民族文学的关键词语,如民歌、民俗学、童话等,这些外来的关键话语反映了周作人在日本留学期间通过学习森鸥外、柳田国男等人的著作而受德国近代民俗学、人类学的深刻影响。这种影响主要反映在周作人受到了德国近代学者赫尔德的思想影响,所以才重视民俗学、人类学。另外,赫尔德对民歌的研究实际上也主要是由周作人接受的。但周作人在接受的同时,亦因此而在中国语境中发展出了自己的学术兴趣:周作人对民歌的兴趣和他早年去日本留学注意民俗学有关,而他对于民歌与民间文学的关系和他注意到赫尔德的民声思想有直接关系。作为最早注意赫尔德的文学思想的中国学者之一,周作人可谓赫尔德的民声说在中国的先驱。这一点,从周作人对文学和民俗研究联系起来的方式,对赫尔德思想的准确把捉以及对民歌特点的论说等方面可看出。最后,周作人撰述中所使用的民族与国民性话语的历史上下文与德国近代思想史上赫尔德文化民主主义之间也存在着密切联系。

---

① 于小植:《重菊轻剑:谈周作人对日本文化的挚爱以及批判意识的缺失》,《鲁迅研究月刊》2009 年第 6 期。
② 陈怀宇:《赫尔德与周作人——民俗学与民族性》,《清华大学学报》2009 年第 5 期。

张永《周作人民俗趣味与京派审美选择》①认为,趣味是周作人文章中最常见的语汇。作为其内涵的一个重要方面,民俗趣味既是作家审美的高度概括,也是文化心态的曲折流露:如果说周作人早期的趣味是出于对新文学现代性的追求的话,那么在新文化运动大潮落幕以后,他的趣味言说则成了孤寂落寞、寻求"闲适"的托词。所以,趣味的改变反映出周作人思想的转型。周作人的民俗趣味具有文学史意义,不仅影响了当时散文小品的审美取向,而且在小说题材与主题选择、审美意境营造、文体变化乃至文学理论批评等方面都给予京派作家以深刻启示。

陈家洋、彭远方《周作人的民间文化情怀——以周作人关于竹枝词的论述为中心》②认为,从周作人关于竹枝词的论述也可以考察其文化心态。论者认为,周作人主要从两个方面讨论竹枝词并显示其对竹枝词的审美取向:一是重视竹枝词的"土风",甚至出现了"重注轻诗"的取向;二是重视竹枝词诙谐幽默的艺术风格,即在纵向的层面上将竹枝词置于中国谐诗的发展历程中进行考察,在横向的层面上则通过与日本川柳的比较来阐明竹枝词的艺术风格。

4. 周作人的儿童观

刘军③以周作人绍兴时期日本儿童文学的接受为中心,对周作人儿童文学论进行了探源。论者认为,周作人对于儿童研究的兴趣,始于他本人的育儿需要,且与他的家庭环境关系密切;而追根溯源,他的日本留学体验是其中必须被考虑的因素之一。但是,更深层次的原因则与他留学时期日本儿童文学的大背景,尤其是大正时期伴随民主主义风潮盛行的童心主义不无关系。周作人的童话理论和儿歌研究,迈出了中国童话研究的第一步,其对童话提出的一系列新见解,具有深远的意义。追根溯

① 张永:《周作人民俗趣味与京派审美选择》,《文学评论》2009 年第 4 期。
② 陈家洋、彭远方:《周作人的民间文化情怀——以周作人关于竹枝词的论述为中心》,《西南交通大学学报》2009 年第 4 期。
③ 刘军:《周作人儿童文学论探源——以绍兴时期儿童文学的接受为中心》,《鲁迅研究月刊》2009 年第 12 期。

源,其童话论的基础吸收了西欧近代理论,尤其是安特路朗的学说。周作人译介日本儿童文学的目的,是找出中国儿童文学落后日本及西欧诸国的原因和克服的途径,而他的这种做法却为其日后提出"儿童文学"这一命题奠定了基础:黑田朋信的儿童趣味教育对趣味的强调,奠定了周作人的文学理念的基础,成为其翻译日本文学作品的标准;长滨宗佶使周作人从儿童玩具上获得了科学的育儿理念,为他此后的中国儿童文学研究提供了可供参考的视角;新井道太郎使周作人找到了演说儿童的本质的话语。所以,周作人在这一时期的系列译作,奏响了他"五四"文学革命时期系统地进行儿童文学研究的序曲。

王蕾《安徒生童话的翻译与中国现代儿童观的建立》①认为,作为安徒生在中国最早的介绍人,以周作人为代表的新文化学人在"五四"前将安徒生童话引入中国,为安徒生儿童观在中国的传播提供了条件。而以周作人为代表的中国的"安党"人士在"五四"时期对安徒生童话的认识,都一致地将其与"儿童化"、"儿童本位"画等号,突出安徒生童话儿童本位的艺术特征,其实是根据时代精神的要求所做出的一种促进以儿童为本位的现代儿童观的确立与普及的有效的策略选择:国人通过"安党"人士对安徒生童话的翻译和评述,可从文学的层面上形象地理解现代儿童观的内涵。事实上,安徒生童话对中国现代儿童观的传播的确起到了重要作用,且有效地促进了现代儿童观在中国的确立与发展。

5. 周作人与知识分子

哈迎飞《论周作人对中国现代知识分子"宗教气"的批判》②认为,周作人是中国现代文学史上为数不多的始终对知识分子的"宗教气"和教士人格,予以高度重视的启蒙思想家之一。论者认为,在周作人看来,现代中国知识分子的宗教意识和宗教情绪并不比民众更少,尤其是在独断地相信自己或自己所在的群体掌握了超绝的客观真理、缺少对宗教的或准

① 王蕾:《安徒生童话的翻译与中国现代儿童观的建立》,《中国现代文学研究丛刊》2009 年第 5 期。
② 哈迎飞:《论周作人对中国现代知识分子"宗教气"的批判》,《暨南学报》2009 年第 2 期。

宗教的意识形态的警惕等方面，值得总结的教训很多。为了对治知识阶层的狂信心理，"五四"时期的周作人特别致力于价值多元的现代理性精神的建设。所以，承认差异、保护少数、容忍异端是周作人思想中的一个显著特色。在周作人看来，克服中国封建专制文化遗留下来的非理性因素的方法，是知识分子义不容辞的责任，其中科学思想的养成是关键。所以，他反对现代迷信和偶像崇拜。周作人对现代知识分子的"宗教气"的批判，不仅有助于我们更准确地把握周作人的思想，而且有助于我们全面地思考和把握 20 世纪中国知识分子的精神风貌。

李良《"后五四"时期革命认同下的抵抗话语——现代中国"语丝体"散文主体话语形态论》①认为，在"后五四"时期，语丝同人显示出对于新文化运动时期文学革命的继续坚持，直接决定了"语丝体"散文主体话语的抵抗色彩。而周氏兄弟对文学革命身份的认同，使他们的"语丝体"抵抗话语在社群同人中也表现得尤为突出，与现代评论派的论战即为其集中的表现。但是，作为一种理性的拒绝与批判，"语丝体"散文还表现出现代知识分子由启蒙主义者向个体言说者过渡的姿态，成为其寻找确认自我、呈现生命本真的通途，"语丝体"散文主体话语的意义功能与力量价值也因此更为丰厚深远，具备了超越的性质。

6. 周作人的文学思想

周作人的《人的文学》一文，向来被认为是以欧洲人道主义精神具体化了文学革命的基本内容与根本意图。杨晓帆《"新文学"与"现代人"：〈人的文学〉的人文话语透视》②引入欧文·白璧德对"人文"与"人道"两种人文话语的区分，尝试在当时的文化语境与周作人自身的思想演变中，还原"人的文学"主张的内在危机与复杂内涵。论者认为，一方面，周的这一主张围绕个人主义话语确立了"伦理自然化"的新道德，呼应了"新文化

---

① 李良：《"后五四"时期革命认同下的抵抗话语——现代中国"语丝体"散文主体话语形态论》，《徐州师范大学学报》，2009 年第 4 期。

② 杨晓帆：《"新文学"与"现代人"：〈人的文学〉的人文话语透视》，《文化与诗学》2009 年第 2 期。

运动"反传统的时代主调,以形塑"现代人"的基本特质确立起新文学之内涵与意义。另一方面,对比吴宓等学衡派文人围绕"以文立人"提出的不同主张,它又暴露出从传统伦理束缚中解放出来的"现代人"在参与建构民族国家的过程中必然遭遇的困境,对新文学之最初设想提出挑战。周作人40年代关于"儒家人文主义"的种种论述,正可以看做是他在人文话语内部重新思考传统与现代之关系后,对"人的文学"做出的新的调整。但这种调整只是周作人思想的一种转变或调和,并不能逻辑地证明周作人成为了复古主义者。如何理解周作人的这种调整是重读《人的文学》时需要思考的问题。

陈平《周作人文艺思想的学理来源与主体整合》①认为,传统的中国本土文化、西方人道主义文艺理论资源、大和民族的世俗文化和社会改良理想,是周作人文艺思想的主要学理来源,并使其形成了"儒道互补"的双重性格。正是在此基础上,周作人形成了独特的个人主义人本主义文艺思想体系,提出了在现代文学史上颇有影响的"人的文学"理论,同时也为中国传统文艺理论走出"诗言志"和"文以载道"的二元抉择作出了新的贡献。

7. 周作人的性爱思想

徐仲佳《思想革命的利器——论周作人的性爱思想》②认为周作人与同时代其他思想者最大的不同点,是他自始至终以其系统的性爱思想推进性道德的革命并以此作为其思想革命的第一要务。周作人以科学的性知识为性爱思想的基础,但是其思想来源是其"伦理自然化"的思想革命目标;他以艺术和人性来调节性知识,但其实质却是在提倡现代的新的两性观念和性道德,为性爱去魅,其着眼点在于人的自由意志。故而,现代性爱思想成为他参与思想革命的主要批判武器和独特的批判视角,他也以此来批判时人文化中的复古现象和各种"假道学"、"伪君子"。但是,对现实的失望导致了一种虚无主义思想在周作人头脑中逐渐占据上风,使

① 陈平:《周作人文艺思想的学理来源与主体整合》,《西华师范大学学报》2009年第4期。
② 徐仲佳:《思想革命的利器——论周作人的性爱思想》,《鲁迅研究月刊》2009年第5期。

其在提倡性道德革命时常常表现出矛盾和犹疑，并使其在 1928 年底发生了思想转变。但周作人始终坚持的性道德改革在现代中国的启蒙运动中有着独特意义。它所倡导的性人格改造是中国启蒙运动不容忽视的重要一翼；而他从性道德革命的角度，对现代中国社会运动的观察以及观察结果所导致的思想变化，从一个侧面显示出中国现代性追求的结构性偏颇。

8. 周作人的精神特质

"五四"前期，周作人在世界现代人道主义社会思潮影响下，对现代人道主义理论观念在诸多方面作出了创造性的理论贡献，其中在"人间观"方面创获颇多。张先飞《"五四"前期周作人人道主义"人间"观念的理论辨析》①认为，周作人"人间观"的核心，主要是围绕如何实现理想人间生活的问题。作为构建理想人间生活的前提，周作人首先对"人间"观念进行了理论建构。而他的理论构建颠覆了国家、种族等传统人类社会结构单位，将"人类"与"个人"构成的"人间"作为真实的社会存在，并对"人类"、"个人"概念的具体内涵以及两者关系进行了深入思考，提出了"大人类主义"、作为"唯一者所有"的"人类的一员"、"我即是人类"等重要命题："大人类主义"是一种消除了国家、种族、阶级等界限的现代人类意识，其单位是"个人"，这个"个人"具有"人类的一员"的特征，也有自己独有的个体性；而其原因则和人之作为一种具体的存在形式有关。

9. 周作人与左翼文学

丁文《周作人与 1930 年左翼文学批评的对峙与对话》②发现，1930 年北平的《新晨报副刊》发生过对周作人的批评，一批左翼文学青年对周作人《半封回信》进行了逐字逐句的批驳。而发生的导火线是黎锦明致信周作人表达对革命文学独霸文坛的不满，周作人对此问题的作答和表现引

---

① 张先飞：《"五四"前期周作人人道主义"人间"观念的理论辨析》，《中国现代文学研究丛刊》2009 年第 5 期。

② 丁文：《周作人与 1930 年左翼文学批评的对峙与对话》，《中国现代文学研究丛刊》2009 年第 5 期。

起了左翼文学青年的不满。针对左翼青年的批评,周作人在随后发表的《论八股文》中隐晦地讽刺了左翼文学中的八股遗绪。后来,这篇文章作为附录收入其两年后的演讲录《中国新文学的源流》中,成为其著名的言志、载道二元对立文学史观的发端与佐证。此后,周作人在创作中有意延续了左翼文学批评时期颇多涉及的"草木虫鱼"题材。但就当时来看,周作人的这种题材的创作及其表现手法,却被左翼文学误认为是指桑骂槐的"讥嘲"之作,其背后有着复杂的原因。这场批评周作人的波澜,表现出1930年左翼文学欲图否定"五四"文学权威的潜在意愿,又对周作人的题材选择与文学思想产生了重要影响。

10. 周作人与启蒙

符杰祥《"思想革命尚未成功"——周作人的启蒙理想与"沦陷"悲剧》[1]认为,沦陷时期"苦住"生涯的不齿与难堪,为周作人所从事的启蒙运动增添了一种荒诞的色彩。对于这位以"思想革命"自任的"五四"人物来说,启蒙工作是挽救危亡和救赎自我的最后希望。然而,在启蒙者心中视为"第一要著"的启蒙工作,在现实社会中未必具有如此崇高的位置:在几千年专制文化与帝国历史的中国社会中,启蒙现代诉求往往是被排斥、拒绝以致绞杀的。所以,周作人在回顾自己大半生的启蒙工作时以"思想革命尚未成功"来表达了自己的不甘与失望。周作人的悲剧不在于他的启蒙工作,而在于他未能真正履行自己的启蒙思想。

三 周作人生平研究

朱正《曹聚仁与周氏兄弟》[2]详细梳理了曹聚仁和周氏兄弟的交往。曹聚仁第一次见到鲁迅是在1927年,而鲁迅第一次和曹聚仁发生文字上的交往则要等到1933初和1933年4月份:当时曹聚仁登刊寻求"罗悇"

---

① 符杰祥:《"思想革命尚未成功"——周作人的启蒙理想与"沦陷"悲剧》,《浙江学刊》2009年第3期。

② 朱正:《曹聚仁与周氏兄弟》,《新文学史料》2009年第2期。

（鲁迅笔名）的联系方式，且曹和鲁就中国革命问题发表了共同的看法。而曹聚仁第一次出现在鲁迅笔记中，是由于曹聚仁请求鲁迅为李大钊文集作序；而曹聚仁之所以会为李大钊遗嘱出力，则是因为周作人的提点。后来，曹聚仁致信鲁迅请他为《涛声》写稿，鲁迅复信并投稿支持《涛声》；曹聚仁也曾在《涛声》上发表文章声援鲁迅。曹聚仁和鲁迅有私交关系，他和鲁迅共同参加过一些酒席聚会，并互相宴请过对方；其间，曹聚仁有和鲁迅交谈鲁迅的"义子"事件和为鲁迅写传等事情。曹聚仁和鲁迅也曾互相帮助过：曹曾经帮鲁迅查阅过资料，鲁迅则对曹聚仁支持的一些活动（如提倡大众语）和刊物（如《芒种》）予以支持。但是，两人也发生过一些风波：曹聚仁将鲁迅复魏猛克的复信和杨邨人的信登在同一期刊，引起了鲁迅的不快。曹聚仁引起鲁迅更大不快的事情，是鲁迅看好的刊物《海燕》因为曹聚仁的出卖而夭折。此外，曹聚仁还和鲁迅有过不快：鲁迅在曹聚仁推荐下订阅《社会日报》，但逐渐对其不满，故而批判；然而，曹聚仁擅自将鲁迅复信发表在该刊物上，为徐懋庸反驳鲁迅的批评留下把柄，鲁迅严厉批评；曹聚仁心中不快，致信鲁迅说明；鲁迅未复信，即去世。曹聚仁发文摘引鲁迅信件悼念鲁迅，引起读者重视，却未应许广平号召，为鲁迅书信集出版助力。曹聚仁自负凭《鲁迅评传》纪念鲁迅，然而，书中却有诸多史实错误。曹聚仁对晚年周作人予以帮助，助力周《知堂回想录》出版；周作人私心于曹的《鲁迅评传》，并对其赞赏有加。

林分份《"权威"的陷落与"自我"的确立——对周氏兄弟失和的另一种探讨》[1]以周氏兄弟失和这一话题作为切入点，避开以往研究侧重对兄弟失和之因的直接探讨，转而关注决裂前后周作人在伦理身份、文化主张及个人姿态方面与鲁迅的差异乃至对立，由此考察周作人"自我"确立的过程中可能存在的心理特点，揭示其自我塑造的独特性和思想发展的复杂性，以及其在现代中国思想史上的意义。论者认为，从最初的兄弟怡怡到"五四"后的反目、决裂，乃至后来对长兄持续不断地攻击，在周作人的

---

[1] 林分份：《"权威"的陷落与"自我"的确立——对周氏兄弟失和的另一种探讨》，《中国现代文学研究丛刊》2009 年第 4 期。

伦理和思想意识中，鲁迅的"权威"形象陷落了，而周作人的"自我"却得以在此过程中逐渐确立。所以，周作人对鲁迅的婚姻问题的攻击其实是通过解构鲁迅的"父"、"师"形象来获得先前"自我"被压抑的代偿满足。周作人的这种解构冲动，还体现在"谢本师"事件中。而周作人自我塑造的独特性和思想发展的复杂性，也从一个侧面呈现了"五四"新文化人"同一性"不同的思想走向。

傅振中①认为，"但思忍过事堪喜，回首冤亲一惘然"是周作人附逆前的两难处境的真实写照，但这种"隐士"般的写照却和周作人的附逆行为构成了一种悖论。论者以此为切入点，对其附逆前的两难处境及其最终的附逆选择进行了勾勒和探析。首先，周作人现实处境面临两难的选择：独自承担家累使周作人面临巨大的生存压力；派系隔膜及舆论压力，使周作人对左翼文人有所忌惮，不敢南下。其次，周作人的思想也是促使他做出附逆抉择的重要原因：周作人对"气节"和对"事功"的提倡，对国民劣根性和抗日战争的悲观态度，对特立独行的个人主义立场的坚守和发声，为他走向附逆埋下了伏笔。最后，元旦遇刺事件成为推动周作人走向附逆的直接原因。

冯昊《在民族与个人之间——认识沦陷时期周作人的一种方式》②认为，周作人作为艰难时世中一个复杂的个体，在沦陷之初时去留之间的矛盾心绪以及沦陷时期关于道义事功的辨析无不反映其思想的复杂性。周作人过度看重个人权利和生命价值的取向，导致其放弃了对民族苦难的热切关注和道义责任的担当，并最终丧失了作为民族个体的尊严。

四　周作人与翻译研究

王风③结合现代汉语书写语境，详细考察了周氏兄弟早期著译的书

---

① 傅振中：《"回首冤亲一惘然"——论周作人附逆前的两难处境及其最终选择》，《鲁迅研究月刊》2009 年第 8 期。
② 冯昊：《在民族与个人之间——认识沦陷时期周作人的一种方式》，《兰州学刊》2009 年第 2 期。
③ 王风：《周氏兄弟早期著译与汉语现代书写语言（上）》，《鲁迅研究月刊》2009 年第 12 期。

写历程,及其各自的风格差异和成因。论者认为,鲁迅早期译著选择用白话和章回体翻译"科学小说",是因为受到了梁启超用小说启蒙的观点的影响;而周作人的译著则因为受丁初我和自己阅读趣味的影响,偏向于女性和能产生阅读趣味的外国作品,尤其是"侦探小说"。所以,"直译"成为周氏兄弟的共同选择,并影响了他们的写作。《好花枝》在分段、标点上的选择可作为周氏兄弟译著的一个典型,从中可以看出周氏在分段和叹号的使用上受到了"冷血体"的影响。周氏兄弟的早期译著的这种特点和差异一直存在。《域外小说集》的翻译可作为探究周氏兄弟著译历程变化、特点、差异的另一个例子。

另外,王风①还认为,尽管译法不同,周氏兄弟的《域外小说集》却因为将西方的"章法"引入到汉语言文本中,故而可被认为是汉语书写语言革命的标志性产物。但是,周氏兄弟不使用标点符号系统中能够对叙事文本中的对话场景产生巨大影响的引号,使其翻译的著作有了巨大的缺陷。为了弥补这一缺陷,鲁迅采取了添加"子曰"或"曰"的方式,而周作人则采用了将文本中的对话统一成话剧剧本格式的方式。而上述译著的所有语言书写方式影响了周氏兄弟的创作:鲁迅文言小说《怀旧》,因为极端地集中了古代语体和现代书写形式的典型矛盾,可被视为宣告文言必须死灭的标志;周作人后来的小说创作和诗歌创作及诗歌观念的思想基础也形成于其早期的著译时代。另外,句号和逗号是周氏兄弟引入文本的最后一种书写形式。其实现了将原文语序移植的效果,使译文由"意译"转变为"对译",而周氏兄弟也借此实现了白话对文言的"转写"。

李春《"人的文学":由来与终结》②对周作人前期的文学翻译和文艺思想进行了探究。论者认为,周作人的"人的文学"的重要思想,从思想渊源上说,其直接的学理基础,在于他所译介的善种学,而他对这些学说的翻译,又与他此前对启蒙问题的热情有密切关系;从认识论上看,"人的文学"是一种本质主义的对待文学的方式,而这种对待文学的方式,在他早

<hr />

① 王风:《周氏兄弟早期著译与汉语现代书写语言(下)》,《鲁迅研究月刊》2010 年第 2 期。
② 李春:《"人的文学":由来与终结——周作人前期的文学翻译与其文艺思想》,《鲁迅研究研究月刊》2009 年第 9 期。

期强调文学的启蒙功能时，就已经存在了，到提倡"移情说"时，则完全定型；从内在逻辑上看，"人的文学"要求实现一种普遍的联系和沟通，因此，翻译是建设"人的文学"的一种必不可少的方式。不过，后来的周作人开始尊重文学和整个外部世界的多样性与复杂性，放弃了对待文学的本质主义的态度，即"人的文学"这一思想，而将自己的身份定位为一个翻译者和知识生产者。通过以上的梳理和分析，我们可以发现，周作人的"人的文学"这一思想的形成和终结，与他的翻译活动和翻译思想的发展变化有着密切的关系。

邹瑞玥①以哈葛德的小说 *The World's Desire* 为重点分析了林纾与周作人两代翻译家的译述特点。论者发现，在对同一部哈氏小说的翻译上，林纾和周作人在原本选择、文本的处理方式上都显现出了截然不同的特点：在文本的选择上，林纾希望借助哈葛德小说达到"启迪民智"的效果，而周作人则强调文学独立的价值和趣味性；在翻译的细节上，林纾的特点是"以中律西"，而周作人则突出文本的意象；在词汇使用上，林纾偏爱传统文化色彩非常明显的词汇，而周作人则忠实原文，避用中国传统古典词汇。周作人和林纾的这些区别，代表了两种截然不同的文学观念和价值判断标准。它显示了在士大夫阶级那里"以古论今，言必称三代"，即以古代文化的价值为评判中心的思维方式，如何被一种以西方文化为判断中心的价值观所取代的过程。

张丽华②从文类选择的角度考察了周氏兄弟的早期译作与晚清译界风尚的联系。论者认为，周氏兄弟的早期翻译，只能算是学生时代的习作。其在杂志上刊登的译作，过于将就杂志的主题。其出版的小说单行本的翻译则可视为梁启超和林纾为代表的两种文类范型的延续：鲁迅学习的是梁启超，而周作人学习的则是林纾。

---

① 邹瑞玥：《林纾与周作人两代翻译家的译述特点——从哈葛德小说 The World's Desire 说起》，《中国现代文学研究丛刊》2009 年第 2 期。
② 张丽华：《晚清小说译介中的文类选择——兼论周氏兄弟的早期译作》，《中国现代文学研究丛刊》2009 年第 2 期。

廖七一《周氏兄弟的〈域外小说集〉：翻译规范的失与得》①亦认为，今天译界高度关注和评价的《域外小说集》在近代文化语境中的接受和传播并不成功。从翻译规范的视角考察，周氏兄弟的翻译动机、翻译策略、翻译语言形式等方面均偏离了主流的政治叙述和翻译规范，故而难以得到读者的认同，不易转化为中国近代急需的文化资源。但《域外小说集》的失败却促进了周氏兄弟以及译界同仁在新文学运动中探索和参与新兴翻译规范的构建。

五　周作人与学术研究

在现代文学研究中，周作人是一个带有道德"原罪"的题目。围绕周作人在沦陷时期的"失节"问题，研究者之间的争议甚至不是如何研究，而是该不该研究的问题。符杰祥《"知识"与"道德"的纠葛——周作人的学术思想及其研究的方法论问题》②认为，周作人研究所纠结的问题，其实也是现代文学研究所面临的普遍的方法论问题。出于"中国儒家重伦理"的历史认知，周作人呼吁在学术上应学习希腊"纯粹求知"的"科学精神"。而周作人提倡的这种精神，正是现代文学史研究，尤其是周作人研究应该学习的。如果说"回到鲁迅"已成为一种共识，那么作为一种基本的方法论，"回到周作人"也是必需的。周作人提倡"善的知识"与"善的行为"，可是，论者认为，真正的道德不仅是认识的问题，更是实践的问题。所以，周作人的悲剧不在于他的道德学说，而在于他未能真正履行自己的道德学说。

蔡长青《论周作人的鲁迅研究》③认为，在众多的鲁迅研究者中，周作人是一个独特的存在。这不仅由于其特殊的人生遭际，还由于他与研究对象关系的特殊性。前者使周作人的鲁迅研究难以合法化并在相当长时

---

① 廖七一：《周氏兄弟的〈域外小说集〉：翻译规范的失与得》，《外语研究》2009 年第 6 期。
② 符杰祥：《"知识"与"道德"的纠葛——周作人的学术思想及其研究的方法论问题》，《东岳论丛》2009 年第 5 期。
③ 蔡长青：《论周作人的鲁迅研究》，《江淮论坛》2009 年第 5 期。

间内得不到应有的评价;后者又使他注定与鲁迅研究结下不解之缘。较为客观公正的研究态度使周作人的鲁迅研究具有某种超越性,特殊的身份又使其研究具有某种不可替代性。尤其在具体史料方面,更是无人替代。但是,周作人的鲁迅研究并非没有缺憾,由于受非学术因素的影响,其鲁迅研究往往逻辑性不强,缺乏一定的深度。

六 周作人史料研究

王世家《从周作人赠与鲍耀明的一页鲁迅手稿谈起》[①]附录了周作人赠与鲍耀明,而鲍耀明又转赠论者的《许氏志怪》的抄录稿。因为这篇抄录稿有周氏兄弟两人的手迹,鲍耀明认为其很珍贵,并断言"存世仅此一张"。但是,王世家经过查阅,发现鲍耀明所言并不真确。事实上,鲁迅和周作人的抄录稿的数量是难以得出确数的,这与周作人没有"清理"彻底鲁迅抄录稿,且时而转赠他人有直接的关系。但是,由于鲁迅看重的是最后编成的《古小说钩沉》的写定稿,故而最初抄录的那些"卡片"之类,即使散佚,也不算大事。

李青果[②]发现了周作人未自选入集的两篇文章,分别是周作人评论《阿Q正传》和《文学的贵族性》。论者认为,周作人评论《阿Q正传》的文章写得相当用力,其之所以没有自选入集,是因为他文章中的某些观点引起了鲁迅的不满。这在一定程度上可以证明周氏兄弟的在文学观点、趣味等方面的差异。但周作人在《文学的贵族性》中提出的"苦闷的象征"的观点值得人们注意:周氏所说苦闷的象征,是个人主义与阶级革命在当时中国互相抵牾的表现,也是他选择并坚守自我生命的一种言说方式。

汪成法《〈周作人集外文〉中阑入的他人文字》[③]认为,陈子善、张铁荣编《周作人集外文》上册第404—405页所录系《拥护宗教的嫌疑》一文的

---

① 王世家:《从周作人赠与鲍耀明的一页鲁迅手稿谈起》,《鲁迅研究月刊》2009年第5期。
② 李青果:《周作人未自选入集的两篇文章》,《博览群书》2009年第12期。
③ 汪成法:《〈周作人集外文〉中阑入的他人文字》,《鲁迅研究月刊》2009年第3期。

后半部分不是周作人自己的文字,即从开始到第三段第一句的前半句,即到"是为维持约法上的信教自由"为止,是周作人自己的文字,自本句"的宣言书"以后,均非周作人的文字,而是阑入的与周作人持相反立场,但当同刊于《晨报》栏目中的某两位作者合写的文章。

周作人曾经几次说到鲁迅书中收有他的文章的话,甚至还明确点出了文章的名字。但是周作人的这样一种说法,却没有引起旁人的重视。然而,经过考证,陈福康[1]发现,署名鲁迅的《随感录》四十二、四十三确实是周作人所写。故而,论者认为,周作人的话似乎并不是谎话,而是个值得研究的问题。

七 周作人研究之研究

彭小燕对李景彬和舒芜的周作人研究著作进行了细读。结合周作人的研究背景,彭小燕[2]发现 20 世纪 90 年代以来,周作人研究的演进让人看到了令人遗憾的局面——相关的学术史文献以及相关的后续研究出现了忽略李景彬富于学术个性和学术钻探力度的研究成果的偏向。而纵观当代中国的周作人研究现状,李景彬的研究立场、思路和声音恰恰是最缺失的。论者认为,80 年代李景彬的周作人研究有着可贵的整体意识、时间意识和坚实、稳定的马克思主义研究立场。具体来说,前者的特点体现在《周作人评析》等论著,是以周作人的一生为对象,以相当严格的时间意识分阶段进行讨论,颇为充分地体现出了论者面对周作人的整体性研究思路;后者的特点,体现在作者在对于周作人进行非常充分的肯定的同时,但又自始至终有着对于周作人的反思、质疑和批判。论者认为,作者对于周作人的一系列判定呈现出独到的学术意义,但也留下了尚待阐发的学术问题。

---

[1] 陈福康:《关于署鲁迅笔名的周作人文章》,《鲁迅研究月刊》2009 年第 9 期。
[2] 彭小燕:《新时期周作人研究的拓荒者——李景彬》,《山东社会科学》2009 年第 9 期。

彭小燕在另外的文章①中还提出，与李景彬的《周作人评析》相比，舒芜《周作人概观》（以下简称《概观》）的一大特点是，它不仅对"周作人世界"进行了直接的考察，同时更在呼吁人们重新面对、重新发现周作人。《概观》高调肯定了周作人后期的小品文，称其为在现代历史上描画出整个世界来的"唯一"的一个。然而，在更深远的历史视野下，周氏小品在现代的这种"唯一"很可能是对中国古旧文体、古旧精神的一次复述。《概观》之九以"信仰"为核心词汇，触及到了周作人精神世界的最深地带。周作人"由信仰而归于怀疑"，所指向的正是新文化运动时期他所持有的"种种理想"及其实现路径。这种"虚无主义"自有其深刻和真实。但更为重要的是，周作人是否由此向前精进跃出这一"虚无主义"，再一次把自己置入一种"知其不可而为之"的新一轮价值抉择与创造之中。《概观》之十二把鲁迅与周作人分别作为中国文学左右两翼的领袖。在"20世纪中日战争"已经发生过后的80年代，在周作人的人生沉沦已经浮出水面以后的历史时期，这种言说恐怕不是一种恰当的思路——它所带来的是文化上的歧义、混沌而非思考问题的清晰思路。《概观》之十八，其叙述强化的是读者对周作人附逆行为的同情和理解，从而也减轻了周作人对自身行为的个人责任。《概观》二十一涉及到了周作人的精神结构问题。周作人所爱惜的这种"羽毛"，这种"贵族精神"，其意义价值实在没有什么希奇。真正的"贵族精神"，其至高的要求，则是持有对于生命的至深理解，能够抵达"向死而生"、"穿透虚无"、挚爱人间、勇于行动的生命境界。

蔡长青②亦对舒芜的周作人研究作出了精彩的解读。他认为，研究周作人是舒芜晚年学术活动的重要组成部分，但舒芜的周作人研究并非完全客观公正：相似的人生经历，使舒芜对于周作人的人和文，常常流露出不加掩饰的欣赏和同情。对于晚年的舒芜来说，周作人研究已不仅仅是学术研究，更是一种特殊的言说方式。以这种特殊方式，舒芜实现了为

---

① 彭小燕：《"破冰时代"的意义与误区——细读舒芜的〈周作人概观〉（上）（下）》，《鲁迅研究月刊》2009年第9期、第10期。
② 蔡长青：《另一种辩解——舒芜周作人研究探微》，《学术界》2009年第6期。

自己辩解的目的。

　　木山英雄的《北京苦住庵》引起了周作人研究者的关注。钱理群在木山英雄著《北京苦住庵》座谈会上发表《面对我们共同的困惑》①的讲话，呼吁周作人研究者们正视木山英雄所提出的"以更加自由的心态来阅读周作人"的困难：不管是木山英雄本人还是中国学者，都必须正视周作人具有作为"知日家"、"五四"传统的开创者和对自我民族的伤害者的复杂性身份，且研究者由于国籍、民族的身份的不同也会产生对话的隔阂。但是，论者同时又对木山英雄所说的"不存在隔阂地进行对话的条件"感兴趣：木山英雄的这本书的意义，正在迫使人们思考如何以更加复杂的态度来审视民族主义，思考"国家、文化和个人的关系"。另外，论者还就木山先生书中所提的关于对"周作人失败主义式的抵抗"问题指出了其中的可商榷之处，并对作者提出的对周作人关于"东洋人的悲哀"和"儒家人文主义"的命题"作为思想的可能性"讨论建议，指出了应该警惕的思想上的危险。

　　黄开发《写传记有如写历史》②对止庵的《周作人传》进行了研究。论者认为，该书是特别能贴近传主的精神气质，且和其他周作人传记相比，更注重周氏思想脉络及其表述过程。具体来说，其优点有两个：第一，细部上下功夫，能发掘文本的"微言大义"；第二，文体优雅。但是，论者认为这本传记也有可改进之处：如果将周作人放在前人或者同时代人的对比中进行考察，可使论述更加充分而有力。

---

① 钱理群：《面对我们共同的困惑——在木山英雄著〈北京苦住庵记〉座谈会上的讲话》，《书城》2009 年第 7 期。
② 黄开发：《写传记有如写历史——止庵的〈周作人传〉》，《中国图书评论》2009 年第 10 期。

第十章 2010年周作人研究述评

一 周作人作品研究

1. 周作人散文研究

（1）文体学

郜元宝《从"美文"到"杂文"——周作人散文论述诸概念辨析》[1]认为，研究周作人有关散文的论述，自然绕不过《美文》。这是周氏继《人的文学》、《思想革命》等讨论新文学思想内容的重要文章之后，从形式方面对新文学的第一次发言。《美文》是他作为新文学重要散文家来谈散文的主要用力处，故影响尤大。周作人认为，"美文"原来是"论文"，是"外国文学"里"记述的，是艺术性的"那种"好的论文"，可分叙事抒情两类，"但也很多是两者夹杂的"。不过，他未曾真正深入英法文学去寻找中国现代新散文的资源，而是为了甩掉在他看来并不高明的崇拜欧美近代文化的潮流，从而使中国新文化的重建工作有机会上溯到西方文明真正的源头。他对西方文明这一独特的观察与选择，不仅使他一生学问思想路径与欧美派知识分子大异其趣，也影响到他对文章形式的探索。在"论文"之后，周作人一度提倡过"随笔"。他称自作"小文"为"随笔"，只是借此说明中国新散文可以取法"外国文学"经验罢了。他提倡"美文"，也只是要实际

---

① 郜元宝：《从"美文"到"杂文"——周作人散文论述诸概念辨析》，《鲁迅研究月刊》2010年第1期、第3期。

地提倡一种白话散文的新品种。事实上,无论是"论文"、"美文"、"随笔",周作人对概念上的缠杂并不关心。在这些概念之后和之外,他又另寻新的概念来指称中国新散文。

何亦聪《论周作人的书话散文创作及其在当代的传承》[①]中认为,书话散文创作在周作人的中后期散文创作中占据了极其重要的地位。周作人的书话创作可以明显分为三个时期,第一个时期以《自己的园地》为代表,第二个时期以《夜读抄》为代表,第三个时期以《书房一角》为代表。他的书话创作从文笔上,吸收了古人题跋的某些长处,主要表现为清涩、冲淡等特点。从本质上说,周作人的书话与古人书话是大有区别的,不能简单视为复古。这类散文隐藏着他一生中一以贯之的两个主题:"爱智"与"别择"。这两个主题的贯穿与发挥,造就了周作人书话散文的独特魅力,也开出了 20 世纪主流散文之外的另一支脉,使得中国现代散文艺术的发展更趋向于多样化。

(2)文章学

郜元宝《"二周"文章》[②]聚焦语言形式,兼及思想和思想方法,在杂文的范围中从概念、内容、思想等方面分析了二周文章的异同。周作人视所有文章为一个整体,统称之曰"杂文"。鲁迅则认为文章如果编年,那就只按作成的年月,不管文体,各种都杂在一起,于是成了"杂"。在概念上,鲁迅的"不管文体",和周作人作为"名称不成问题"、"文就是文",立意相同。在内容上,鲁迅的"国民性批判"和周作人的"思想革命",是他们杂文的问题意识的最大共同点。从思想方面来讲,鲁迅提出六个"敢",主张"缘情",关心社会现实的正义与否,是"主情的文学";而周作人强调"真",主张"言志",关心"同类"的智愚与否,是"主智的文学"。从语言方面看,同是"口语本位"的白话文,鲁迅将文言因素融化在作为本位的口语中,而周作人的文章中口语和文言未能融汇,呈分离状态。鲁迅是为了充分表达感情而刻意追求文章的声调之美,周作人则为了思想的明晰而刻意放弃

---

① 何亦聪:《论周作人的书话散文创作及其在当代的传承》,《中州学刊》2010 年第 1 期。
② 郜元宝:《"二周"文章》,《南方文坛》2010 年第 1 期。

乃至回避文章的声调之美，他的散文，更希望以实益为念而努力不失花叶之美。

石坚《"从琐屑下手"——论周作人的文章作法》①提到，周作人"从琐屑下手"的文章作法是针对我们的文章传统而提出来的。我们的文章传统一心载道翼教，却不屑于记录自然与人生的各方面。这样的文章传统不仅忽略了平常人的感情，而且，承袭这一传统的中国读书人逐渐丧失了面对现实的能力。从这样的思想背景出发，那么周作人"从琐屑下手"的文章作法，就不仅仅是趣味与常识的问题，而牵涉到对平常人的生命和感情的呵护，亦即对"真实的生命"的呵护问题。

（3）类型学

科学小品是周作人自域外引进，率先尝试、创造的一种美文体式。庄萱《科学小品：诗与科学的融合》②认为，科学小品既从一个侧面彰显了周作人锐意创建新的现代散文文类的变革精神，也为人们提供了足资鉴戒的文类"新变"的艺术经验与教训。周作人深入探讨、辨识了科学小品的文体特征及其效用，辨明科学小品与"用了自然史的题材"或"以科学的人生观"写的文章迥然不同。周作人的科学小品于长期的文体实践中，逐渐形成了独特的体式特征。如运用近现代自然科学的观点，注重亲身的体验与确切事实的叙述，从而赋予作品科学的内容，旁征博引、甄别真伪、诗与科学相调和等都是周作人科学小品的显著特征。周作人的科学小品以小品美文的体式表达了科学的自然观与自然科学的丰富知识，也给予读者新奇有趣的审美享受，它彰显了周氏为科学小品文类的创建所作的历史贡献。

2. 周作人诗歌研究

江锡铨《"文口融合"：周作人的"新诗情结"所系》③着重考察周作人

---

① 石坚：《"从琐屑下手"——论周作人的文章作法》，《杭州师范大学学报》2010年第4期。
② 庄萱：《科学小品：诗与科学的融合——周作人散文文类"新变"之一》，《福建师范大学学报》2010年第1期。
③ 江锡铨：《"文口融合"：周作人的"新诗情结"所系》，《江苏社会科学》2010年第1期。

的诗歌文学活动,论析他的以"文口融合"为中心的诗歌语言理论创见和艺术实践,试图从中透视他的探索对于破解新诗艺术发展难题的启示意义。文章认为,这些"情结"往往集中于新诗发展的关键问题,即诗歌语言的变革问题。周作人的新诗摆脱旧诗词的镣铐,借鉴外来语言形式,具有诗歌语言的变革意义。他认为,"五四"以来大量的以散文化为尚的新诗都还没有与散文"划清界限",因而也就难以取得独立的文体地位,难以成为"真正的诗"。在周作人看来,"真正的诗"也即理想的新诗,首先需要"真正的"新诗语言,对于诗歌语言的变革,周作人提到大概两方面的内容:一是引入口语,二是借鉴文言。他不趋附于当时通行的"白话文"文体,也不会墨守文言文的成规,而是注重融合各种语言元素基础上的创新。他在诗歌语言方面的努力,即"文口融合"。周作人通过杂诗所进行的"文口融合"的诗歌语言理论思考与艺术实践,也许可以看作是一种具有过渡意义的新诗语言创新试验了。

邓陶钧《〈扬鞭集·序〉与周作人的新诗观》[①]认为,周作人在《扬鞭集·序》中阐述的新诗观可概括为三点:"融化"、"抒情"和"象征"。周作人的"融化"观包含着丰富的内容。主要指的是诗歌的语言形式要融化古今,融化中外。他肯定了新诗的自由体形式,又主张融化传统,最终完成新诗的独创。他一直明确地倾向于文学的抒情功能,关于诗歌重在抒情的主张是其新诗观中最有价值的内容,他对诗歌抒情本质的肯定既是其诗歌观念的真实存在,又为新诗运动的发展指明了方向。他对象征的重视是其新诗观的重要之点,也在新诗发展史上占有重要地位。总之,周作人在《扬鞭集·序》中表现出来的新诗观,既是他对于新诗发展之初诗歌创作成败得失的总结,也是他对现代新诗发展趋向的预见和建议。他的新诗观在现代诗歌发展史上占有重要地位。

---

① 邓陶钧:《〈扬鞭集·序〉与周作人的新诗观》,《名作赏析》2010 年第 3 期。

二 周作人思想研究

1. 周作人的文学思想

20世纪初,中国文学界对文学的认识出现了"纯美"与"功利"两途,早期周作人的文学思想具有浓郁的调和倾向。朱晓江《"以虚灵之物为上古之方舟"——周作人早期文学思想考辨》①认为,周作人早期的文学思想,就处于这样一种调和之中:一方面,虽然在精英知识分子的立场下强调文学的社会功能,却反对将这种社会功能强调到极致,因而从反面强调文学的独立地位,并使文学与政治等领域保持距离;另一方面,对文学独立地位的强调又并不隔绝他对现实社会思想、文化的关注,因而在创作上强调一种严肃的文学态度,并使其文学观念与纯美的艺术理论区别开来。这样一种调和的文学态度影响到了他此后的文化立场,并对其散文写作产生深远的影响。

李勇《个体本位的人道主义文学的反思》②认为,周作人在"五四"时期所提倡的人的文学是以人道主义为本,对人生诸问题加以记录研究的文字。按照周作人的标准,当代文学中那些下半身写作的作品存在的问题在于对人的生活的态度是非人道的;对于非人题材的展示没有控制在一个合适的范围内。但这些作品恰恰是"五四"一代所提倡的人道主义发展的结果。"五四"时期所提倡的人的文学是个体本位的人道主义文学,在打破礼教的僵化规范方面具有历史贡献,但是打破了旧的僵化的规范之后,仍需建立起一种新的更符合人性的规范。当代文学中的身体欲望写作需要人性的规范。

佘爱春《中西文化语境中的周作人文艺思想》③比较了黄开发《人在

---

① 朱晓江:《"以虚灵之物为上古之方舟"——周作人早期文学思想考辨》,《杭州师范大学学报》2010年第5期。
② 李勇:《个体本位的人道主义文学的反思》,《北京科技大学学报》2010年第1期。
③ 佘爱春:《中西文化语境中的周作人文艺思想——黄开发〈人在旅途〉与卜立德〈一个中国人的文学观〉之比较》,《理论月刊》2010年第8期。

旅途》和卜立德《一个中国人的文学观》两本专著,发现前者主要从社会历史角度入手,将周作人的文艺思想置于他所生活的时代背景和周作人自身思想发展的坐标中来考察,认为周作人只是假借传统的思想形式,表述的是西方人本主义的精神实质;而后者从"一个中国人的文学观"出发,采用西方现代语言学中词源学的研究手法,把周作人的文艺思想放在中国文学批评的历史长河中来考察,认为周作人的文艺思想是古老的,中国式的文艺思想。

周作人对传统滑稽文学多持否定态度,而以西方文学中的滑稽资源为典范。冯仰操《滑稽论争背后的话语权——论周作人叙述中的两种滑稽》①中尝试论述了《晶报》式滑稽的来源及其话语立场、周作人所信奉的滑稽典范及其话语立场、两种滑稽资源之争背后的话语权及对后世叙述的影响等问题,揭示这一滑稽论争背后所隐藏的话语权之争,并指出周作人这一二元对立的滑稽立场,造成了后世文学史叙述对于传统滑稽文学的无视。

2. 周作人与中国传统文化

符杰祥《成也气节,败也气节?——周作人救亡时期的气节思想与失节问题辨正》②认为,周作人的气节观念与气节问题都需要以求知的态度来检讨与面对。周作人的"失节"不可否认,但并不意味着其气节观念的价值可以被完全否认。在救亡热情高涨的年代,周作人的气节观念显示了自己独特的理论思考与问题指向。一方面,他极力呼吁国人要以"真气节"承担起救国的责任;另一方面,他并没有因此放弃批判气节的启蒙责任。周作人从一开始关注的重点就不是文学的形式问题,而是人的道德问题。他将自己的道德理论进一步概括为两个"反对",两个"梦想"。前者着眼于传统道德问题的批判,后者着眼于现代道德学说的建设。周作

---

① 冯仰操:《滑稽论争背后的话语权——论周作人叙述中的两种滑稽》,《社会科学论坛》2010年第23期。
② 符杰祥:《成也气节,败也气节?——周作人救亡时期的气节思想与失节问题辨正》,《同济大学学报》2010年第5期。

人批评气节，指向的是八股化问题，不是否定气节本身。他的气节批判是从"伦理自然化，道义事功化"的观念出发的。其目的是为了救亡，也是为了启蒙。如果说，同时代的人是在以鼓吹气节的方式来抵抗日本对中国的侵略，周作人则是以批判气节的方式揭露日本对世界的危害。周作人的失节问题不在于他的气节思想，而在于他未能真正履行自己的气节思想。

翟瑞青《长子文化背景下的鲁迅和周作人》[①]从传统的长子文化背景下分析了周氏兄弟产生不同价值观、文学观的原因。文章认为，鲁迅和周作人在童年时期几乎共同经历了家庭败落、丧父等一系列人生遭际，不仅有着几乎相同的童年生活经历，而且接受了同样的文化滋养，且二者在中国文化史、思想史和文学史上，尤其是在"五四"时期各领风骚，都做出了令人惊叹的成绩。但由于他们在家庭中兄弟排行位置的不同，由于中国传统文化对长子的文化规约，形成了不同的生活感受和情感体验。鲁迅对家庭的强烈责任意识演化为对国家的忧患，对民族的兴亡和对封建文化思想的深刻剖析。而周作人由于没有对家庭责任的担当，他所思考的问题永远是"个人"，他所形成的道德意识无法和民族联系在一起。周作人坚持的是知识分子的精英立场，而鲁迅坚持的却是强烈的平民意识。周氏兄弟在家庭中的角色意识、责任担当和人生体验的迥异，致使他们最终走向了完全不同的道路，形成了不同的人生观、价值观和文学观。

许海丽《论周作人的隐逸倾向及其影响》[②]认为周作人是现代文学史上一个复杂的存在，他曾经有过近似"隐逸"的经历，在他的作品中也流露出一种"隐逸"的理想和精神。他提出了"生活的艺术"命题，逃遁到个人的艺术世界里。佛教的价值观念、思维方式渗透进他的生命体验之中，对他的人生理念、心理情感以及生活方式产生了复杂而深远的影响。对于道教，周作人虽颇有批评，然而观其隐逸，却带有很深的老庄道家色彩。道家的自然观和个人主义文学精神在他身上得到了体现与张扬。他所具

<hr />

① 翟瑞青：《长子文化背景下的鲁迅和周作人》，《河北大学学报》2010年第2期。
② 许海丽：《论周作人的隐逸倾向及其影响》，《泰山学院学报》2010年第5期。

有的佛禅道的意识在不知不觉中渗透到他的创作中,融合为一种隐逸的文学品格。隐逸的最大价值在于,丰富了文艺体式,提升了文艺境界,促进了中国传统审美文化的发展和进步。周作人的这种隐逸倾向影响了同时代甚至当代作家的创作,因此探讨周作人的"隐逸"是有必要的,也是有意义的。

李静《体验与功利的较量:周作人的"闲适"思想与此岸价值取向的构型》①认为,"闲适"是周作人美学思想的核心之一,这一思想既来自西方审美现代性思潮的个体主义和体验主义精神,又受到中国传统庄禅精神的构型。由于西方的超越性精神是彼岸指向的,审美现代性又是一种神本色彩的个体主义,它所追求的生命体验也有明显的超世俗性,多对日常生活持否定和疏离的态度;而周作人,作为深受中国传统庄禅精神浸染的知识分子,当然无法适应西方审美现代性与日常生活界限分明的彼岸特质。他因此对其进行了此岸性的改造,又发挥了中国传统一元论文化思维的特征,将肉体与精神、此岸与彼岸进行了融合——这正是"闲适"思想悖论特征的民族文化根源。在"闲适"思想中庄禅精神对审美现代性的体验主义进行了本土化改造,并由此产生了此岸化的中国式审美现代性。

徐翔《"隐喻模式"及其潜在阙失——"地域文化与周氏兄弟"维度考量》②认为,关于地域文化对鲁迅及周作人的影响研究,其中较普遍地存在着一种"隐喻模式"。即在其研究的方法论和范式上,潜藏着一些常被忽视的阙失,这主要表现为影响模式向基于相似性的隐喻修辞的简化。亦即这种影响关系的确证其方法论理据在于两者在气质、内涵特征等方面的相似性。它不是对影响过程的历史考述,而只是对两种文化载体间的隐喻修辞;不是辨察影响作用的具体性和复杂性,而只是根据相似性原则对它进行隐喻化的审美深描。它把对影响来源的学术考辨变成了寻找"文化喻体"的文学修辞。它在研究范式上的潜在阙失在于:内在逻辑的

① 李静:《体验与功利的较量:周作人的"闲适"思想与此岸价值取向的构型》,《太原师范学院学报》2010 年第 2 期。
② 徐翔:《"隐喻模式"及其潜在阙失——"地域文化与周氏兄弟"维度考量》,《社会科学论坛》2010 年第 9 期。

自我矛盾、因果关联的主观建构、影响来源的话语表征。

3. 周作人与"五四"

马俊山《论五四文学思想的转变及其内在矛盾——从"国民文学"到"人的文学"》[①]认为,"五四"时期,陈独秀的"国民文学"观与梁启超相近,实质上仍然属于晚清思想启蒙的范畴。而周作人的"人的文学"思想,才是中国文学进入现代的真正起点。从陈独秀到周作人,最重要的转变是文学主体由抽象的"国民"变成了具体的"个人",功能指向则从"立国"转向"立人"。周作人认为,人是个别的、特殊的、灵肉一致的存在,具有至高无上的价值和意义。"人的文学"是对晚清以来文学思想的超越,反拨是必要的,矫枉过正也是可以理解的。但中国社会却没有给它一个自我调整、纠偏补正的机会,反而将其逼进更加绝对化的思想危局。周作人后来的"落水",与之不无关系。在中国现代化进程中,如何化解个人与国家的思想紧张,至今仍然是一个值得深思的普遍问题。

周氏兄弟在现代中国文学史上,创造了许多的第一。张铁荣《周氏兄弟与"五四"新文化运动》[②]认为,周氏兄弟从最初的相互切磋、观点一致,发展到中期的各有主张、观点相异,除了他们本身的个性特征以外,当然还有社会与时代的原因。鲁迅总是能够和青年知识分子在一起,关心社会、吸纳新潮,甚至和革命共同着生命;而周作人则追求文学的极至,坚持平民的兴趣和关注杂学的知识,在自己的丰富中游离于纯文学和时代的边缘。他们在引进新的文学理论、文学观念;将政论体文章因势利导发展成为文艺性散文、开创中国现代白话小说和优美散文之先河;以亲身的大胆实践与摸索建立中国自己的翻译体系、介绍诸多的东西方文学作品等方面,都在当时起到了巨大的作用,超越了同时代的作家,也给现代中国文学史留下了无尽的话题,更是使后来的研究者们叹为观止。

---

① 马俊山:《论五四文学思想的转变及其内在矛盾——从"国民文学"到"人的文学"》,《陕西师范大学学报》2010 年第 5 期。
② 张铁荣:《周氏兄弟与"五四"新文化运动》,《广东社会科学》2010 年第 6 期。

4. 周作人与启蒙

季剑青《周作人的"新的启蒙运动"》①认为,在特定语境中,周作人在坚持某种文化批判的立场的同时,调整了面对民众的姿态,从而将自己和早年作为"五四"知识者的自己以及同时期的左翼都区分了开来,这便构成了他的"新的启蒙运动"的出发点。但是"启蒙"与"宣传"的区分,使得周作人意识到,与"宣传"正面作战的"讽刺牢骚的杂文"并不足以承担"启蒙"的重任,反而会受到后者的熏染,陷入对方的逻辑。但他对"启蒙"的思考与表达并没有停止,而是开始寻找另外一种言说方式。然而"通俗文章"的落空,乃至"新的启蒙运动"的失败,说明了"通俗"与"文章"本身,即构成了一对无法调和的矛盾。为了使得"通俗化"的逻辑不至于滑落到"宣传"的陷阱之中,周作人坚定地维护着文章本身的价值,为此即使是放弃"启蒙"的效力似乎也在所不惜。20 世纪 30 年代后半叶的周作人,在怀着某种"启蒙"的关怀的同时,也不得不面对日军压境国土沦陷的民族危机。他把对这种危机的反应,和他对文字之本体性的坚持联系了起来,从中产生出对汉字之政治性的思考,这似乎构成了对"启蒙"的失败的补偿。

符杰祥《"文人不谈武"——重识周作人救亡时期的启蒙"工作"》②认为,周作人念念不忘自己发动"思想革命"以来的启蒙思想者的身份,念念不忘自己发动"思想革命"以来"反礼教思想"的"贡献",混合着精神救赎和自我辩解的复杂意味。他否认闲适而强调道德,几乎是要求人们把自己的闲适小品当思想随笔来读,而苦衷与用意仍在于他所心系的思想启蒙问题。然而即便是闲适小品,也难以割舍周作人的启蒙心结,周作人在30 年代反复强调的就是:启蒙也是一种救亡,而文人的责任,就是做好自己的启蒙工作。同时他指出,文人有文人的责任,武人有武人的责任,文人切实做好自己的启蒙工作,这才是真正"负责任"的行为。周作人一直

---

① 季剑青:《周作人的"新的启蒙运动"》,《鲁迅研究月刊》2010 年第 5 期。

② 符杰祥《"文人不谈武"——重识周作人救亡时期的启蒙"工作"》,《鲁迅研究月刊》2010 年第 12 期。

把"溯流寻源"视作"切实的工作"，这样的文化寻根，既有抵抗"文化侵略"的动机，也有寻求民族重生的意图。然而，启蒙思想者可以在理想再造中消除传统思想的"矛盾"，却未必能消除个人思想的"矛盾"。在寻求"纯净"处，恰恰可以照见周作人不得"纯净"处。

5. 周作人的儿童观

在中国现代文学的发生期，"儿童"的发现是一件具有决定意义的历史事件。周氏兄弟能够超出他人，分别站在理论和创作的前沿，成为"五四"新文学的领袖，一个重要原因是他们深刻地发现了"儿童"。朱自强《"儿童的发现"：周氏兄弟思想与文学的现代性》[①]认为，"五四"时期的新文学是包括"儿童"的发现和儿童文学的发现在内的。"儿童"是周氏兄弟的思想与文学中的巨大存在。在思想上，对"儿童"的发现是周作人的现代性思想的根基；在艺术上，对"儿童"的发现构成了鲁迅文学深厚的人生哲学的底蕴。对于中国现代文学，周作人以思想理念，鲁迅以文学形象发现"儿童"、发现"童年"，不仅具有文学史的意义，而且还有思想史的意义。对于中国社会的现代化进程，周氏兄弟的"儿童的发现"，不仅具有历史意义，而且具有深刻的现实意义。

周作人是中国最早发现"儿童"的人。马瑶《论周作人的儿童文学观》[②]认为，周作人是中国现代儿童文学理论的奠基者、中国现代儿童文学教育价值理论的开拓者、中国现代儿童文学创作的大胆探索者，他的儿童观、儿童文学观是中国儿童学和儿童文学领域最初的理论建设。他提出的"以儿童为本位"的核心观点对其他的研究者提供了理论基础。他倡导的"以儿童为本位"的儿童观，发现并强调了儿童作为生命主体的独特的心理世界和精神需求特征，为中国儿童文学的现代自觉提供了观念上的巨大推动力。新时期以来，当代中国儿童文学的中心任务是建设与发展，人们最为关心的是儿童文学在促进儿童生理、心理健康发展，推动儿

---

① 朱自强：《"儿童的发现"：周氏兄弟思想与文学的现代性》，《中国文学研究》2010 年第 6 期。
② 马瑶：《论周作人的儿童文学观》，《山西师大学报》2010 年第 3 期。

童向理想人格健全发展等方面的作用,强调儿童文学的审美性与娱乐性价值,这与周作人的儿童文学观可谓是不谋而合,从而又凸显出周作人的儿童文学理论体系的独创性文化价值。

6. 周作人的女性观

张铁荣《周氏兄弟女性观之比较》①比较了周氏兄弟女性观的异同。周氏兄弟的女性观有许多相似之处,同时也有不同的方面。他们早期的女性观相同之处甚多,如同情女性命运、关注女性启蒙,对女性爱国热情和牺牲精神的赞叹,批判儒家对女性的轻视等。他们的女性观相异之处也是颇多的,这来源于他们兄弟的生活态度、读书情况、思想感情和情绪成分不同,主要表现在对杨荫榆的批判态度不同与对女性解放呼吁的内容不同。鲁迅反对封建传统对女性的种种歧视,鼓励女性走入社会,不断强调进入社会以后,也还是要坚持斗争。他非常注重女性的经济权,他强调在社会上女性的经济权非常重要,在家庭内部女性的经济权尤其重要。他认为解放妇女应该是随着社会变革一同来进行的。周作人则认为女性之号召力也会给整个社会带来强烈的震撼,女子更应注重在精神方面的觉醒,最重要的是"经济的解放"和"性的解放"。周作人比鲁迅更强调"性的解放"。

周作人研究中存在着一种神话,即周作人少时生活中所接触的悲苦女性形象激发了他同情女性、"哀妇人而为之代言"的女性观。徐翔《想象与重构——周作人早年生活中的女性形象及其与周女性观的关系》②认为,所谓的"悲苦"更多的是强加给那些女性形象的标签。周作人早年生活中的"悲苦"女性形象及其对周"哀妇人而为之代言"的思想和决心的影响,是一种想象化的"心中之物"。在这个对象中显现出包括周作人自身在内的观照者强烈的主观建构性。可以看到,所谓的"悲苦"更多的是周及研究者给她们贴上的符号化标签,他们扭曲和屏蔽了其中的异质性成

---

① 张铁荣:《周氏兄弟女性观之比较》,《鲁迅研究月刊》2010 年第 12 期
② 徐翔:《想象与重构——周作人早年生活中的女性形象及其与周女性观的关系》,《开封大学学报》2010 年第 1 期。

分,把这些女性形象从自身剥离而编入了一种话语的想象和重构。而她们与周女性观的因果影响机制,更多的则是出于学术惯性导致的误识。并非这些悲苦女性形象促发了周"哀妇人"女性观的形成,而是在其已成型的女性观的视阈中,她们经过扭曲和过滤而呈现为特定的符号表征。其《本是清楚的一段历史:周作人女性观的思想性神话及其祛魅》①也认为周作人的女性思想只是当时时代大潮中的一颗普通的结晶,在新颖性、深刻性、激进性方面都无特别之处。可以承认其女性观的巨大影响力,但不能把它同思想性混淆起来。

冯晓燕《周作人妇女观探微》②认为,周作人的妇女观是在对中国历来女性"不净观"的批判和对封建"贞洁观"的鞭笞基础上形成的。一方面他不遗余力地倡导女性思想的解放、宣扬女性的性独立,确立"女性本位"的妇女观;另一方面,基于当时中国的社会现实和日本文化的影响,他又提出了女性解放的渐进性,这无疑具有更长远、更理性的眼光。

7. 周作人的历史观

刘成才《悲观世界里生命何为——论周作人"历史循环论"悲观思想的形成》③认为,周作人悲观的一生来源于他的"历史循环论",历史循环的观念构成了周作人观察历史和现实的独到的思维视角,这从他中期的热衷于写花鸟虫鱼、苦雨悲风,提倡闲适散文,以及后期的"变节事敌"可以明显看出来。有三个方面的原因形成了他的"历史循环论":一是传统文化的浸淫;二是西方文化的感染;三是残酷现实的棒喝。这种"历史循环论"既影响了周作人的生活态度,使他形成了"民族悲观论",以致对思想启蒙运动乃至整个民族的前途表示莫大的怀疑与绝望,并对历史进步论和中国进行的历史变革产生了怀疑,从而影响了他的人生走向。

---

① 徐翔:《本是清楚的一段历史:周作人女性观的思想性神话及其祛魅》,《社会科学论坛》2010年第3期。
② 冯晓燕:《周作人妇女观探微》,《青海师范大学学报》2010年第5期。
③ 刘成才:《悲观世界里生命何为——论周作人"历史循环论"悲观思想的形成》,《长江论坛》2010年第1期。

8. 周作人与外国文化

胡焕龙《周作人日本文化研究对中日文化互读的启示》①认为，周作人对日本文化的考察与研究的宗旨，就是力图超越现实民族矛盾，促进两个民族的互相了解，以期实现互相友好、互相提携的愿望；克服文化沙文主义和民族沙文主义偏见，互相尊重，则是两国人民乃至东亚各国之间真正实现互相理解与友好的基本原则。在研究路径上，他抓住日本神道教这一固有民族文化传统，从日本人民的日常生活方式、情感方式、民风民俗角度深刻认识、理解日本民族，充分肯定日本文化传统的独特性，这对于今天中日两国的文化互读与交流，仍具有着非常重要的启示意义。汪注《周作人对日的转变——兼谈周氏对日本文化的偏执化认同》②则认为，周作人虽在前期连续撰文对日本侵华行径作了针锋相对的揭露、批驳，然而却在北平沦陷之后投身敌营，沦为文化汉奸。究其原委，周作人对日本文化的偏执化认同难辞其咎。

石圆圆《"风物"的怀念和演绎：论周作人对日本地方文学的寄情书写》③与蔡长青《周作人日本民俗研究管窥》④也论述了周作人对日本文化的研究。石圆圆认为，周作人对日本地方文学的"寄情书写"不仅是指描写日本的风物，而且是把风物观贯穿到对中国地方文学和本土文化的发掘和创建中来，试图通过启发个体的艺术感受力，从而使民族的文学和文化传统焕发活力。蔡长青认为，周作人的研究并非仅仅出于兴趣，在其背后有着更为深远的思考。周作人希望通过对日本民俗的考察和研究来挖掘其中的有益因子，从而为构建中国人理想的生活方式提供借鉴。

---

① 胡焕龙：《周作人日本文化研究对中日文化互读的启示》，《海南师范大学学报》2010 年第 5 期。
② 汪注：《周作人对日的转变——兼谈周氏对日本文化的偏执化认同》，《江西广播电视大学学报》2010 年第 4 期。
③ 石圆圆：《"风物"的怀念和演绎：论周作人对日本地方文学的寄情书写》，《中国比较文学》2010 年第 4 期。
④ 蔡长青：《周作人日本民俗研究管窥》，《合肥师范学院学报》2010 年第 4 期。

9. 周作人的思想转变

周作人曾不避时讳地就"谈鬼"这个话题写了一系列的文章,是因为他认定只有从诸如凡民的俗信这样平凡的人情物理出发,才能体察到中国人的真心实意。石坚《也谈周作人的"转向"——从"谈鬼"说起》[1]认为,周作人表明他自己对于鬼神的立场是不信鬼神的,认为无神亦无鬼。但是,他喜欢听人谈鬼,是为着鬼神信仰背后的人情。周作人坚持从凡民的俗信等处入手去体察人情,求取"中国民族的真心实意",是有着反对八股,求取真相,从而真正"为人民子媳妻女说话"的意义在的。做一个人情物理的体察者,而不是一个居高临下的"呼喝鞭笞者",是周作人此后终生所自觉践行的。周作人在上个世纪二三十年代的"转向"也可以由此获得理解:所谓"由信仰而归于怀疑",并非是出于对"群众"的绝望而走向消极,而是从"五四"时期的高谈阔论转向对于人情物理的悉心体察。

10. 周作人的接受与传播

王勤滨《从期待视域看新时期周作人文学的接受》[2]认为周作人是一个具有强烈个性意志的作家,拒绝一切偶像崇拜,周作人反对把某种思想定于一尊的做法。说得简单一点,就是不承认权威,疾虚妄重情理,而且认为现代新文学没有这种精神也是不能生长的。文学内容方面,周作人一贯倡导人的主体性和独立性。在力赞个性、多元的同时,特别意识到宽容的必要。周作人的文学思想和艺术追求既是开放的、发展的,又是理性的、宽容的,这就能够保证整个系统的稳定、和谐与可持续。周作人文学对一切非人的权威的无情解构,对"以人为本"的强调,人的世俗化观点以及那种既注重开放、发展,又兼顾理性、宽容的人性话语体系的建构,在大众传媒、大众消费的今天,符合读者的"期待视域",这是新时期以来周作人的文学接受热度不减的主要原因。

---

① 石坚:《也谈周作人的"转向"——从"谈鬼"说起》,《湖南大学学报》2010 年第 6 期。
② 王勤滨:《从期待视域看新时期周作人文学的接受》,《湖南科技学院学报》2010 第 6 期。

三　周作人生平研究

朱正《傅斯年与周氏兄弟》①一文中描述了傅斯年与周氏兄弟的关系与态度的变化。傅斯年还在北京大学国文系当学生的时候就已经在《新青年》杂志发表文章，参加"五四"新文化运动了。鲁迅和周作人都是《新青年》的重要作者。傅斯年以很大的兴趣和敬意细读了他们的作品，情不自禁地表示了由衷的赞扬。1920年初，傅斯年赴英国留学，《新潮》月刊出版了第三卷第二号之后也不再出版，傅斯年和鲁迅、周作人交往的第一阶段也就结束了。这期间，既有学生一辈对于师长一辈的尊敬，也有声气相同的亲近感。1926年秋天，傅斯年学成归国与鲁迅共事。这时他们还是很正常地友好往来。可是不久关系就恶化了，起因就是中山大学聘请顾颉刚这件事。不久之后鲁迅即离开广州，定居上海，直到1936年去世，和傅斯年再也没有什么交往了。1945年8月，日本战败投降，傅斯年被任命为北京大学代理校长。傅斯年确实也没有放过周作人的意思。几天之后他到达北平，12月8日北平《世界日报》刊出了他的答记者问，其中就说"周作人，原来享有声望，如今甘心附逆，自不可恕"。1949年初周作人出狱。这时傅斯年已经到台湾去，担任台湾大学校长，两人之间也就再也没有任何交往。可是周作人余恨未消，还写过几篇文章骂他"投机"。这就是周作人对傅斯年最后的看法吧。

林分份《周作人"五十自寿诗"事件重探》②经由"五十自寿诗"事件的综合考察入手，辨析周作人在此一事件中扮演的实际角色，由此重新厘定此一事件的真实属性，及其对于周作人思想、立场与身份表述的重要意义。文章认为，周作人的自我总结是从"五四"时代算起的。他不仅历数了自己这十几年间思想变迁的概况，在强调自己捐弃"文学"与拒绝"文人"的同时，更慨叹人们对其"弃文"的隔膜与误解。对于此种误解的揭

---

① 朱正：《傅斯年与周氏兄弟》，《鲁迅研究月刊》2010年第1期。
② 林分份：《周作人"五十自寿诗"事件重探》，《鲁迅研究月刊》2010年第11期。

示、辩解以及近于负气的宣布"弃文就武"，在在表明周作人的自我立场与批评者之间的迥然之别。而这种对于自我立场的强调，以及不惜走向"偏至"的姿态，反过来可以说明，1934 年的写作《五十自寿诗》及由此形成的文化人之间的唱和氛围，对于周作人而言，绝不可能只是一场偶发事件而已，它看起来更像是一场具有主动操纵意味的文化事件，一场关于周作人的思想心态和身份认同的自我呈现与自我表演。

夏晓静《拓片上的记忆——鲁迅和周作人的兄弟情》①发现，在鲁迅收藏的拓片和手稿中，处处流溢着兄弟间的"怡怡之情"。周氏兄弟在金石学上互相帮助、互相协作的事情还很多，为后人留下了一段不可多得的兄弟佳话。这些拓片的价值和意义早已超出了它本身的价值。他们把对各自仅存的一点点兄弟情义都深深埋藏在古砖和拓片里。特别是周作人对古砖的喜爱，可以说伴随了他的一生。"凤凰三年残砖"拓片不仅是金石兄弟的最早见证，同时也成为兄弟情义的永久记忆。

四　周作人与学术研究

王家平、段凌宇《周作人与清末民初学术转型》②探究了周作人在新学眼光的参照下，如何发掘传统学术尤其是清学传统中那些曾经被人忽视的因素。文章认为，周作人复活的并不是清学的正宗，而是已经在进行着自我更新并具有新的生长点的晚清学术。周作人认为，只有从生物学的立足点来看，才能了解中国国民原始的生存道德以及由此而来的深厚之意义，他更看重的还是自然里的人事，因为"爱物与仁人很有关系"。对于民俗学，他主要是从文化人类学的角度来理解，试图从乡野和常人中发掘民族文化之根。民俗学通过强调过去事物的延存，建构现代的民族认同，它的产生和民族主义是同步的。新史学和民俗学的出现显示出当时学界对于世界、民族、国家、地方这些范畴新的思索动向。17 世纪以来，

---

① 夏晓静：《拓片上的记忆——鲁迅和周作人的兄弟情》，《鲁迅研究月刊》2010 年第 6 期。
② 王家平、段凌宇：《周作人与清末民初学术转型》，《鲁迅研究月刊》2010 年第 11 期。

"情"与"私"的觉醒是中国社会文化呈现的两大走势,"生活的艺术"是早期周作人思想的一个关键范畴。如果说"生活的艺术"侧重于个人的修身之道,那 40 年代周作人突出"仁"的价值,则将侧重点挪移到了人我关系,尤其是国与国的关系上。周作人这一时期提出的以汉字和原始儒学为核心的文化抵抗,是以他在现实中的无力为前提的,他不得不身处思想文化与现实处境的悖论中。

新中国成立后,晚年的周作人继续写有大量的散文作品。严辉《论周作人晚年的鲁迅研究》①认为,周作人的这些晚期散文对于鲁迅研究具有特殊且重要的意义。作为鲁迅早年生活最熟悉的"亲历者",周作人晚年不仅为鲁迅研究提供了大量的第一手史料,还为鲁迅研究提供了极具个性的独特视角和独特观点,这些都是应该受到重视的。

五 周作人与教学研究

周作人不仅是一位出色的日本文学研究家、翻译家,也是一位日本文学教育家。而作为"日本文学教育家"的周作人却乏人关注。然而,当周氏的这重身份与中国现代教育史、学术史上首开先例的"日本文学"学科之建立相关联,其学术意义便不言自明了。王升远《周作人与北京大学日本文学学科之建立——教育史与学术史的视角》②通过对从日本新发现的多则史料、佚文与北大校史资料以及相关书信、日记、回忆录等文献的互勘对证,从体制、课程到师资、学生诸角度,全方位、多层次地还原周作人与北京大学"日本文学"学科创立之前后经纬,并努力阐释其在教育史、学术史上的重要意义。文章认为,在周作人个人史的前期贯穿着这样一条身份转换链条:洋务学堂英语生——日本留学生——英语教师、北大欧洲文学史教授——北大日本语言文学教授。周作人认定相对领先的日本近代文学便是中国现代文学发展的最佳借镜,对明治文学得失的关注

---

① 严辉:《论周作人晚年的鲁迅研究》,《深圳大学学报》2010 年第 2 期。
② 王升远:《周作人与北京大学日本文学学科之建立——教育史与学术史的视角》,《鲁迅研究月刊》2010 年第 7 期。

从另一个层面上来看，实则是为中国新文学的发展寻求思路。周氏甚至将研究范围扩展为包括印度文学在内的东方文学，他指出，要真正理解东方文学，就必须对印度、中国和日本等各国文学加以研究。尽管由寄人篱下到最终自立门户，来途坎坷，然而作为中国现代大学中第一个"日本文学"专业，北京大学日本文学学科在中国日语教育史、日本文学学科史上"首开风气"之功如何"高度评价"都不过分：这里培养出了中国首批"自主产权"的"日本文学"专业本科生；尤其是在课程设置和体制建设诸问题上筚路蓝缕的垦拓，为后来者提供了弥足珍贵的借鉴；在种种逆境中对日文教育百折不挠的执着与坚守更使人肃然起敬。

六 周作人与期刊研究

陈捷《民国文艺副刊"刊中刊"现象之研究》①认为，以周作人、顾颉刚为代表的自由主义知识分子在民族主义高涨的 20 世纪 20 年代，在《语丝》这片"自己的园地"里继续贯彻自己的思想文化建设理念的同时，又在《京报副刊》"刊中刊"上发表了大量的政论性批评文章，对他们两个文化面影的比对，揭示了他们看似矛盾却并行不悖的心路历程，阐述了在当时文化场域内《京报副刊》"刊中刊"的政治色彩以及历史定位。《京报副刊》"刊中刊"这个文化现象出现在"五卅"惨案后的北京媒介生态中，通过对这个看似狭小的历史对象的研究，将有助于我们更全面地去认识当时北京的社会历史文化状况，理解大时代风云激荡下报纸副刊应对急遽变化的社会政治事态的知识应对能力和政治言说冲动，更充分地认知思想界在从"五四"阶段到"后五四"阶段思想演进的轨迹以及那个时代知识分子的心路历程。与此同时，在政治救亡与文艺创作、思想启蒙之间的权衡与取舍也导致知识分子共同体之中出现了分化和重组，而这种分化和重组又为后来京派的形成奠定了思想基础。

赵林《论周作人〈语丝〉时期的编辑理念及其实践——兼及〈现代评

---

① 陈捷：《民国文艺副刊"刊中刊"现象之研究》，《学术月刊》2010 年第 5 期。

论〉的比较》①认为，周作人注重思想启蒙，试图通过文艺的"新生"来重建"国民精神"；参与编辑文学刊物，针对中国国情积极倡导现代知识分子言说方式的多元性；主编《语丝》周刊倡导以启蒙为主题并体现文学"自由"竞争的编辑理念，刊物栏目的设计与重视读者传播效果的编辑实践彰显了刊物品格的思想性、知识性和趣味性。与同时期《现代评论》相比较，更强调作家主体精神的投入和主体人格魅力的建构，翻译实践与理论探讨相得益彰的编辑实践进一步彰显了周作人编辑风格的独特意义。

七　周作人史料研究

陈梦熊《周作人致陈梦熊信札》②集中整理了与周作人先生往来的十一封佚信，证实了有关周氏兄弟的一些疑问。周作人排除了《自题小像》是鲁迅1910年所作的说法，他认为鲁迅的《自题小像》比之前的《别诸弟》等诗歌更成熟些。证明了"庚辰"是鲁迅的笔名，雨果小品《哀尘》是鲁迅的第一篇译作。发现《哀尘》不是《悲惨世界》之一节，《哀史》是其第一节，周作人所作《孤儿记》已绝版。肯定了《生降死不降》等二篇杂文是鲁迅所作。否定了鲁迅续写《阿Q正传》与日本俳句出自他手的传闻。在后几篇手书中作者发现启明诗并非周作人所作，以及《天鹅儿》可能为周作人翻译，在信件中周作人第一次钤了红章"哑人作通事"，可看出他彼时的处境与心情。他虽然没有了话语权，但他自感做的都是明白事。他希望作者将他的题《侠女奴》、《天方夜谭》中的一段旧体诗抄录给他，却"不必抄"他的文章，似乎觉得可有可无。由此可见，周作人较为珍视他早期佚散的诗作。这些历史资料对于我们理解和认识周氏兄弟及其著译有着重要的史料价值。

刘涛《周作人笔名"牧童"及佚文两篇》③发现，北平《世界日报》1936

① 赵林：《论周作人〈语丝〉时期的编辑理念及其实践——兼及〈现代评论〉的比较》，《北京科技大学学报》2010年第3期。
② 陈梦熊：《周作人致陈梦熊信札》，《新文学史料》2010年第1期。
③ 刘涛：《周作人笔名"牧童"及佚文两篇》，《鲁迅研究月刊》2010年第6期。

年 6 月 4 日、5 日《明珠》副刊,署名"牧童"者所作的散文《苍蝇》,与周作人一篇同题散文《苍蝇》是同一篇。由此推断出牧童就是周作人本人,"牧童"是他所用的又一个"笔名"。"牧童"的"牧"与"木"谐音,周作人有多个以"木"开头的笔名,而"童"则暗指"儿童"、"童心"、"童真",周氏可能把自己的旧文重发看做是类似于儿童的"恶作剧"。他不但用"牧童"的笔名把自己十几年前的文章重新发表,而且,还用此笔名发表了一些散文,作者初步发现的,就有两篇,一篇是《抽烟与思想》,一篇是《都市的热》。作者认为,这两篇文章风格的变换是周氏的"有意为之",就像他把自己早年的旧文重新拿出来发表一样,他化名"牧童"写的这两篇文章,可能也是兴到之时的"游戏笔墨"。这两篇文章与周作人另一笔名的发现,使后来的读者和研究者有了不同的参考资料,对周作人的研究具有重要意义。

八　周作人研究之研究

孙郁《"他人的自我"与"自我"——木山英雄对鲁迅、周作人研究的启示》[①]认为对于鲁迅和周作人的研究,木山英雄的写作独树一帜,不仅突破了日本学界的惯性思维,更在于找到了别于中国智慧的表达式,即从悖论的人生经验中考察日中文学的内在紧张度。他在对周氏兄弟的研究中意识到了鲁迅、周作人身上的罪感意识,精神深处被诸多不确切性、互为否定的东西所缠绕。即便是讲到文学与革命的话题,他也发现了革命话题对鲁迅的另一种意义。木山认为,在政治理念与审美意识间,鲁迅保持着良好的抽象与野性思维,他对鲁迅复杂意识的解释,也有着诗哲的痕迹。此外,他对周作人解析亦多精妙之笔,对于周作人附逆一事,他看到了问题的症结所在。作者认为,那句评价鲁迅的话也同样适于木山:抽象的概念与野性的感觉。而他把这矛盾对象化了。它不仅启示日本的汉学研究,也给中国学人久久的冲击力。中国文学经由他的笔,获得了超越

---

① 孙郁:《"他人的自我"与"自我"——木山英雄对鲁迅、周作人研究的启示》,《解放军艺术学院学报》2010 年第 2 期。

国界的思想隐含。借他人而照顾到自我,某些不明晰的存在终于获得了新奇的透视。只有在"他人的自我"里,才可能相逢到真的"自我"。

刘伟《相对化视角:木山英雄的鲁迅、周作人并行研究》①认为,为了避免将鲁迅绝对化和主观化,木山英雄从相对化视角对鲁迅、周作人、章太炎等人以及现代中国的一系列重大历史事件和场景作了并行研究,他的思想过程运用"自我相对化"的视角,展开对象自身、自我与对象和自我本身对抗的精神挣扎。他不满那种将鲁迅、周作人的思想、艺术硬性地区分高下的比较研究,他主张的是一种将二者平等对待的并行研究。他不仅看到了周氏兄弟思想、性格上的一致性和相通性,同时也在此基础上凸现二人思想、性格上的差异性。他发现,鲁迅和周作人的思想、性格与中国文化传统有着极其复杂的精神联系,而这种联系也成为他相对化视角下考察周氏兄弟的一个重要方面。如果说鲁迅是对立的两极,周作人就是调和统一的对立。这些发现无论是对象自身、自我与对象和自我本身的相对化,从根本上说都是一种自我否定,木山英雄正是在"自我相对化"的过程中,超越了原有的认识与判断,指向或逼近真相或真理,来完成对时代、普适性观念和自己思维惰性的超越。

张泉《沦陷期周作人思想研究的一种新思路——以耿德华的〈被冷落的缪斯〉为中心》②以《被冷落的缪斯》为依据分析周作人的思想,认为周作人等沦陷区文人的随笔性散文,是继"五四"运动之后"对传统进行重新评价的尝试"。周作人在沦陷时期发表过五篇探讨现实问题以及思想问题的文章,这两组文章对于了解周作人本人思想的演化,以及那个特定时空里的思想界动态,提供了材料。在第一组文章中,周作人的"日本之再认识",显然是在日本侵略者在战场上已经开始陷入困境的情况下,诱导中国人与其共苦,让殖民者和被殖民者双方达到真正的情感融洽。而第二组文章则涉及所谓"中心思想"问题。周作人在思想问题上坚持中国民族传统的独立性和生命力,同时强调中国的思想文学与世界潮流不可分

① 刘伟:《相对化视角:木山英雄的鲁迅、周作人并行研究》,《齐鲁学刊》2010 年第 1 期。
② 张泉:《沦陷期周作人思想研究的一种新思路——以耿德华的〈被冷落的缪斯〉为中心》,《现代中文学刊》2010 年第 3 期。

割,确实是对官方的宣传纲领提出了异议。但是,他上述观点的反拨意义是有限的。原因在于,他承认并且服务于既存殖民当局。他的观点只是表述了相对独立的个人见解,很难说具有"抗御"侵略的现实意义。而且在文章中,他确实刻意为附逆行径作辩解,对不利于殖民政权的方方面面作补救。所以,周作人的主张最终还是被法西斯主义的种族宣传借用并引申了。

周慧明《学术的浮沉与学者的角色定位——以舒芜、钱理群的周作人研究为个案》①认为,新时期以来的周作人研究的关注点、言说方式与时代思想、文化潮流保持着密切联系,自有思想史、学术史价值,这变化中又隐含着研究者不变的思维方式与立场。研究者借助研究对象参与到时代思想、文化大潮中,隐含着潜在的政治与事功诉求;在 20 世纪 80 年代到 90 年代的时代转型中,知识分子参与现实的观念、方式几经调整,但舒芜、钱理群的周作人研究始终保留泛政治化特征,体现一代中国学人仍在学术与政治之间徘徊。中国学人积极的事功心态和非学术本位的学术观念,在周作人研究中有迹可寻,二者学术研究中隐含的自我社会角色认同的困境与偏颇,体现的乃是一代中国学人的文化症候。

---

① 周慧明:《学术的浮沉与学者的角色定位——以舒芜、钱理群的周作人研究为个案》,《重庆邮电大学学报》2010 年第 3 期。

第十一章　2011 年周作人研究述评

一　周作人作品研究

1. 周作人散文研究

（1）美学

朱晓江《论周作人散文的"反抗性"特征及其思想内涵》[①]认为，从 20 世纪 30 年代开始，周作人就被认为是闲适派散文的代表作家。然而周氏本人对此却并不认同。在周作人，文学固然是"不革命"，但同时也还是"反抗的"。离开这一"反抗"的特性而大谈文学的"趣味"或"平淡"、"闲适"，势必将其拉向文学消遣的层面，这是他所不能同意的。周作人的文学观念以"人的文学"为核心表述，这与"五四"时期"启蒙"视野下的文学思想构成不同的价值取向：在"五四"时期"启蒙"的叙事逻辑中，有关"人"的叙事被纳入到了国家、民族的整体价值之中；而在周作人，他对"人"的关注，则出于对人类正当生活的主张，即对现代文明进程的关怀。从散文的写作中提炼出"反抗"的特性，正是这一思想状况的坚守与表现。

散文写作是出于灵性的，是一个人心境的反映，形诸文字就形成一定的意境。但是这种从心境到灵境再到意境的转化，事实上反乃是散文本质属性中自由秉性以及生命意识的反映。散文天然地包含着对自由的渴

---

① 朱晓江：《论周作人散文的"反抗性"特征及其思想内涵》，《文学评论》2011 年第 4 期。

求,对生命的关注和爱护。这种渴求是从心灵到身体的自由抒发和表达,这种关注和爱护是生命存在自我的看护、守护和保护。何家荣《散文的自由秉性与生命意识——以沈从文和周作人为中心的分析》①认为,沈从文和周作人的散文都非常鲜明地表现了散文的这种内在气质和品性。

郑萍为了更好地领会周作人散文趣味的精神②,找到了两组关键词:常识和人情物理。她认为,周作人的散文偏重个人趣味,但其趣味又常飘忽不定,这造成理解上的困难,常有不确定之感,宽以待之,则放之四海而皆准,严以律之,即寸步难行。而这两组词丰富和拓展了趣味的外延和内涵,常识是周作人趣味的支架,它使趣味充满知识之美,理性之美;情理是趣味的风度,它使趣味趋于澄明,充满了智慧之美。

对周作人散文的美学作出解读的还有赵顺宏的《苦雨的滋味——读〈苦雨斋文丛〉小札》③等。

(2)文体学

赵普光《文体与人:论周作人对书话的经营》④认为,周作人以其丰富的书话创作成为现代书话的重要开创者之一。周作人对现代书话文体的经营,显示出文体与人的复杂纠葛。周作人书话从内容材料、行文风格、文体选择及氛围营造等都潴漫出周氏丰富复杂的文人气质。周作人对书话文体的选择与经营,既表明他对文人传统的审美趣味、生存方式的自觉追寻,也显示出包括书话在内的随笔文体在内容与形式上与中国传统意义上的著述方式保持血脉联系,成为文人传统重要的附着载体。

其《〈知堂书话〉版本变迁与书话文体认识》⑤则认为,周作人是公认的现代最突出的书话家。目前钟叔河编《知堂书话》已出四种版本。这四种版本分别是:岳麓版、百川版、海南版、人大版。对比这四种版本的《知堂书话》,意义不容小觑。四种版本变迁体现出上世纪 80 年代至今 30

① 何家荣:《散文的自由秉性与生命意识——以沈从文和周作人为中心的分析》,《福建论坛》2011 年第 12 期。
② 郑萍:《周作人的常识和情理》,《福州大学学报》2011 年第 2 期。
③ 赵顺宏:《苦雨的滋味——读〈苦雨斋文丛〉小札》,《东吴学术》2011 年第 4 期。
④ 赵普光:《文体与人:论周作人对书话的经营》,《江西社会科学》2011 第 2 期。
⑤ 赵普光:《〈知堂书话〉版本变迁与书话文体认知》,《南京师大学报》2011 年第 4 期。

年间对书话文体的认知变化，折射出周作人研究的曲折历程。

周作人是中国新文学史上最重要的散文作家，也是新文学重要作家中少有的以散文为其最主要的创作文体者，他在散文理论方面也发表了很多颇有影响的意见。汪成法《美文、小品文与随笔——从文体命名看周作人的文体选择》①认为，周作人在不同时期所提倡的"美文"、"小品文"和"随笔"，所指其实是同一种类型的散文，即占据了其创作大部的以议论为主的散文，这三种名称所对应的其实都是相当于 essay 所指的那种散文。而周作人个人的创作正是其散文理论的具体实践，他的理论倡导与创作实践都是一种理性的自觉的文体选择。

（3）类型学

石圆圆《周作人的风物书写与"人的文学"》②认为，周作人的文学思想以"人的文学"为核心，而他的风物书写也与此紧密相连。周氏的风物书写，可从"人的图腾"、"世相的描述"以及"国民文化的书写"三个方面出发加以解读。"人的文学"既是周作人早年提出的文学革命口号，也是贯穿他一生的书写理念，更是他作为一个作家的根本。而作为文学和国民书写双重身份而存在的风物书写，是周作人对自己事功的道路而选择的最佳的契合方式。

孙正军《冲淡闲适中的苦与乐——周作人散文对人生苦与乐的抒写》③认为，周作人在冲淡闲适的散文中抒写了人生的苦与乐。这种苦是现代人在世俗社会平淡人生中所感受到的痛苦。"苦中作乐"是周作人对待人生之苦的态度。在周作人的散文中苦多是作为底色和背景而存在，在苦味之外，还有乐的存在。一种淡淡的乐，淡淡的喜悦之情，给人以欣喜。

对周作人散文的类型学作出解读的还有陈建军的《周作人"附记"四

---

① 汪成法：《美文、小品文与随笔——从文体命名看周作人的文体选择》，《江苏教育学院学报》2011 年第 3 期。
② 石圆圆：《周作人的风物书写与"人的文学"》，《杭州师范大学学报》2011 年第 6 期。
③ 孙正军：《冲淡闲适中的苦与乐——周作人散文对人生苦与乐的抒写》，《长春理工大学学报》2011 年第 11 期。

则》①等。

（4）艺术学

贺仲明《以淡写浓，别赋深情——读周作人散文〈故乡的野菜〉》②认为，周作人《故乡的野菜》最突出的个性是平淡。它不像许多写故乡的作品一样有着浓得化不开的情感，而是显得冲淡平和，但又没有失去真正的感染力量。《故乡的野菜》淡化情感的表达方式，不但不会让读者误以为作者情感冷淡，反而会达到一个很好的效果。感情躲藏在客观化的叙述和知识当中，若淡却浓，具有独特的感染力。它带给我们审美享受，不是激烈的情绪波动，而是心灵的些微感染，如清风掠过，虽不震撼却长留于心。比较起我们经常见到的那种对故乡情感反复渲染甚至不惜煽情虚构的作品，显然更有新鲜意味，也更让人感到真实亲切。

《秉烛谈》是周作人的一部抄书散文集，显示了周作人抄书散文文体走向成熟。石志浩《浅论周作人〈秉烛谈〉艺术特色——学者思维影响下的抄书体散文创作》③剖析了散文集所受周作人学者思维的影响，主要从朴学之士的实证精神、怀疑与批判精神以及散文结构两个方面展开细读；从语言与文体特征两个方面来阐述《秉烛谈》在艺术上的价值。从《秉烛谈》中可以读到学者式的批判、严谨也可以读到文人情趣与杂乱，但更能读出的是作者中庸姿态下产生的和谐宁静之美，体读到一种驳杂深广的风格。

（5）语言学

陈艳丽《从功利到审美：周作人散文的语言观结构》④认为，周作人散文的语言观建基于古文、口语、方言、欧化语的取舍、调和与建构之上，他的散文语言由明白实用功利性走向雅致审美性，由日常语言转化为文学

---

① 陈建军：《周作人"附记"四则》，《博览群书》2011 第 12 期。
② 贺仲明：《以淡写浓，别赋深情——读周作人散文〈故乡的野菜〉》，《名作欣赏》2011 年第 34 期。
③ 石志浩：《浅论周作人〈秉烛谈〉艺术特色——学者思维影响下的抄书体散文创作》，《重庆科技学院学报》2011 年第 4 期。
④ 陈艳丽：《从功利到审美：周作人散文的语言观建构》，《齐鲁学刊》2011 年第 5 期。

语言,阐述了现代散文语言的审美要求和美学构想。通过现代散文语言观的建构,周作人完成了他自己"对于国语的希望",即"打破了美文不能用白话"的迷信,使中国现代散文这一独特的文体不但保持了中国传统散文言近旨远、韵味无穷的审美内涵,同时具有了活泼的生活气息和时代生命力。

（6）传播学

王新惠《论周作人对饮食文化的传播》[①]认为,周作人"生活之艺术"的人生观和传播饮食文化的自觉意识,使其多种文本具有传播饮食文化的功能。周作人在饮食文化传播方面带着自我强烈的感情色彩,称之为饮食情感。其绍兴童年经验和日本青年经验,决定他传播饮食文化的南北、中日感情倾向差异;其饮食阶层的定位和文学、文化学者的身份与视角,决定他传播饮食文化的实际内涵和美学特征。文人的身份与视角与一般读物传播的饮食文化多了一份自我主观情感,更多了一份文人独有的"雅趣"。在周作人,除了具有他一般散文共同具有的平和清淡、隽永幽雅外,这些饮食散文还具有从容、闲逸,于趣味性、知识性中潜移默化地培育对饮食从而对生活热爱的美学特征。

2. 周作人诗歌研究

周作人的"打油诗"在其创作中的重要性丝毫也不亚于他的散文写作,它是周作人上世纪 30 年代开始的人生、艺术转向的伴生物,是步入中年之后的周作人表露个人心迹、抒发人生感喟的一种重要方式。耿传明、曲博文《周作人三四十年代旧体诗探析》[②]认为,这些旧体诗为我们窥测这一时期经历了一系列重大人生变故的周作人的内心世界提供了一个窗口,其内容主要包括三个方面:一是对功利化的文学观的疏离与超越,转向一种将人生艺术化的审美主义;二是以此表达一种"古老的忧惧",一种置身于乱世的忧患、悲悯的意识;三是其附逆后的心迹流露,一种"不辩

---

① 王新惠:《论周作人对饮食文化的传播》,《甘肃社会科学》2011 年第 4 期。
② 耿传明、曲博文:《周作人三四十年代旧体诗探析》,《鲁东大学学报》2011 年第 6 期。

解"的辩解。

1934 年,周作人的《五十自寿诗》由林语堂在《人间世》杂志上发表之后,受到上海左翼作家的指责。之后,一直没有作打油诗。1940 年,他却重新开始写打油诗,应该说实在是出于不得已。1945 年日本投降,周作人被判为"汉奸",进南京老虎桥监狱,感到"假如用散文或白话诗,便不能说得那么好,或者简直没法子说",把打油诗易名为"杂诗",开始大量写杂诗了。小川利康《论周作人〈老虎桥杂诗〉——从白话诗到杂诗之路》①探讨周作人对杂诗持有如何意识与看法,从而进一步探讨杂诗的两种形式(七言绝句与五言杂诗)之间的差异。

二 周作人思想研究

1. 周作人的文学思想

罗长青《周作人"人与文学"观念的特殊接受——以 20 世纪 80 年代两部文学史的叙述为例》②认为,从《中国现代文学三十年》和《中国现代文学发展史》对周作人文学观的介绍看,人们对周作人文学观的接受是有选择性的:(1)周作人特别强调"人道主义,并非世间所谓'悲天悯人'或'博施济众'的慈善主义,乃是一种个人主义的人间本位主义"。"人的文学"概念主要是强调人的权利、价值和尊严,却被人们当成是悲天悯人式的同情。(2)周作人反对将文学当成政治或革命的工具,反对"革命文学"和"文学阶级性",这是周作人对"平民文学"的补充。"平民文学"并不是专门做给平民看的,批评家却要梳理它与"工农兵文学"的一致。(3)周作人反对将文学当成是宣传教化的工具,提倡文学自由抒发个性。"言志"与"载道"都是为了强调独创与个性,人们却认为二者存在根本对立,并狭

---

① [日]小川利康:《论周作人〈老虎桥杂诗〉——从白话到杂诗之路》,《汕头大学学报》2011 年第 3 期。
② 罗长青:《周作人"人与文学"观念的特殊接受——以 20 世纪 80 年代两部文学史的叙述为例》,《上海交通大学学报》2011 年第 5 期。

隘地把"言志"当成是"抒情"。

马宏柏、徐峰《文学进化的两种形态——五四时期胡适与周作人进化论思想比较》①认为,胡适与周作人是"五四"时期文学进化论的宣扬者,但他们对于进化论又有着各自不同的阐述视角、表现特征和理论渊源。胡适的文学进化论侧重于文学形式,认为文学进化实质是"文字工具的革新";周作人认为文学进化应当更突出内容和思想的革新,落脚点在"人"上。胡适文学进化论的一个鲜明特征就是"历史"的观念,突出逻辑上的"前因后果"关系,这种实证的思维方式是胡适论证其文学形式变革的思想内核;周作人的文学进化论聚焦于"生物",他提出的一系列重要概念如"人"、"人的文学"、"人道主义"等,都是从生物本体出发的。胡适文学进化观源自杜威的实验主义,带有浓重的社会达尔文主义色彩,更接近于斯宾塞等人的社会进化理论;周作人从生物层面阐释"人的文学",则更接近于达尔文的生物进化论。另外,周作人的文学进化观在达尔文生物进化论基础上,吸收了克鲁泡特金的互助进化思想,从而带有浓厚的"人道主义"精神。以上三方面差异,导致"五四"时期胡适与周作人文学观、思想观的部分错位与分歧。

从上世纪 20 年代初到 30 年代中期,周作人从"人的文学"发展到"个性的文学",从重视文学启蒙演变到主张文学无用,表现出强烈的非功利倾向,成为这一时期文学理论上纯艺术思潮的代表和中坚人物之一。贺殿广《论周作人文学思想的现代性》②认为,五四运动初期,周作人十分重视文学的社会功能,强调文学艺术与社会生活的关系。他在文学观上侧重"人间本位主义",强调"人类的命运,研究全体的人的生活",他此时把人类看成一个整体,人道主义文学也就是全人类的文学。20 年代起,周作人以"个性的表现"即"自己的表现"为核心对文学本质问题展开了多方面论述。周作人从上世纪初改造国民精神的文学观到人道主义文学观,再到纯粹自我表现的文学观,这种观念上的变化是内在蕴涵于周作人思

---

① 马宏柏、徐峰:《文学进化的两种形态——五四时期胡适与周作人进化论思想比较》,《徐州师范大学学报》2011 年第 6 期。
② 贺殿广:《论周作人文学思想的现代性》,《文艺争鸣》2011 第 15 期。

想之中的。

潘水萍《周作人之新人文主义文学思想窥探》①认为,周作人之新人文主义文学思想主要包含三方面的内容:(1)把儿童文学纳入新文学的宏观建构中;(2)对"言志派"与"载道派"两大新文学源流的批判性反思与鉴照;(3)潜心于"冷落冲淡"与"逸趣横生"的散文风格创作实践。概而论之,周作人之新人文主义文学思想强而有力地标举和昭示着20世纪现代中国文学应当在"古典"与"现代"的持衡中获得新生的重大命题。

借助原始文献,运用实证方法辨析周作人散文言志论的意蕴和审美品格。王炳中《周作人散文言志论辨析》②认为,周作人的"言志"不仅是言个人之志,更为重要的是借个人言志寄寓自己的文学、文化理想,主要是追求传统的审美品格和反对文学的功利色彩。因此周作人的"言志"是指自我的独善。当然,周作人的"言志"说已不同于"五四"时期健全的文学个性论,而是一种消极的个人主义文学观。

常娟《论周作人的散文源流观》③认为,周作人的散文理论主要集中在他的《〈中国新文学大系·散文一集〉导言》中,他的散文观念是发展的:早期主要以英国小品文为模范,后到晚明的传统中寻根,直到认为现代的理想散文应当是既有外援又有内应的,他的散文逐渐从简单走向成熟。这一成熟的散文理论是在对"五四"启蒙精神的认可和反思的背景中形成的,他将自己对西方个性主义的向往和中国传统的士大夫的为文方式融汇起来,在散文理论及创作领域内成功示范了如何协调矛盾的甚至是异化的文化因素。

韩清玉《在思想启蒙与文学自律之间——对周作人文学观的一种考察》④认为,周作人的文艺思想一方面带有思想启蒙色彩,另一方面强调文学的自律性。在启蒙问题上,他抓住启蒙的切入点——"个人"立论,与

---

① 潘水萍:《周作人之新人文主义文学思想窥探》,《殷都学刊》2011年第2期。

② 王炳中:《周作人散文言志论辨析》,《厦门理工学院学报》2011年第1期。

③ 常娟:《论周作人的散文源流观》,《内蒙古大学学报》2011年第3期。

④ 韩清玉:《在思想启蒙与文学自律之间——对周作人文学观的一种考察》,《天府新论》2011年第4期。

文学性质的个人化契合。周作人把文学作为个人情感的表现，尊重艺术本性。在思想启蒙与文学自律这一基本问题上，周作人的文艺思想具有深刻的辩证性，为全面理解其文学观提供了一种参照；对当下倡导文学的人文精神和坚守文学性等问题具有启发性。

李雅娟《在启蒙思想与文学趣味之间——早期周作人文学与思想探微》①则认为，从文学、文化方面进行思想启蒙事业，是周作人作为一个现代文人为自己择定的工作，在这个过程中，他依据自己多方吸取的知识、思想、文化资源，不断调适启蒙思想与自己的文学趣味之间的关系，以使其启蒙思想更为有效地传播和实现，从而达到改革现状的目的。探寻新文化运动之前，周作人从事这一工作的历程，借用"原鲁迅"的说法，可以说是试图回到"原周作人"的一种努力。

2. 周作人与中国传统文化

（1）周作人的儒家思想

彭春凌的《中国近代批儒思潮的跨文化性：从章太炎到周氏兄弟》②认为，章太炎任职《台湾日日新报》期间，章太炎与该报围绕"国体论"的种种舆论展开隐晦而复杂的思想缠斗，在儒学的伦理根底、政治图景与宗教信仰三个层面上呈现的是双方几乎难以逾越的分歧与鸿沟，他最终创作了《儒术真论》，将康有为的孔教思想与日本吸附进近代国体论的儒学观念嫁接整合，作一体之批判。此即为章太炎第一度显露中国近代批儒思潮的跨文化性。周作人《语丝》刊文对抗《顺天时报》日人谬论，鲁迅30年代《在现代中国的孔夫子》透露早年的生命史、《儒术》对儒教决绝的抗拒，显示了寻求民族独立自主的新一代知识人与太炎经验的隐隐呼应，他们甚至选择比章氏《儒术真论》更为极端的方式来拒绝国内外各种"伪"儒术，留下了中国近代批儒思潮跨文化性的进一步延续的烙印。在日本这

---

① 李雅娟：《在启蒙思想与文学趣味之间——早期周作人文学与思想探微》，《渤海大学学报》2011年第1期。
② 彭春凌：《中国近代批儒思潮的跨文化性：从章太炎到周氏兄弟》，《鲁迅研究月刊》2011年第10期。

个他者的反衬下,周氏兄弟亦与康、章为代表的中国近代变革期的儒学思想有内在呼应和承继。

林分份《五四后周作人对儒家思想的言说与实践——以"重知"、"事功"为中心》①考察"五四"后周作人对儒家思想的言说与实践,认为周氏对"重知"和"实行"的言说,与其趋于消极的个人立场有关,而其后来的鼓吹"道义"和"事功",则与其思想的自我更新和对"附逆"的辩解有关。此外,周氏在不同时期融合小乘、大乘佛教的思想和自己"劝善"的实际体验,显示了其儒家言说的独特性和个人实践的复杂性。

林强《个人主义视域下的"人情物理"观——30 年代周作人个人主义与儒家思想研究之一》②认为,对周作人个人主义思想与儒家思想关系的考察能够深入把握 30 年代周作人思想整体状况及其存在问题。在个人主义的价值视域中,周作人对儒家唯理主义的阐释,对人情物理内涵及源流的爬梳,实现了其对传统思想观念的现代阐释,但也充分暴露出其个人主义思想脱离社会现实的文化困境。这构成了 30 年代周作人思想的独特景观。

韩高峰、吴艳娜《周作人与传统中庸思想的渊源关系》③认为,传统中庸思想对周作人的影响主要通过两种途径进行,一是儒家正统文化的渗透,二是传统民间文化的参与,并且需要特别指出的是这种影响很少是实质性的内容和思想上的影响,而更多的是其中所蕴涵的中正和平的感知和情感方式对其文化心理的影响。传统中庸思想贯穿了周作人思想发展的始终,只是它随着时代环境的变化经历了一个由隐到显的转变过程。

(2) 周作人与传统文人

何亦聪《周作人与晚明士人》④认为,周作人喜言"明季",尤喜谈论晚明,其中原因,多少有些复杂。晚明士人的张扬性情、潇洒率意,是其不断

---

① 林分份《五四后周作人对儒家思想的言说与实践——以"重知"、"事功"为中心》,《首都师范大学学报》,2011 年第 3 期。
② 林强:《个人主义视域下的"人情物理"观——30 年代周作人个人主义与儒家思想研究之一》,《湖北第二师范学院学报》2011 年第 12 期。
③ 韩高峰、吴艳娜:《周作人与传统中庸思想的渊源关系》,《咸宁学院学报》2011 年第 9 期。
④ 何亦聪:《周作人与晚明士人》,《鲁迅研究月刊》2011 年第 9 期。

引起现代人追慕的重要原因之一。也正因看重性情之外的底蕴，所以周作人对于晚明士人的文章、心境之理解特别能够深入一层，见人所不能见，言人所不能言。赤裸裸地展现自我，也即周作人所常常说的"本色"。对于周作人而言，世俗经验不仅不是一种对人性本真的威胁，反而是成就个人之胸襟、识见的必不可少的磨练工具，唯有经过世俗经验的淘洗，真者才愈真，雅者才愈雅。

张波《周作人视域中的陆游及其他——从 1937 年的〈老学庵笔记〉谈起》①认为，周作人出于对《沈园》二绝句和散文随笔的喜爱，结合时代语境，巧妙传达了自己的好恶和倾向——弃置了先前凭吊式的历史感发，不再过分专注对真性情的感动与对"幽怨之情"的强调；对陆游"国防诗人"的头衔不以为然，实则对"国防文学"进行回应，间接声援鲁迅，展露其一贯的批判立场。

对周作人与中国传统文人作出解读的还有周相录、吕彦霖的《钱谦益与周作人变节后"沉潜式"书写探微》②等。

3. 周作人与外国文化

在现代中日关系，特别是中日文化关系研究中，周作人都是一个特殊的存在。胡令远《江南文化于周作人日本研究的意义》③认为，在与中国江南文化、主要是故乡的越文化的对比观照中，周作人认为质朴、自然是日本生活文化之重要特色，而滑稽趣味和游戏的心情则为一般日本文化所共有。该文对此进行了详细考察，揭示了具有文化渊源关系的不同国家和民族间了解、研究对方文化的一般规律，也即以趣味为原始或基本动力，从形而下的生活文化入手，以利收两者相互关照与发明之功。在此基础上，循序渐进，以求了解对方文化之堂奥。

---

① 张波：《周作人视域中的陆游及其他——从 1937 年的〈老学庵笔记〉谈起》，《宜宾学院学报》2011 年第 2 期。
② 周相录、吕彦霖：《钱谦益与周作人变节后"沉潜式"书写探微》，《周口师范学院学报》2011 年第 6 期。
③ 胡令远：《江南文化于周作人日本研究的意义》，《日本研究》2011 年第 4 期。

周作人极佩服日本明治文坛巨擘夏目漱石，从其《与谢野先生》《明治文学之追忆》《闲话日本文学》等文可窥见。肖剑南《周作人与夏目漱石"余裕"论》①认为，周作人深受日本夏目漱石"余裕"论影响，论者多认为周氏闲适文学观即证明；其实，周氏"自己表现"散文观和舒徐行文艺术更得"余裕"论神髓，他对"余裕"论偏执理解，则消极影响散文创作。

　　刘伟《周作人"生活之艺术"思想与日本文化》②认为，周作人的"生活之艺术"思想中内存着对日本文化的长期体验和深刻认识。日本的"生活之艺术"，构成了这一思想形成的感性土壤和现实印证，成为他反观中国文化，思考中国文化和改造人的精神的参照和借镜，为他倡导"生活之艺术"提供了现实依据和思想动力。在周作人看来，"生活之艺术"包含着"新的自由与新的节制"，体现了一个民族的精神健全。他提倡"生活之艺术"实质就是提倡健全的人性和"把生活当做一种艺术"的"人"的生活。其中包含着周作人对人的问题的深刻思考，这和他的人学思想是一致的。

　　在周作人的一生中，日本文化始终受到他的由衷偏爱。对他来说，以"人情美"、诗意、幽默感见长的日本文化堪称完美。汪注《周作人对日本文化的偏爱及其检讨》③认为，正是这种偏爱使周作人放弃了知识分子不可或缺的文化辨识力与批判力。面对日本帝国主义实施文化侵略，大肆诋毁中华文化的严峻现实，周作人从最初的慷慨陈词、仗义执言转变为三缄其口、退避三舍。最终，周作人放弃了民族气节，沦为文化汉奸，并因此受到了历史的审判与惩罚。

　　对周作人与外国文化作出解读的还有祖晓春的《文化人类学视野下的周作人》④、潘建的《跨越时空的文化视野——周作人对日本文化的独特体悟》⑤、杨青的《在"新村"的土地上构筑"自己的园地"——论武者小

①　肖剑南：《周作人与夏目漱石"余裕"论》，《宁波大学学报》2011年第3期。
②　刘伟：《周作人"生活之艺术"思想与日本文化》，《沈阳师范大学学报》2011年第2期。
③　汪注：《周作人对日本文化的偏爱及其检讨》，《楚雄师范学院学报》2011年第2期。
④　祖晓春：《文化人类学视野下的周作人》，《伊犁师范学院学报》2011年第4期。
⑤　潘建：《跨越时空的文化视野——周作人对日本文化的独特体悟》，《宜宾学院学报》2011年第8期。

路实笃对周作人的影响》①等。

4. 周作人的精神特质

郑萍《周作人趣味背后的文化机制和精神立场》②认为,从周作人趣味的形成看,他吸收了西方希腊、罗马以及文艺复兴以来的人文主义思想和日本的文学思潮,并把它们都纳入了中国的传统伦理之中,纳入了儒道文学中。各种思想杂乱地掺和在一起,形成了多种矛盾因素互补互制又具有单一指向的超稳定的思想系统。周作人的趣味观深受传统的东方审美趣味的影响。他所追求的平和、冲淡、闲适,从根本上说是以中国传统的道释思想与传统的儒家美学思想共生互补而形成的。然周作人的趣味形成并不是一蹴而就的,从对人道主义、民族主义的坚守,到对个性主义、审美文学的守护,再到个人主义与时代的冲撞,其趣味有个不断演变的过程。

汪注《所谓名士:周作人性格中的自私与冷漠》③认为,作为文化人的周作人以温文尔雅著称,而在处理家庭关系、选择人生定位时他却展现了性格中自私与冷漠的一面。这种自私与冷漠主要体现为两点:其一是周作人从获得现实利益的目的出发任由兄弟感情走向破裂;其二是周作人于国难当头之际放弃知识分子应有的气节而委身敌营、为虎作伥。最终,周作人咽下了由性格缺陷所酿的苦酒,受到了历史的惩罚。

对周作人的精神特质作出解读的还有林树帅的《历史长野中的"鹤"——论周作人之"雅"》④等。

5. 周作人的知识分子观

1925 年 2 月周作人发表《十字街头的塔》,反映了他对学院文化、革

---

① 杨青:《在"新村"的土地上构筑"自己的园地"——论武者小路实笃对周作人的影响》,《西南农业大学学报》2011 年第 9 期。
② 郑萍:《周作人趣味背后的文化机制和精神立场》,《湖北第二师范学院学报》2011 年第 9 期。
③ 汪注:《所谓名士:周作人性格中的自私与冷漠》,《重庆三峡学院学报》2011 年第 2 期。
④ 林树帅:《历史长野中的"鹤"——论周作人之"雅"》,《淄博师专学报》2011 年第 3 期。

命文化的双重不满。布小继、陈方竞《周作人的"十字街头的塔"与中国新文学发展的多种可能》①认为,"十字街头的塔"的选择,在客观上滥觞了"十字街头"与"象牙之塔"截然对立的话语方式,是 1928 年革命文学倡导,30 年代不同政治、思想文化倾向的文学,几乎相一致运用这一话语方式的根源之一;同时这也为学院知识分子不敢正视或逃避严酷社会现实斗争提供了思想文化资源。

6. 周作人的影响与接受

王升远《战争期间日本作家笔下周作人的实像与虚像(上)——小田岳夫的〈北京飘飘〉主人公"田有年"原型初探》②、《战争期间日本作家笔下周作人的实像与虚像(中)——以鲁迅为参照:冷静、温和的"爱国者"与文坛宿将》③、《战争期间日本作家笔下周作人的实像与虚像(下)——"亲日派"周作人形象在日本的生成机制及其与文学译介之关联》④认为,首先,小田岳夫的《北京飘飘》是以作者在"北京旅行所发生的事情"为取材源泉而创作的,作者取的是以记录形态的"报告文学性"为主的、间杂少量虚构性的创作手法。然而,这部作品却被作者自弃乃至被文学界遗忘。论者对这部作品中的主人公田有年提取了十四个问题并以周作人为答案进行一一对应,可得出"田有年"是以周作人为原型、并在其基础上做了一定虚化处理而创作出的人物。这种虚化的处理是对战时语境下的政治敏感的避讳。其次,战争期间,在日本人的周作人访谈、研究与评论中,鲁迅始终是难以被其忘记的重要存在。鲁迅在日本知识界广受关注,而在战争期间,日本学者几次相邀鲁迅赴日一游,想造成鲁迅"亲日"的假象,却

---

① 布小继、陈方竞:《周作人的"十字街头的塔"与中国新文学发展的多种可能》,《福建论坛》2011 年第 4 期。

② 王升远:《战争期间日本作家笔下周作人的实像与虚像(上)——小田岳夫的〈北京飘飘〉主人公"田有年"的原型初探》,《鲁迅研究月刊》2011 年第 1 期。

③ 王升远:《战争期间日本作家笔下周作人的实像与虚像(中)——以鲁迅为参照:冷静、温和的"爱国者"与文坛宿将》,《鲁迅研究月刊》2011 年第 3 期。

④ 王升远:《战争期间日本作家笔下周作人的实像与虚像(下)——"亲日派"周作人形象在日本的生成机制及其与文学译介之关联》,《鲁迅研究月刊》2011 年第 5 期。

被鲁迅拒绝。所以，日本文学界开始转向相对温和、冷静的周作人。将之塑造成"爱国者"与文坛宿将的形象，以便寻求与周作人的合作。最后，在日本战时意识形态（特别是严厉的言论出版统制制度）下，一个有着浓厚"东洋趣味"、高扬东方文化精神且对西洋之"近代"有着自觉反思意识、既有着爱中国之名声又兼有着认同日本文化的思想倾向、在中国有着"登高一呼，应者景从"的巨大文化、政治影响力又有与日方合作之可能的周作人才是易被接受的、才是被需要的。在这一过程中，作为中间环节的"文学译介"便成了一次非比寻常的摆渡。

三　周作人生平研究

1. 周作人的附逆

周作人何以走上民族罪人的道路，这是许多人关心的大题目。数十年来，学术界一直试图对此作出科学的解答，但是，由于历史的复杂性和认识的多样性，至今，各种解答并未达到让人满意的程度，不同的甚至截然相反的意见还是仍然存在的，有待进一步深入考辩。袁良骏《周作人附逆考辩》[1]认为，(1)周作人对日态度的巨变，是一个从抗日到降日的过程。(2)周作人在 1935 年之后一直持有"海军决定论"的思想，这种"海军决定论"、"中国必败论"势必导致屈膝求和论。(3)周作人一再自我标榜，他头脑中有"两个鬼"，其一是绅士鬼，其二是流氓鬼。周作人由伪北大图书馆长到伪北大文学院长，直到伪华北教育督办，他也就越陷越深，不可救药，他的"绅士鬼"、"流氓鬼"也就彻底遁逃了。(4)"五四"之后的周作人，在为人处世诸多方面，逐渐滑向了自私自利、极端个人主义的泥潭。"七七事变"后，面对亡国灭种的民族危机，周作人不愿追随国民政府南迁，其自外于国家存亡大局的"超政府"个人主义行为，终于驱使他投入了日本侵略者的怀抱，以至沦陷为了中华民族的千古罪人。

---

[1] 袁良骏：《周作人附逆考辩》，《南通大学学报》2011 年第 2 期。

袁良骏《周作人降日心态图说》①认为，对周作人而言，自 1935 年发表《秦桧与岳飞》至 1945 年 8 月日本宣布无条件投降，这是十年心灵的炼狱，周作人明明知道降日是不归路，有可能一旦落水，万劫不复；但是他拒绝不了诱惑，一步一步堕入了深渊。必须承认在这炼狱的十年中，周作人心态的复杂性。(1)为降日造舆论阶段的心态。自 1935 年发表《秦桧与岳飞》至 1938 年 2 月 9 日参加军部召集"更生中国文化建设座谈会"，可以称之为周作人为降日造舆论的阶段。(2)"下水"初期的左顾右盼。尽管周作人"下水"附逆蓄谋已久，但在参加"下水"座谈会后却并未一往直前，相反，却左顾右盼，首鼠两端，显得颇为谨慎。(3)"周督办"之心态。心态之一，首先便是文人心态向官僚心态的转型；其次是胥吏心态向显宦心态的转型；再次便是奴隶心态向奴才心态的转型。心态之二，周作人任督办期间与伪南京国民政府主席、大汉奸汪精卫的关系，很可以看出他复杂心态的另一些侧面。(4)周作人的"囚徒"心态。身在囹圄中，不思悔改己过，还这样恶狠狠地大骂抗战派，更能说明周作人汉奸立场的顽固和心灵的变态。

对周作人的附逆作出解读的还有袁良骏的《历史的尊重与灵魂的拷问——〈周作人论前言〉》②、关峰《抗战初期周作人的选择新论》③等。

2. 周作人的交友

于天池、李书《李长之与周作人》④认为，李长之作为在"五四"文化大潮中直接成长起来的文学青年，对于在当时享有盛誉的周氏兄弟一直景行崇拜，渴望得到他们的帮助。李长之当时对于周氏两兄弟都怀着敬意和崇拜之情，周氏两兄弟对于青年时期的李长之热爱文学并走上文学的道路都影响甚巨，但从崇拜之深，受影响之大来讲，李长之更偏向于鲁迅。而李长之与鲁迅只是文字上的来往，而与周作人曾有过一段鲜为人知的

---

① 袁良骏：《周作人降日心态图说》，《汕头大学学报》2011 年第 6 期。
② 袁良骏：《历史的尊重与灵魂的拷问〈周作人论前言〉》，《鲁迅研究月刊》2011 年第 3 期。
③ 关峰：《抗战初期周作人的选择新论》，《北华大学学报》2011 年第 5 期。
④ 于天池、李书：《李长之与周作人》，《新文学史料》2011 年第 1 期。

颇为密切的友情。周作人不仅与李长之书信往来，还借给他书籍，帮助李长之写《王国维静庵文集》书评。在李长之与周作人交往过程中，周作人与李长之就文学，就民俗，就现当代文学作家和作品，进行了广泛的交流和讨论。两人交往过程中，就散文创作而言，可以看到周作人对于他的深刻影响，李长之主张散文要有趣味性，要自然从容，反对"遵命文学"。周作人散文追求的是散淡、闲适和雅洁，五四运动之后主要是在故纸堆中讨生活而与现实和人生渐行渐远；李长之的散文风格热情、浪漫，散发着青春的气息，充满着对于人生和现实的批判精神。两人很快在内容和风格上泾清渭浊，分道扬镳了。李长之和周作人的交往大约在 1937 年中断。李长之一生崇尚德国古典文艺理论，是一个独立的，没有依附任何文学集团派别的批评家。

聂希安、李勇《曹聚仁与周作人交往略考》①认为，在 30 年代的文坛争论中，曹聚仁是站在鲁迅一边的，认为小品文（杂文）有战斗性，对周作人、林语堂提倡的"闲适"、"幽默"时有抨击，对周作人标榜的"叛徒"、"隐士"作风也多有讥讽。当时周作人以名学都自居，曹聚仁则以"士老儿"打趣，两人虽未曾谋面，但关系却弄到了互相敌视的地步。周曹自 1956 年秋的握手言欢后，曹对周作人已绝少批评文字。曹聚仁是以史家自许的，他对周作人的评价是否客观，只好悉听读者评判了。

对周作人的交友作出解读的还有刘耀辉的《郁达夫与周作人的交往与友谊》②、张宗子的《周作人为周佛海改诗》③等。

3. 周作人的妻子

马春花、韩琛《"沉默"的他者——"二周失合"叙事中的羽太信子》④从搬演"二周失和"事件入手，却并不试图"发明"任何真相，而是通过分析

① 聂希安、李勇：《曹聚仁与周作人交往略考》，《鲁迅研究月刊》2011 年第 9 期。
② 刘耀辉：《郁达夫与周作人的交往与友谊》，《哈尔滨学院学报》2011 年第 8 期。
③ 张宗子：《周作人为周佛海改诗》，《读书》2011 年第 3 期。
④ 马春花、韩琛：《"沉默"的他者——"二周失和"叙事中的羽太信子》，《文艺争鸣》2011 年第 5 期。

"二周失和"叙事对羽太信子的再现，标记这个女性在何处、如何被生产为一个他者、"空白之页"与"阁楼上的疯女人"，以掩盖那难以言明的原始创伤。在将鲁迅神化为君临一切的菲勒斯化身的历史叙事中，羽太信子注定被贬为沉默的他者。但从女性主义视角考察，羽太信子其实从未缄默，"空白之页"中记录着她歇斯底里式的言语。对羽太信子的他者化叙事，既是驱逐幽灵、维护权威的意识形态仪式，也蕴含着搬演创伤、祛除压抑的弑父冲动。他者的无法祛除，正因其作为主体的阴影幽灵，与主体乃是二位一体，这也许便是所谓"人之子"的宿命所在。

4. 周作人的收藏

中国旧时文人多有藏墨之好。林欢《从〈买墨小记〉看周作人的徽墨收藏》[1]认为，20世纪初，一些文人赶上了传统笔墨边缘化之前的最后辉煌。周作人便是其中之一。周作人的藏墨无疑是想从物证方面解读晚清政治、文化思潮的变化，并为晚清文人专题研究乃至晚清学术思潮的发展开辟新的研究道路。作为新文化的开拓者以及传统文化的继承者，中国最后一代传统的知识分子们既感受到了传统文化的没落与腐朽，又最后一次领悟着传统文化的魅力。笔墨纸砚在20世纪初的变革，不仅仅是书写工具的发展，而且是一种文化的兴替。周作人的《笔墨小记》仅仅是对自己生活细节的偶尔描述。然而寥寥数笔，却充溢着他愿意让自身远离社会的尘嚣，追求一种原始的天然，传统文化和宁静心态组成的隐士情景。

四 周作人与翻译研究

《古诗今译》是周作人对古希腊诗人谛阿克多列思（今通译忒奥克里托斯）牧歌的现代白话文翻译，它发表于正酝酿着文学革命的《新青年》第4卷第2号。张丽华《无声的"口语"——从〈古诗今译〉透视周作人的白

---

① 林欢：《从〈买墨小记〉看周作人的徽墨收藏》，《鲁迅研究月刊》2011年第7期。

话文理想》①将周作人的《古诗今译》置于其清末的诗歌译介及文学革命的话语背景中来考察，以呈现周作人"第一篇白话文"的生成过程；同时通过对其翻译的内部过程的探究，剖析他的"不及原文、不像汉文"这一翻译主张背后更为深层的理论与实践意义。用"口语"翻译出的古希腊牧歌《古诗今译》，既是周作人实践表达其翻译理念的核心文献，同时亦构成了以《新青年》为场域的文学革命运动的核心文本。周作人的《古诗今译》，便是通过建立"直致的白话文"这一新的彻底摒弃了声音格律的文章形式，而对原作韵律和汉文声调进行了双重疏离，从而超越了翻译中"殊隔文体"的宿命而获得了自由。

周作人早期的小说译作和拟作出现于清末翻译的第三个时期，即所谓的纯文学翻译时期。"纯文学"通常被定义为"想象的文学"，但就文学源本和译本而言，这一概念应包括至少两个含义：深入表现人类精神面貌；不受商业文化的影响。方开瑞《周作人早期在小说翻译和拟作方面的尝试》②考察当时社会环境和出版商的商业操纵等因素对于周作人早期小说译作和拟作的影响。受社会环境因素的影响，周作人在翻译和拟作小说时，通过采用署女性化假名或分别署不同的女性化假名、增加"约言"等文本策略，以及结合社会教育而作相应叙述评论等文本策略，大幅度增加了自己干预文本的自由度；受商业风气的影响，出版商采取了刊登广告并歪曲故事主题等文本策略。所以囿于政治、商业、文学规约等因素，周作人对于文学和文本的认识存在偏差，进而导致他的小说译作不能如实反映原作的风貌。

对周作人翻译研究作出解读的还有袁丽梅的《意识形态视野下的译者主体性研究——以〈快乐王子〉的两个中译本为例》③等。

---

① 张丽华：《无声的"口语"——从〈古诗今译〉透视周作人的白话文理想》，《中国现代文学研究丛刊》2011年第1期。

② 方开瑞：《周作人早期在小说翻译和拟作方面的尝试》，《中国翻译》2011年第6期。

③ 袁丽梅：《意识形态视野下的译者主体性研究——以〈快乐王子〉的两个中译本为例》，《英语研究》2011年第4期。

五　周作人与学术研究

郭春萍、石钟扬《一个被遗忘的"红学家"——周作人与〈红楼梦〉》①认为,在众多古代白话小说中,周作人认为只有《红楼梦》才属于真正的"人的文学",唯有《红楼梦》中充溢的人道主义精神是耐人研究的。周作人以读者学的思维,持平视的视角,从平民的角度把玩《红楼梦》。他以"人的文学"观看待《红楼梦》,关注的是文学与人生的密切关系。周作人很欣赏《红楼梦》所描写的众多儿女,对晴雯评价尤高,因为她的真性情。周作人对女性的尊重与研究是无人可及的,由此可见,他的红学观体现出对"女性的发现"的超前意义。周作人还认为,《红楼梦》属于平民文学一类,其描写的人生情景、家庭悲剧和众多儿女性格类型,在中国社会中具有普遍的意义和永恒的魅力。

在先秦时期的老庄那里,"自然"本来是一个带有本体论色彩的哲学术语。从《淮南子》开始,被应用于文艺。至魏晋六朝,成为一种较普遍的现象。直到《文心雕龙》出现,"自然"论的文学思想才真正得到系统论述和确立,成为后世文论家建构理论体系和进行批评实践的重要资源。权绘锦《周作人的"自然观"与〈文心雕龙〉》②认为,"自然"在周作人的文学批评中占据着核心位置。它既是对以《文心雕龙》为代表的传统文论的继承,又经过了具有现代意义和个性的改造。周作人在使用这一术语时,尽管对其内涵与外延作了改造与限定,打上了鲜明的"周氏"印迹,但也与《文心雕龙》中的原初意义有着深层契合之处。文章厘清了二者之间既有相同之处,又存在显著差异的复杂关系,阐明现代文学批评与传统文论之间割舍不断的历史连续性。

---

① 郭春萍、石钟扬:《一个被遗忘的"红学家"——周作人与〈红楼梦〉》,《南京师大学报》2011年第2期。
② 权绘锦:《周作人的"自然观"与〈文心雕龙〉》,《长春大学学报》2011年第7期。

六 周作人史料研究

　　刘涛《周作人 1942 年在南京伪中央大学的一次讲演》[①]、《周作人 1943 年在南京伪中央大学的一次讲演》[②]钩沉的这两篇讲演词不见于止庵编的《周作人讲演集》，亦不见于周作人个人文集及钟叔河先生编订的《周作人散文全集》，它们的发现，对于研究周作人日伪时期的思想，具有重要意义。周作人的讲演《中国的思想问题》与周作人同年所作文章《中国的思想问题》题目完全相同，这两篇文章文字上差异很大，但在主题上却有紧密相关之处。文章《中国的思想问题》所宣扬的"中国的中心思想本来存在，即原始的儒家思想，几千年来没有什么改变，不必另立，亦不必外求"的观点，与讲演《中国的思想问题》完全一致，两文在某些语句上也偶有相似之处。由这两篇同题的讲演和文章主题的一致与某些语句上的相似可断定，文章《中国的思想问题》应是周作人根据自己 5 月 13 日的南京讲演的观点演绎而成的。周作人 1943 年 4 月 8 日在伪中央大学的讲演《学问之用》，周作人没有将这次讲演的整理稿收入其个人自编文集，现有的周作人各类文集中也难觅其踪影，致使研究者误以为这次讲演没有任何文字留下来。论者发现这篇讲演，引用并分析了《学问之用》。周作人这次讲演不但很快被刊登于《中大周刊》，而且刊登之后，南京的《中央导报》与《新流》月刊很快对其进行了转载。《中大周刊》是初刊本，是这三个版本中最完整的，而《中央导报》与《新流》都有所删减。

　　1943 年 4 月，周作人应汪精卫之邀去南京就任伪国府委员职并讲学，沈启无同去。徐从辉《关于沈启无的三篇佚文——兼论"破门事件"》[③]认为，现在关于"破门事件"的研究基本上源于周作人的文章，但大致说来有两个局限：其一，整个事件基本上只有周作人的声音，或者说是孤证，事实究竟如何不得而知。其二，仅仅从事件的层面去阐释，但好多

---

① 刘涛：《周作人 1942 年在南京伪中央大学的一次讲演》，《鲁迅研究月刊》2011 年第 4 期。
② 刘涛：《周作人 1943 年在南京伪中央大学的一次讲演》，《鲁迅研究月刊》2011 年第 8 期。
③ 徐从辉：《关于沈启无的三篇佚文——兼论"破门事件"》，《鲁迅研究月刊》2011 年第 10 期。

事情是不确定事件。比如现在发现的唯一的沈启无对这件事的辩词是刊登在 1944 年 4 月 21 日《国民日报》（南京）上的《另一封信》。文中沈以绝对的口气否认了他和片冈铁兵的关系，也不承认曾有过什么交流。

七 周作人研究之研究

从 1997 年到 2009 年，周作人研究在相对平静的氛围中全面推进，开始走向成熟。黄开发《近十几年的周作人研究》①认为，近十几年中，周作人研究不少重要方面都有了专攻，而不是泛泛而论。经过十几年的努力，中国现代思想史、文化史、文学史上的"周作人经验"进一步从种种遮蔽中显露出来，逐渐成为一种共同的知识，开始对现代思想史、文化史、文学史的整体研究发挥作用。周作人启蒙主义思想研究进一步地深化和开拓，30 年代思想的现代性得到强有力的论证，附逆时期的思想与附逆的思想原因研究有了进展，与包括宗教在内的中外文化的关系研究多维度地展开。周作人提出了一系列准体系性的带有自己独特个性印记的思想概念和命题，如常识、趣味、中庸、平淡、载道、言志、重来、原始儒家等，以前的研究基本上用的是西方的理论框架，结果难免"隔"，难以呈现周作人自身思想系统、文化策略和独特价值。在周作人与中国传统文化的关系多维度深入展开的同时，他的思想与外国文化以及思想家、作家的关系研究也受到关注。对周作人文学思想研究，已较少泛泛而论，研究者更多地是努力从新的视角阐发周文艺思想的特质，从更多的方面呈现整体，注意揭示不同阶段文学思想的转变，探究其与中国现代文学历史进程的联系。

舒芜先生的周作人研究具有里程碑式的开拓意义。张铁荣、张阳《为现代文学研究打开另一扇大门》②认为舒芜先生的周作人研究具有以下几个特点：1. 为了更了解鲁迅。舒芜的周作人研究本身就是对于鲁迅研究的深入拓展，有利于我们更全面更准确地了解鲁迅。2."以愤火照出他

① 黄开发：《近十几年的周作人研究》，《鲁迅研究月刊》2011 年第 3 期、第 4 期。
② 张铁荣、张阳：《为现代文学研究打开另一扇大门——舒芜先生的周作人研究》，《鲁迅研究月刊》2011 年第 7 期。

的战绩"。从舒芜先生的《周作人概观》可以看出,周作人研究在中国现代文学研究中具有不可取代的重要地位。3.历史本来是清楚的。舒芜先生对于周作人的研究是实事求是的,坚实的研究应该是可以和周作人进行精神的对话的。概言之,舒芜先生的周作人研究为中国现代文学研究界开拓了新思路,面对各种压力和误解,舒芜始终坚持知识分子的独立立场,为现代文学研究打开了另一扇大门。

20世纪华人历史舞台上,胡适始终占据枢纽的位置,没有人能忽略他的存在。潘光哲《"胡适档案检索系统"中的周氏兄弟》①认为,台北市的胡适纪念馆收藏有较为全面的胡适的资料文献,以这些档案文献为基础,胡适纪念馆借助现代科技之助力,以既有馆藏资料为基础,建构了"胡适档案检索系统"。"胡适档案检索系统"与《胡适藏书目录》的问世出版,是海峡两岸相互合作的成果。胡适与周作人之间,友谊善存,从《胡适藏书目录》的成果里,即可发现周作人赠书给胡适的多条记录,双方之间,更时有"打油诗"唱和之举,在问世已久的《胡适手稿》里也有遗存。胡适与周氏兄弟之间来往的信函和胡适藏周氏兄弟著作利用"胡适档案检索系统"是一索即得。

对周作人研究之研究作出解读的还有徐从辉《新世纪以来的周作人研究》②和陈广宏的《重读贾植芳〈周作人新论〉一文的感想》③。

---

① 潘光哲:《"胡适档案检索系统"中的周氏兄弟》,《现代中文学刊》2011年第6期。
② 徐从辉:《新世纪以来的周作人研究》,《浙江师范大学学报》2011年第5期。
③ 陈广宏:《重读贾植芳〈周作人新论〉一文的感想》,《东吴学术》2011年第4期。

第十二章　2012 年周作人研究述评

一　周作人作品研究

1. 周作人散文研究

（1）类型学

在目前的周作人研究中，学界普遍认为在 1927 年前后，周的文化立场实现了由积极战斗到消极退隐的转折。这种文化立场上的转折或对立，也被简约描述为"叛徒"与"隐士"、"匪气"与"绅士气"，或者文风上"浮躁凌厉"与"平淡冲和"之间的对立，表征着周氏人生立场或价值上的逆转与倒退。朱晓江《"时事"与"文明"：1925—1927 年周作人的散文写作——以"女师大"事件与"三·一八"惨案为核心》[①]认为，如果从周氏写作的内在理路，即从其时事之文的价值关怀，以及与随后笔记体写作的思想主旨的比较来看，那么，1927 年前后的变化其实并不构成这样的一种二元对立的关系，而呈现出一种价值上的坚守与延续。对周作人来说，无论是直接关注现实的时事之文，或是从古人的笔记文字中寻求写作材料，其关怀大都在于探索一种他理想中的新的文明与社会秩序，即对于人类正当生活的追求。更确切地说，在周的时事之文里，我们一方面能够读到他对现实社会中某些力量（比如政治为群众多数所支持的观念）对于人的

---

① 朱晓江：《"时事"与"文明"：1925—1927 年周作人的散文写作——以"女师大"事件与"三·一八"惨案为核心》，《现代中文学刊》2012 年第 3 期。

生活的控制(尤其是思想的控制)的反抗,另一方面,在这些反抗运动的背后,又隐埋着他对社会复古势力的警惕,从而展示出他对野蛮文明遗留的批判;而在他的笔记体散文里,则看到他通过对历史幽暗意识(实即同样是野蛮文明)的批评,进而提倡一种富于"人情物理"的社会秩序与文明。

张维新《周作人时事散文论》①认为,周作人时事散文创作几乎涵盖了辛亥革命至抗战之前中国历史的重大事件,留下了作者对中国现代历史近距离的观察与思考。在创作上,周作人大胆探索,其时事散文包含了杂文、随笔、书信、序、跋等多种形式,在风格上,含蓄、隐晦,但富有反语、嘲讽,具有很强的战斗力。

林树帅《苦雨斋中的披沙拣金——周作人 20 世纪 30 年代"读书记"略论》②认为,"读书记"是周作人 20 世纪 30 年代散文创作的主要形式,是周作人散文发展过程中重要的探索成果。读书记体现了周作人广、杂的择书视野,旧而新的思想趣味和"漫谈式"或"点评式"的言说方式及文章风格,尽管他的读书记抄的是别人的书,但其中无处不浸透着他自己的特色。

(2)美学

在众多的周作人散文研究中,研究者普遍认为平和冲淡、闲适自然是周作人散文的风格,而对周作人散文"苦涩"味的分析,则散见于少数评论家的论著中。王静《论 20 世纪 30—40 年代周作人散文的"苦涩"味》③在前人研究的基础上,对周作人散文的"苦涩"味进行深入探讨,认为"苦"表现在思想内容上,"涩"则体现在语言表达上,"苦涩"结合而成为他 20 世纪 30—40 年代散文的一种独特风格,这与他的文学主张、个人气质及时代背景是密不可分的。另外,这种"苦涩"味也成为一种文学传统,对诸多作家产生了影响。

---

① 张维新:《周作人时事散文论》,《长江大学学报》2012 年第 9 期。
② 林树帅:《苦雨斋中的披沙拣金——周作人 20 世纪 30 年代"读书记"略论》,《宜宾学院院报》2012 年第 1 期。
③ 王静:《论 20 世纪 30—40 年代周作人散文的"苦涩"味》,《西南农业大学学报》2012 年第 6 期。

凤媛《重读"趣味"：从周作人到汪曾祺》①认为，从周作人于雅俗之趣中熔铸现实的人性关怀，到汪曾祺于嘲谑之趣中凝聚对俗世人生的悲悯体恤，由他们对于主体精神世界与个体心性的珍视和护佑，可以清晰地串连起一条久被压抑的 20 世纪趣味文学线索。

（3）版本学

周作人 1943 年 4 月在南京伪中央大学的讲演《人的文学之根源》存在着多个版本。刘涛《周作人的讲演〈人的文学之根源〉的版本问题》②通过对这些版本的对勘，发现"《中大周刊》本"为周作人讲演的原始版本，现在通行的"《艺文杂志》本"则是经过作者修改与润饰后形成的。首先，《中大》本的题目为《人的文学之根源——四月十二日周作人先生讲演》，副题交待了讲演时间与讲演者的名字，题目下且保留了讲演记录者的名字，这让人一看即知这是周氏所作的一次讲演。《艺文》本的题目《中国文学上的两种思想》，则很难使读者把它与讲演联系起来。其次，《中大》本更接近讲演原貌的地方，是更接近讲演口吻。《艺文》本有意改变了原文的讲演口吻，使之更像是一篇文章。再次，为了论证自己的观点，《中大》本与《艺文》本皆有多处引用，但《艺文》本在引用时，很少对引用内容进行解释，而《中大》本由于是讲演稿件，在引用古人的文章后，往往再加上自己的评点和解释。

（4）编辑学

朱宏伟《整合与分离——以〈中国新文学大系·散文集〉的编选为中心》③认为，周作人、郁达夫合作编选《中国新文学大系》中的《散文集》时，在编选思路、撰写导言、编选篇目等方面都存在一定分歧。周作人在编选与《导言》撰写中坚持对政治、革命的彻底排斥，实际上是对个人主义的坚守。郁达夫则倡导小品文对政治宣传的责任，恰是在对时代的谨慎观察后的自觉意识。这些差异在当时反映了危机下的中国文学的转向与作家

---

① 凤媛：《重读"趣味"：从周作人到汪曾祺》，《北京社会科学》2012 年第 4 期。
② 刘涛：《周作人的讲演〈人的文学之根源〉的版本问题》，《汉语言文学研究》2012 年第 2 期。
③ 朱宏伟：《整合与分离——以〈中国新文学大系·散文集〉的编选为中心》，《新疆大学学报》2012 年第 2 期。

在转向面前的态度,而整个文坛也是处于这样的整合与分离的动态之中。

（5）语言学

叶建明《鲁迅周作人的文学语言观比较》[1]认为,周氏兄弟鲁迅和周作人同为"五四"新文化运动的主要人物,同为现代白话文写作的倡导者与优秀实践者,但周作人强调汉语的不可更张的继承性,留恋于汉语的趣味性;鲁迅认为文言文承载了太多旧有文化的"踪迹痕",反对读中国书,甚至主张废除汉字。殊途同归的是:周氏二人都有面对语言的无奈甚至不信任。但最终周作人走向了自言自语的文人"闲谈";鲁迅则选择与旧式文人彻底决裂,最终成为现代知识分子。

（6）影响与传播

陈桐《李广田 30 年代乡土散文对周作人的师承》[2]认为,李广田 20 世纪 30 年代乡土散文的创作是一个师承、借鉴和创新的过程。周作人作为李广田乡土散文创作的引路人,他的文学理论与小品文创作在文学观念、文章内容、文体样式、文章风格、取材方式上对李广田 30 年代乡土散文的创作影响很大。在周作人的影响下,李广田的散文集在乡土想象中以风景、风情、人物为基本内容创造了一个富有诗性的乡土画廊。李广田师承周作人,但他 30 年代的乡土散文绝不是简单地去重复周作人的散文,而是在师承中创新,自成一家。

2. 周作人诗歌研究

姜涛《从周作人的〈小河〉看早期新诗的政治性》[3]认为,这首诗有很强的政治性,包含了某种政治隐喻。在作者读来,作为一首寓言诗,《小河》应该是一首非个人化的作品。它以非个人化的寓言方式展开,它的读者不仅是知识分子,甚至也可以包括当权者。《小河》的主题在讲社会不断循环发生的暴力动乱前的隐忧,它的政治性和新诗歌文学中的政治性三个层面——维度层面、具体的政治主张、关联到主体性的问题都有关,

① 叶建明：《鲁迅周作人的文学语言观比较》,《绍兴文理学院学报》2012 年第 1 期。
② 陈桐：《李广田 30 年代乡土散文对周作人的师承》,《三明学院学报》2012 年第 5 期。
③ 姜涛：《从周作人的〈小河〉看早期新诗的政治性》,《海南师范大学学报》2012 年第 8 期。

但不完全一样。《小河》包含了政治性的劝诫意味，表达了周作人在中国内部感悟到的幽暗思想。从文学气质讲，《小河》是一首成人的诗歌，是一首天然具有政治性的诗歌，构成后来新诗发展的一种参照。它的独特性在于这首诗在处理历史经验时轻描淡写，但诗的背后有诗人的见识与判断。周作人当年写作的《小河》，包括早期一代身份驳杂的新诗人，不把诗歌写作从其他领域、其他生活世界中分离出来的自由态度，特别值得参考，这也许可以构成一个参考性的资源，帮助我们跳出新诗或新文学的内在限制。

二　周作人思想研究

1. 周作人与中国传统文化

周作人是中国现代文学史上的重要人物，因其出任日伪官职而被斥为汉奸，但并非历史上的"贰臣"形象。袁良骏《周作人与"贰臣"》[①]认为，对周作人汉奸罪的研究，令人很自然地联想到中国历朝历代的那些"贰臣"，以及某些朝代专为"贰臣"而立的"贰臣传"。广义说来，周作人自然有资格进入"贰臣传"，但如严格一点，则周作人并非"贰臣"。"贰臣"也好，"附逆"也罢，都不是什么理论问题，而是一种社会实践，或曰"行为艺术"。每个"贰臣"的出现，都有他自己独特的原因和背景，需要作出具体的认定和分析。"贰臣"现象的出现与社会生产力的发展、本朝的昏庸腐败、封建礼教、"大汉族主义"等都有关系。

周作人抗战前后的散文创作受到诸多内外因素的影响，尤其是士大夫文人传统的制约。陈文辉《文人传统与周作人抗战前后的思想和文章》[②]认为，当时中华民族遭受灭顶之灾的局势，激发了周作人对晚明文化的价值重估，使他在 1933 年之后从对晚明小品的鉴赏转为对晚明士习乃至整个士大夫文人传统的批判，进行了一次类似明清之际实学思潮的

---

① 袁良骏：《周作人与"贰臣"》，《南都学坛》2012 年第 5 期。
② 陈文辉：《文人传统与周作人抗战前后的思想和文章》，《现代中文学刊》2012 年第 3 期。

转向。他的散文创作随之由标榜"性情的流露"的晚明小品，改而推崇"疾虚妄，重情理"的清代学者之文。这使得周作人的创作道路悖离他曾提倡的"言志"，而向他所反对甚至憎恶的"载道"回归。但是这种变迁又完全可以在周作人的性格与早期阅读中——在对题跋文字与箴规家训的偏嗜与迷恋中所表现出来的"才子"与"道学家"的双重倾向——找到发生的内在依据。

20世纪30年代周作人写有不少谈遗民的文章，在民族命运面临深重危机的情境中，周作人与遗民文化的此番对话别具深意。万杰《解读二十世纪三十年代周作人的遗民话语》①认为，周作人的遗民话语呈现了遗民思想与生存的真实性、复杂性，他肯定的是思想通达而兼具民族气节的遗民，对历尽劫难仍保有闲适情趣的遗民深具同情。在移民、忠义、降节者几种乱世人生选择中，周作人对遗民式生存有所肯定，然而其"以气节为时俗"和"苟全性命于乱世"的思想观念又使他对遗民式生存进行了价值颠覆。

近年来"国学热"兴起，对"五四"运动亦有所反思。实际上，作为新文化运动干将之一的周作人常自称是儒家，他崇尚礼与仁，以之为理想和梦想，并以中国文化为基础，吸收西方思想，对礼与仁的思想进行了改造。汪广松《论周作人的礼与仁思想》②探讨了周作人礼的思想，概括为：反礼教、节制、自由和容止安详；另从仁字的古义出发，探讨了周作人的仁的思想，以期恢复礼与仁的若干古义。

对周作人与中国传统文化问题作出解读的还有万杰的《试析周作人1930年代与1940年代遗民话语的差异性》③，陈福康的《郑所南·杨大瓢·周作人》④，王姝的《论周作人的母语意识》⑤和许海丽、宋益乔的《中

---

① 万杰：《解读二十世纪三十年代周作人的遗民话语》，《社会科学论坛》2012年第8期。
② 汪广松：《论周作人的礼与仁思想》，《中国文学研究》2012年第2期。
③ 万杰：《试析周作人1930年代与1940年代遗民话语的差异性》，《社科纵横》2012年第1期。
④ 陈福康：《郑所南·杨大瓢·周作人》，《鲁迅研究月刊》2012年第5期。
⑤ 王姝：《论周作人的母语意识》，《求是学刊》2012年第5期。

国现代文学史上的独特存在——"隐逸派"》①等。

2. 周作人的文学思想

朱晓江《从"文体革新"到"思想革命"——周作人的小品文观念及其思想史意义》②认为,周作人对晚明小品散文的关注经历了由文体借鉴到文学史梳理的转变。前者以1924年的"美文"写作为核心,表征着他对个体精神生活的强调;而后者则集中反映在《中国新文学的源流》中。在史的梳理中,周作人着力勾勒出两种文学力量的对抗——"言志"对于"载道"的反抗,这是"个性"对于"统制"的反抗。借助于这样一种描述,周作人提炼出一种反对文学"道统"控制的思想质素,从而维护了个体自身的独立与价值。由此,周作人以"抒情言志"的文学传统和"文以载道"的主张相对立,其目的就不完全在于文学本身,还牵涉到他对中国文化与现实的批评,以及他对中国现代知识分子的理解。当他觉得中国的思想问题仍然在于道统与八股时,他就愈强调论者的个性自由,反对社会整体利益与个体特殊利益之间的绝然对立。在20世纪30年代中国民族主义情绪高涨的文化背景下,周的这一立场既使他与激进的左翼文学力量保持距离,同时也从正面表明了他的民族主义立场。那是一种既不表现为简单的排外主义,也不表现为文化上的复古主义,而是建立在"思想革命"基础之上的民族主义立场。由此,在周作人的文学史观中,我们读出了与20世纪中国流行的公理世界观迥然不同的文化指向与内涵。

周作人在他的翻译小说《红星佚史》(1907)序言中,提出了一种新的文学理念:"移情"为主要功能("主"),其他教化作用为次要功能("客"),把小说的"移情"作用提高到一个前所未有的高度。1923年,周作人发表《文艺上的宽容》一文,文中提出了"宽容原则",特别强调了要"分离"而不要"合并"的全新的文学主张。数年后,周作人又提出了文学的"无形功

---

① 许海丽、宋益乔:《中国现代文学史上的独特存在——"隐逸派"》,《山东社会科学》2012年第8期。

② 朱晓江:《从"文体革新"到"思想革命"——周作人的小品文观念及其思想史意义》,《学术月刊》2012年第11期。

利"说。韩洪举《"移情"、"分离"、"无形功利":周作人小说理论的当代阐释》①认为,周作人的"移情"说、"分离"说,对中国新文学的发展起到了一定的推进作用,具有不可替代的文学地位。"无形功利"说对纠正文学上的"工具"论、"附庸"论等极端现象是具有启发意义的。他的"移情"、"分离"与"无形功利"三种小说理论主张的提出,对中国现当代小说理论的发展起了不可忽视的作用。

王军《从个性的提倡到压抑的愤懑——周作人文学史观管窥》②认为,中国文化在周作人看来是无性的文化,缺乏情趣的文化,是于生命成长、生机勃勃上,即个性发育上欠缺的文化。他输入歌咏儿童的文学,提倡"梦想的精神",主张适当地禁欲,并指出婚姻生活中"爱是移动的",需夫妻双方不断地创造。就一个人的教育而言,他非常重视性的知识,于当时的复古颇盛的文化风气中坚持自己的个性。到了 20 世纪 30 年代,周作人开始了由个性的提倡到压抑的愤懑时期。他所面临的是中国资本主义高度发展的时代,感慨于除却忍从屈服,生活总是为家族制度、阶级制度、资本制度、知识买卖制度而牺牲。在这一时期,周作人的文学史观、文学观也逐渐地完善,指出中国历史上晋文里开始增加了小品文的色彩,初现具有个性色彩的文学。

孟庆澍《从"普遍"的感化到"趣味"的捕捉——新村主义与"五四"前后周作人的文学理念》③认为,人类主义与个人主义的抽象统一构成了新村的内在理论结构。这种二元架构主导了"五四"初期周作人的文学理念,使其在尊重个体独立性的基础上更强调"为人类"、"普遍感化"的功利文学观。随着新村的失败以及大同理想的破灭,新村主义的内在二元结构也随之瓦解。周作人放弃了救世主义的文学观,转而以日益贵族化的

---

① 韩洪举:《"移情"、"分离"、"无形功利":周作人小说理论的当代阐释》,《文艺争鸣》2012 年 6 月。
② 王军:《从个性的提倡到压抑的愤懑——周作人文学史观管窥》,《辽宁师范大学学报》,2012 年第 3 期。
③ 孟庆澍:《从"普遍"的感化到"趣味"的捕捉——新村主义与"五四"前后周作人的文学理念》,《华北水利水电学院学报》2012 年第 4 期。

"自我"为本位,通过捕捉文学的趣味来寻求精神的慰藉。

对周作人的文学思想作出解读的还有郭文元的《周作人"平民"文学精神与新世纪"底层文学"论争》①等。

3. 周作人的精神特质

李筱寅《周作人保守主义思想探源及其阐释》②探讨了周作人的思想中一种"绝望的保守主义"的思想的来源,认为这种保守主义缠绕在启蒙主义内部,具有一种共时性。周作人的这种特殊的保守主义不同于学衡派那种精英主义与民粹主义结合的保守主义,那种保守主义的本质在于相信传统是唯一的存在,传统与当下的联系在于对这种唯一的东西的不断解释中。周作人的保守主义更多的是一种态度,一种氛围,他更看重的是传统中不受重视的东西,那种看似虚无的态度,其本质是对于过度阐释却无法实现的主义的一种抵抗。

林强《30 年代周作人个人主义思想的困境》③认为,30 年代周作人的个人主义思想是一个复杂的观念综合体,其中有西方个人主义关于人的独立、自由和发展的观念,也有以蔼理斯"中庸"思想为核心的生命本体意识,在时代的作用下二者相互渗透形成了 30 年代周作人个人主义思想趋向保守的总体特点。更为内在的问题是,周作人对自我与理性的绝对坚执使他深深陷入了自以为真理的乌托邦心态之中。

孙德鹏《疲劳的颜色——周作人小记》④认为,周作人虽然独特,但绝非思想的火炬手,而更接近于帕斯卡尔所说的"思想的苇草"。他坚持着一种温和的写实主义,也从未离开"保守"的立场,这一立场从波拉德的笔端蔓延开来,亦带着几分"疲劳的颜色"。作为一个时代的负荷者,周作人算不上什么勇士,但亦是庄严的,至少在品位上。他的贡献不是某种象征性,而是具有争议性的存在感。

---

① 郭文元:《周作人"平民"文学精神与新世纪"底层文学"论争》,《当代文坛》2012 年 1 月。
② 李筱寅:《周作人保守主义思想探源及其阐释》,《江苏教育学院学报》2012 年第 28 卷第 1 期。
③ 林强:《30 年代周作人个人主义思想的困境》,《湖南科技学院学报》2012 年第 9 期。
④ 孙德鹏:《疲劳的颜色——周作人小记》,《读书》2012 年 2 月。

4. 周作人与民俗

对于民俗,周作人有着很多有意义的论述,大到风土人情,小到喝酒、吃茶,无不渗透着他对于民俗文化的喜爱。对此周作人感触颇多,这也表现在他的创作与理论中。关注周作人,不能不关注他对民俗文化的论述,也不能不关注他的民俗观。有关周作人的民俗观,已经有很多学者探讨并详细地阐述过。如他的民俗观中改造国民性的思想、对国人弱点的挖掘、批判是"五四"时期学者的共识。其次他对道教——萨满教的从批判到理解的过程是对民俗的一种认识。毛晓平《周作人的民俗观和美文观》①着重于周作人对民俗文化的论述,重点在于周作人的"论",及民俗思想对周作人的影响,以及他对自然名物的民俗理解,这些都是形成他的民俗观的重要部分。而对于鬼神文化、神话传说又因他有着特殊的爱好与不同的见解而引起注意。

"五四"时期的歌谣学运动在 20 世纪中国思想史和学术史上有着重要的意义,作为"五四"新文化运动和新文学革命的重要组成部分,它被打上了思想启蒙的厚重烙印。黄皎碧《民间与启蒙:论"五四"时期歌谣学运动的意义》②认为,胡适、周作人和顾颉刚担任了歌谣学运动不同阶段的领导者,他们对民间文学和民间文化的关注和参与构成了各自学术活动和个人政治情感的重要组成部分;他们对民间文学和民间文化的研究表现出的不同学术态度和关注点,体现了"民间"作为一种思想资源在启蒙的现代性主体力量的生成和知识分子自我身份认同等问题上的重要意义。

王琟琟《疏离与坚守——从民间歌谣研究看周作人与新文化主流的互动》③以周作人的民俗学理论主张为切入点,认为其始终坚持自己的学

① 毛晓平:《周作人的民俗观和美文观》,《民间文化论坛》2012 年第 6 期。
② 黄皎碧:《民间与启蒙:论"五四"时期歌谣学运动的意义》,《常熟理工学院学报》2012 年第 3 期。
③ 王琟琟:《疏离与坚守——从民间歌谣研究看周作人与新文化主流的互动》,《吉林省教育学院学报》2012 年第 5 期。

术研究姿态和立场,淡化主流形态对民间歌谣文学审美价值的强调而坚持民俗学研究价值,并因此为现代民俗学科立下草创之功。作为新文化历史潮流中的践行者,周作人在与主流话语的疏离与坚守之间的民俗学研究,既在有别于旧的新学术史上作出了值得称道的贡献,同时又在思想史上为新文化的关键范畴"科学"、"个人"、"民众"等留下了值得回味的实践。

对周作人与民俗问题作出解读的还有陈泳超的《周作人手稿〈绍兴儿歌集〉考述》[①]等。

5. 周作人与政治

近年谈"二周失和"或周作人如何影射、攻击鲁迅等,大有人在。袁良骏《周作人与"左联"和鲁迅的纠葛》[②]是第一篇认真清理周作人与"左联"即"左翼文艺运动"的关系等的文章。文章认为,周作人一直讲他是不相信群众与群众运动的。因此,像"左联"这样的文艺团体及"左翼文艺运动",他是不可能不反对的。但他对"左联"的影射、攻击远远超出了理论层面。比如,周作人大骂鲁迅和"左联"是什么"载道派",似乎是一个理论探讨,实际上,他是把整个中国革命否定掉了。他反对的何止是"左翼文艺",他称"左翼文艺"为"祭器"更明显是对中国革命的诅咒。因此,周作人对"左联"和鲁迅的影射、攻击,称得上是上世纪 30 年代中国文坛的一股小小逆流。也是周作人 30 年代末当汉奸的思想渊源之一。然而,由于"左联"本身有一些"左倾幼稚病",它受到了"第三国际"和"王明路线"的一些不良影响,因此,周作人对它的影射、攻击也不可一笔抹杀,而必须实事求是,"披沙拣金"。

6. 周作人与"五四"

韩晗《共鉴"五四":西学东渐、指向启蒙与政治现代性——以苏雪

---

① 陈泳超:《周作人手稿〈绍兴儿歌集〉考述》,《民间文化论坛》2012 年 11 月。
② 袁良骏:《周作人与"左联"和鲁迅的纠葛》,《南通大学学报》2012 年第 1 期。

林、胡适与周作人的"五四"观为支点的学术考察》①以苏雪林的《中国文学史略》、胡适的《五十年来中国之文学》与周作人的《中国新文学的源流》等三部新文学史著述为研究对象,解读早期新文学研究者们如何在不同视角下建立自己的"五四"观。研究表明,就"五四"的发生而言,苏雪林认为西方思潮对中国人生活形态的影响应是主要因素,而胡适敏锐地从古文向白话文的转换入手,认同"语言"革命是"文学"革命、"文化"革命之先声,周作人则更多倾向于"言志"这一传统诗学精神在社会变革期的反映,认为"五四"与明代文学革命运动如出一脉。三种不同的"五四"观,实际上反映了早期新文学研究者们从不同层面如何用自己的眼光来审理"五四"这一学术命题。这反映了"五四"所产生的动因乃是"启蒙性"而不是"革命性"的,无论同时代人如何解读"五四",其出发点都不约而同地指向"启蒙",苏雪林对于"五四"发生之解读,在更高层次上囊括了胡、周二论,是相对全面的。最后,文章进一步总结,发现"五四"的深层次意义在于,促进了白话文与大众传媒的普及进而导致政治现代性的转变。

7. 周作人与外国文化

于小植《文化挪移、心性体验与精神重构——周作人与古希腊文化的精神逻辑》②从文化挪移与精神释意、文化翻译与精神对照、文化杂糅与精神对照三方面论述了周作人与古希腊文化的精神逻辑。周作人通过大量的译介古希腊文学作品传达古希腊文化均衡和谐、爱美求知的精神,批判中国文化里的伪神崇拜。周作人认为古希腊的人本主义是欧洲文艺复兴运动的源头。他的文学创作、文学翻译、生活态度、政治选择都受到了他终生信奉的"个人主义的人间本位主义"的深刻影响。

周作人将同时包含理想性与事实性的"日本文化"形象概括为"人情

---

① 韩晗:《共鉴"五四":西学东渐、指向启蒙与政治现代性——以苏雪林、胡适与周作人的"五四"观为支点的学术考察》,《江南大学学报》2012 年第 4 期。

② 于小植:《文化挪移、心性体验与精神重构——周作人与古希腊文化的精神逻辑》,《文艺争鸣》2012 年 9 月。

美"。李雅娟《周作人与"人情美"的日本文化像》①认为,周作人从自身的日本文学体验中发现的"人情美"构成了他的近代自我想象的重要因素。周作人从广义层面上致力于"人情美"的日本文化的研究和译介工作,其范围则不限于近代,而是包摄古典文艺作品和民间文艺、通俗文艺形式,确保"人情美"能够始终参与近代自我的形塑。这一爱憎分明的态度"超越了思想变迁"而持续其终生。可以说,"人情美"既是周作人从日本文艺体验中提炼出来的一个日本文化像,也是他据以确立近代自我的重要资源。

作为"五四"时期重要的思想家,周作人深受当时西方方兴未艾的文化人类学的影响。张兵《文化人类学对周作人译介古希腊文学的影响》②认为,文化人类学理论对周作人的人文思想和翻译活动,尤其是对古希腊文学的翻译发挥着深远的影响。他全景式地译介了希腊的神话、诗歌、戏剧,力图全面展示古希腊人的生活、思想、艺术、人生观、世界观,借以开启民众、教化大众。

对周作人与外国文化问题作出解读的还有止庵的《记新发现的周作人〈希腊神话〉译稿》③,李长林、徐良利的《20世纪上半叶中国学术界的"古希腊热"》④,薛祖清的《周作人与〈路吉阿诺斯对话集〉的思想契合》⑤等。

8. 周作人的儿童观

罗庆云、戴红贤《周作人与民国早期小学语文教育的"儿童文学化"》⑥认为,20世纪20年代语文界的国语运动、文学界的白话文运动、思

---

① 李雅娟:《周作人与"人情美"的日本文化像》,《鲁迅研究月刊》2012年6月。
② 张兵:《文化人类学对周作人译介古希腊文学的影响》,《韶关学院学报》2012年第3期。
③ 止庵:《记新发现的周作人〈希腊神话〉译稿》,《现代中文学刊》2012年第6期。
④ 李长林、徐良利:《20世纪上半叶中国学术界的"古希腊热"》,《湖南师范大学社会科学学报》2012年第3期。
⑤ 薛祖清:《周作人与〈路吉阿诺斯对话集〉的思想契合》,《绍兴文理学院学报》2012年第4期。
⑥ 罗庆云、戴红贤:《周作人与民国早期小学语文教育的"儿童文学化"》,《武汉大学学报》,2012年第1期。

想界的新文化运动等共同促成了民国早期小学语文教育的剧变,小学语文教科书由"综合知识"编写模式转向"儿童文学"编写模式。周作人将儿童文学教育的意义和价值与"五四"新文化精神关联起来,奠定了小学语文儿童文学教育的理论基础,影响深远。

眉睫《周作人最早提出"儿童本位论"吗》①认为,谁最早提出"儿童本位"论并不重要。重要的是,谁在大力鼓吹、实践这个学说。从整个现代儿童文学史来看,周作人无疑是立场最坚定、宣传最给力的启蒙者,而实施儿童本位教育最彻底、最长久的,或许是堪称"中国儿童文学教育大师"的吴研因了。

9. 周作人的性观念

"五四"文学之所以被视为"人的文学",显然要归结于"五四"新文化运动对"人的发现",而"性"的发现与"人"的发现是相辅相成的。程亚丽《性别意识的建构与叙述——以周作人的性道德观为例》②认为周作人对女性"性"的发现,是"五四"人道主义思潮演绎下的必然结果,其对西方学者性学著述的译介及由此形成的开放的性观念是中国新的性道德构建的有力推手。

魏邦良《"多识不能益智"——周作人和张竞生》③认为,周作人和张竞生都说"以女性为本位",两者相差不啻云泥。一个是形而上的爱之术;一个是形而下的性之术。饱学的张竞生不可谓不"多识",但他的人生却验证了古希腊名言:多识不能益智。

10. 周作人与博物学

周作人是中国现代散文家、文学理论家、翻译家、思想家、民俗学开拓人。陈沐《周作人散文中的博物学》④以周作人的部分小品文为例,探讨

---

① 眉睫:《周作人最早提出"儿童本位论"吗》,《博览群书》2012 年 4 月。
② 程亚丽:《性别意识的建构与叙述——以周作人的性道德观为例》,《文艺争鸣》2012 年 5 月。
③ 魏邦良:《"多识不能益智"——周作人和张竞生》,《书屋》2012 年 7 月。
④ 陈沐:《周作人散文中的博物学》,《科学文化评论》2012 年第 3 期。

其博物学与科普价值。文章试图论述，在我国现代博物学发展之初，人文与科学之间具有真诚的、深层次交流的意愿与能力；传统文化、民间习俗与现代科学之间具有相互弥补和促进的可能。把周作人那些夹杂着民俗、国学、西方博物学兴味的小品文，置于今天的环境中重新品读，会发现它们对民族、社会以及普通人的生活，都有着深切的思考和关照，能够给予当代人启示。

11. 周作人与宗教

耿宝强《周作人与陈独秀"信教自由宣言"论争评议》①认为，周作人与陈独秀围绕"信教自由宣言"的论争，是 1920 年代中国"非基督教运动"的重要组成部分，是中国思想界的政治分野。作为同样推崇基督教中的西方文化精神的思想家，周作人将"自由"作为脱离了具体的社会历史条件、纯粹的、抽象的、至高无上的原则来看待；而陈独秀则以革命家的逻辑看待"自由"，反对抽象地讨论"自由"。分歧产生于纯粹思想家与革命思想家的不同逻辑之中。

三 周作人生平研究

作为周作人四大弟子之一的沈启无，始终没有取得同门俞平伯、废名等人的文学和学术成就；他的文章从文体到语言、思想，一直难脱周作人窠臼。沈帮助林语堂鼓吹"幽默"、"性灵"、"闲适"之举，实难获以周作人为代表的京派文人的认同。高恒文《谢本师："你也需要安静"——沈启文与周作人》②认为，沈启无与周作人关系的分水岭，应推"破门"事件和"反动老作家"事件。沈的作为，当然对周作人并无善意。而周作人大题小做，痛打落水狗，其实是颇有深意存焉。通过扩大这一事件，周作人试图塑造其"下水"却未"亲日"、"附逆"并不"附日"的形象，以便为自己留一后

---

① 耿宝强：《周作人与陈独秀"信教自由宣言"论争评议》，《滨州学院学报》2012 年第 4 期。
② 高恒文：《谢本师："你也需要安静"——沈启文与周作人》，《现代中文学刊》2012 年第 3 期。

路。沈启无则不过是周作人声东击西式的自我辩白的牺牲品而已,是被他利用的工具。而刘绪源《不妨注意一下〈药堂杂文〉"第一分"》①则认为高恒文《谢本师:"你也需要安静"——沈启文与周作人》中的判断并不合理。刘绪源以为这说得未免轻率,当时周作人的权势并未大到可以为所欲为,并以周作人的《药堂杂文》"第一分"反驳了高恒文的说法。

袁一丹《见诸言议的周作人事件——"方外唱和诗钞"的传播路径及社会效应》②认为,重构周作人"落水"事件,首先需要区分动机与效果。事实上,其当时的"真实意图"几乎是不可还原的,而言动产生的社会效应,则可以从舆论、清议乃至流言蜚语中倒映出来。此文将"落水"事件看作是话语衍生、膨胀的过程,考察外部的舆论压力如何左右局内人的出处进退。周作人将"方外唱和诗"交给《燕京新闻》来发表,其实是想顺带传递出他就任燕大教职这个信号,显示自己是"忠贞之士"。胡适与周作人的赠答诗内部并没有太多阐释空间,有意思的反倒是这组"方外唱和诗"的传观过程,及在"方内"——士林社会引发的回声。"方外唱和诗"的传观范围不限于苦雨斋中,亦不止于沦陷北平,在周作人及其座上客的"竭力"散布下,成为士林社会关注的焦点。

在 20 世纪三四十年代革命和战争风云骤起的年代,尤其是日本帝国主义发动的侵华战争使中日两国文化交流面临最困难的时期,林芙美子数次到访中国,与周氏兄弟多有交往而结下友谊。林敏洁《林芙美子与鲁迅、周作人交往考》③通过作者在东京新宿区的历史博物馆确认到新的史料文物,进一步回顾和整理这位日本女性作家与周氏兄弟之间的友好交往经历。林芙美子曾与周氏兄弟多有交往,并建立起了超越民族国家界线的友谊。无论是直接见面,还是日记记录,都足以表现林芙美子对文学大家鲁迅、周作人的无限景仰之情;无论是林芙美子的公开致信,还是文学写作,足以反映出她对两位文学大师的爱戴之心;无论是鲁迅 1930 年

---

① 刘绪源:《不妨注意一下〈药堂杂文〉"第一分"》,《现代中文学刊》2012 年第 4 期。

② 袁一丹:《见诸言议的周作人事件——"方外唱和诗钞"的传播路径及社会效应》,《鲁迅研究月刊》2012 年第 11 期。

③ 林敏洁:《林芙美子与鲁迅、周作人交往考》,《中国现代文学研究丛刊》2012 年第 11 期。

赠送给林芙美子的诗词，还是周作人 1940 年抄写给林芙美子的偈颂，虽然时光已经流逝了七八十年，但是我们如今都可以在新宿博物馆里见到经过精致裱装、毫无褪色的原件，这也足以表现出林芙美子对两位大师所赠之物的爱惜之意。

林分份、高少锋《周氏兄弟与冯省三》[①]以鲁迅、周作人日记中涉及冯省三的记载为基础，结合已有的相关文献和作者最近发现的几则新史料，试图较为完整地呈现周氏兄弟与冯省三交往的具体情景。有关周氏兄弟与冯省三的交往，已经出版的鲁迅、周作人日记提供了大量的第一手材料。就实际来看，周氏兄弟不仅关照冯省三的实际生活，扶持他的学业和事业，甚至对于其性格上的直率、鲁莽之处，也都给予宽厚的包容。冯省三在"讲义风潮"中被北大校方开除后，周氏兄弟与钱玄同等人一起帮助冯省三筹办了北平世界语专门学校，让他专职从事世界语的教学工作。结合作者最近发现的相关史料来看，在料理冯省三的后事方面，周作人可谓尽心尽力。在生命最后的两三年间，周氏兄弟近乎以"忘年交"相待的拳拳之意，以及几近无微不至的体恤、包容和帮助，无疑给在困境中苦苦挣扎的冯省三带来了巨大的温暖和慰藉。而其中，周作人对其在学业、工作、生活及情感等方面的帮扶与关照，都称得上不遗余力、令人动容。

丁文《周作人科举经历考述》[②]以周作人日记为基本材料，梳理其 1898 至 1901 年（14—17 岁，按西式算法）四年间参加科举考试的具体史实，揭示这位新文化人的科考遭际，用他对早年经历的有意忽略以及隐藏在背后的复杂心态，为"五四"知识分子的历史选择提供一种个案分析。

对周作人生平研究作出解读的还有林树帅的《"牛教授遇刺"与"周作人遇刺"——从四世同堂看"周作人落水事件"》[③]等。

---

① 林分份、高少锋：《周氏兄弟与冯省三》，《鲁迅研究月刊》2012 年第 6 期。
② 丁文：《周作人科举经历考述》，《鲁迅研究月刊》2012 年第 1 期。
③ 林树帅：《"牛教授遇刺"与"周作人遇刺"——从四世同堂看"周作人落水事件"》，《牡丹江大学学报》2012 年第 1 期。

四　周作人与翻译研究

  鲁迅和周作人都是跨越晚清和民国文坛的著名翻译家,他们包括《域外小说集》在内的早期小说翻译可谓得失参半,文学评论界的看法也不一致。韩洪举《周氏兄弟早期小说翻译的成就与失误》①通过详察周氏兄弟早期译作,看出其早期代表作《域外小说集》是我国翻译文学史上的重要成就。鲁迅自从事文学翻译之初就特别重视文学翻译的社会功能,同时,又要求翻译家重视译文的审美价值。周氏兄弟均为翻译大家,他们的小说翻译虽然存在着一定的局限,如语言的欧化等,但其理论主张是进步的、超前的,尤其他们坚持"硬译"、"直译"的翻译作用,对后世的小说翻译产生了巨大的积极影响。

  周作人是伟大的翻译家,他从 20 世纪初提起译笔到"文革"前夕最后搁笔,前后历时 60 余年。于小植《"启蒙"的淡化与反拨:周作人对功利翻译观的超越》②认为,20 世纪前半叶,多数翻译家以"启蒙"和"救亡"为使命,带有明显的功利色彩。周作人更加强调翻译的趣味性和个体性以及与此相关的包容性。他同时强调文艺的生命是自由而不是平等,是分离而不是合并。这种对于文学多样性的清醒的理性坚守与对时代主潮的分离行为,使周作人的翻译观背离和超越了其时代翻译观的急功近利性,在 20 世纪的文学史上有着极为重要的意义。

  无论从译介作品的广度、深度以及内容影响,周作人都是首屈一指的翻译大家。他有主旨、有计划地译介充满着人道主义精神的小说,以期达到"人的觉醒"之目的。张妍《从"非战小说"翻译看启蒙人道主义——周

---

① 韩洪举:《周氏兄弟早期小说翻译的成就与失误》,《河南大学学报》2012 年第 6 期。
② 于小植:《"启蒙"的淡化与反拨:周作人对功利翻译观的超越》,《求是学刊》2012 年第 3 期。本年度于小植发表的与周作人与翻译研究相关的文章还有:《周作人的翻译理论及其翻译实践》,《吉林省教育学院学报》2012 年第 9 期;《周作人的文学翻译对我国译学史的贡献》,《赤峰学院学报》2012 年第 10 期。

作人〈新青年〉译作评析》①认为，这种启蒙意识在他译介的"非战小说"中显得更为深刻，体现为裹挟与希望的呼喊、弱小抵制的平民人道。周作人在外国文学的译介过程中注重文学思潮流派的推介，进而达到对人的启蒙。他的译作在直面惨烈的惊心动魄中令人深感人道主义的存在价值，响应了由周作人提出的"平民文学"口号。

五　周作人与学术研究

周作人的《中国新文学的源流》（以下简称《源流》）一直被认为是"循环论"文学史观的体现。在《中国现代文学研究丛刊》刊发的几篇颇具学术分量的研究论文中，《源流》的"循环论"亦是被着重凸显的"特色"。王瑜《谁在写史？——由〈中国现代文学研究丛刊〉几篇文章看周作人〈中国新文学的源流〉读解的"误区"》②认为，结合《源流》的发生研究和文本细读，可以发现《源流》并不具有"写史"的特征，更不能承担学界所赋予其"循环论"的定位。在给予《源流》"写史"、"循环史观"定性的背后，实质上是中国现代文学史书写寄托的需要。周作人反复表明自己无意写史，但《源流》却被升格为"史"；周本只想说明自己的担忧，希望新文学能按照运动初期的线路发展下去，但他潜在观点的流露却被显性化为"循环论"的史学观，进而大受质疑。如果说周作人是"写史偏多言外意"，学界这个定性概括的背后有着"更大的言外之意"。这个"更大的言外之意"与写史者的诉求有关，就是讲述新文学是如何被纳入革命史进而确立"主流"、"支流"和"逆流"，进一步考察新文学是如何成长起来的叙述需要。无意写史的被认为在"写史"，真正的写史者却成了隐性的存在，这不免让人想起了苦雨斋中"吃苦茶"。

---

① 张妍：《从"非战小说"翻译看启蒙人道主义——周作人〈新青年〉译作评析》，《文艺争鸣》2012年第11期。
② 王瑜：《谁在写史？——由〈中国现代文学研究丛刊〉几篇文章看周作人〈中国新文学的源流〉读解的"误区"》，《中国现代文学研究丛刊》2012年第6期。

毛晓平《周作人论鲁迅治学之道》①认为,1936 年 10 月 24 日,在鲁迅去世后的第五天,周作人写下了《关于鲁迅》(收《瓜豆集》)这篇文章。在文中论述了鲁迅的治学之道,话语多肯定、公允,将鲁迅治学的兴趣、出发点、严谨之处都写了出来,可见兄弟情谊之非同一般。周作人高度评价了鲁迅的学问之道,并以详细的内容概括了鲁迅治学的一生,认为“鲁迅在学问艺术上的工作可以分为两部,甲为搜集辑录校勘研究,乙为创作”。从中可以看出鲁迅在治学路上的勤奋与用力,同时也可以看出周作人对鲁迅的客观的评价与赞扬。只有周作人才能这么详尽地论述鲁迅治学的态度与成就,为后人留下了一个真实的鲁迅。

　　陈文辉《民族情感制约下的周作人与晚明小品》②认为,周作人与晚明小品之关系,自始至终受其民族情感变化的制约。上世纪,1911 年归国乡居时期的《越中“游览记”录》,是周作人推崇晚明小品之发端;20 年代至 30 年代初,是周作人寻找新文学源流、推崇晚明小品及进行理论总结时期;1933 年之后晚明梦幻破灭,周作人推崇晚明小品的视角发生了转变,继而转向对中国新文学源流的探溯,但局限明显,影响不大。

六　周作人与期刊研究

　　李斌《〈绍兴公报〉的“顽石”:周作人抑或傅顽石?》③经过深入考辨,认为《绍兴公报》的“顽石”确实不是周作人,而是另有他人。“顽石”只是周作人的“别名”而非“笔名”。“顽石”不过是他在日记上使用的别号之一,而且不久就废弃了,即周作人仅是使用“顽石”作为别名写日记,而没有用“顽石”作为笔名发表文章。另外,《绍兴公报》上署名“顽石”的这些文章中,除《侦窃》是小说外,其他都是与时局相关的文章,这些文章理应是对政治有极大的热情的人所做。而其实周作人对政治不大热心,基本

---

① 毛晓平:《周作人论鲁迅治学之道》,《鲁迅研究月刊》2012 年第 10 期。
② 陈文辉:《民族情感制约下的周作人与晚明小品》,《昆明学院学报》2012 年第 1 期。
③ 李斌:《〈绍兴公报〉的“顽石”:周作人抑或傅顽石?》,《鲁迅研究月刊》2012 年第 6 期。

上是学习和译书。从以上方面来看,《绍兴公报》上的"顽石"并非周作人铁定无疑。那么顽石既非周作人,又是谁呢?汪成法这样猜测:"至于其真实身份,虽然一时尚无法确定,但显然是一位生活在国内(很可能就是绍兴城内)的关心时事的人,也许就是一个'革命党'。"这一猜测综合了文章内容、发表时间、发表刊物等因素,故而很有道理。其实此人是傅顽石,而他也完全符合汪成法的猜测。而且发表在《绍兴公报》署名"顽石"的文章《论新昌毁学案》、《论嵊上新嵊毁学案》,涉及嵊县和新昌县,当时嵊县和新昌县属绍兴府管辖,傅顽石在民国时期任嵊县和新昌县知事。此外还有最为直接的证据,周芾棠在《乡土忆录——鲁迅亲友忆鲁迅》中,有这样一段文字,绍兴军政府成立后,"商会总董钱达人和越社文学巨子傅岩(笔名顽石)去省方迎接王金发来绍兴"。综上所言,发表在《绍兴公报》署名"顽石"的文章并非周作人所作,而是傅顽石所作。

七　周作人与美术研究

"苦住时期"的周作人曾多次著文提到浮世绘,并念念不忘永井荷风所提到的"东洋人的悲哀"。徐从辉《东洋人的悲哀:周作人与浮世绘》[①]根据周作人的行文,结合永井荷风所体认的"东洋人的悲哀",认为周作人的"东洋人的悲哀"大致指向以下几个方面:对妇女与性问题关注的延续;对凡人的日用人事的关注,对"专制"、"载道"与"八股"的反动,寻求思想自由与"言志"的空间。浮世绘中的素朴的风景、凡人的喜悲正和中国一些绘画中的士大夫功名思想形成对比,这种带有浓郁抒情气质和日常生活气息的绘画传达了一种悠然自乐,而这种"言志"的倾向正和"载道派"形成不同的色调。浮世绘也传达了一种冥冥中忧郁的悲哀,这是"东洋"所共有的,这是生活在一个专制时代的一个凡人的悲哀,也是妇女运命的悲哀。简而言之,浮世绘中所体现的"东洋人的悲哀"在周作人这里成为他以自己的人学思想观照东亚文明的审美感知结果,是他把关于东

---

① 徐从辉:《东洋人的悲哀:周作人与浮世绘》,《文学评论》2012 年第 6 期。

亚文明思考的"大叙事"企图缝合进浮世绘的日常"小叙事"的尝试,但东亚文化的内在分裂使他的这种尝试遭到了历史的戏谑。周作人的"东洋人的悲哀"生长在权力的匆碌与对往昔的追怀之间,而"过往"的葱茏也暗示出周作人在某种程度上与现实对接的贫乏与无力。进一步说,周作人的"东洋人的悲哀"与复杂的现实之间充满了紧张关系,在"悲哀"中周作人逼近那繁华的过往和一再言说的"人学"图腾,而这又可安抚"苦住时期"一个文人不能承受的生命之重。

八　周作人史料研究

从 1986 年《文教资料》第四期发表一组"关于周作人的一些史料"开始,关于周作人抗战期间担任伪职行为的史料研究一直颇具争议。止庵《重提"关于周作人的一些史料"》①认为,时隔二十多年,没有了当时特殊的政治背景,今天我们可以冷静客观地看待那批材料。加之又一批新的史料出土,关于周作人担任伪职的这一行为或许可以得到新的阐释。作者并不认为沈鹏年当初对于周作人出任伪职所做的调查工作——其一部分结果即"关于周作人的一些史料"——没有价值,甚至像"敌伪时期周作人思想、创作研讨会"所认定的那样是"伪造材料"。而是认为二十多年过去了,已不复是当时特殊的政治背景,也许我们可以冷静客观地看待沈鹏年所提供的这批材料了,除了已发表的"关于周作人的一些史料",还有陈涛、张靖和万复等人的口述记录。对此应该分别予以核实鉴定。如果当事人身份无误,而材料又确系其本人供给,那么至少可以"存此一说"。匆忙笼统地一概否定,在作者看来并不足以服人。至于这批材料可能具有什么"倾向",甚至由此得出何等"结论",乃是别一问题,不应影响对于材料的核实鉴定。

止庵《记新发现的周作人〈希腊神话〉译稿》②认为,在"胡适档案资料

---

① 止庵:《重提"关于周作人的一些史料"》,《现代中文学刊》2012 年第 3 期。
② 止庵:《记新发现的周作人〈希腊神话〉译稿》,《现代中文学刊》2012 年第 6 期。

库"周作人项下见"希腊神话（亚坡罗陀洛斯）"，共 370 页。乃是周氏1937 年所译《希腊神话》和 1938 年所作《希腊神话注释》（未完成）等手稿。第一份手稿是《希腊神话》。目录写在"煆药庐制"稿纸上，作者对此做了详细的整理记录并根据周作人日记进行具体的分析阐释。第二份手稿是《希腊神话注释》。目录写在"煆药庐制"稿纸上，前标"希腊神话注释附录一"，所列亦 19 章，与《希腊神话》同。作者同样对此做了详细的记录与分析。另外还有两份手稿，一份"希腊神话古希腊亚玻罗陀洛斯著周作人译"；另一份又包括两部分，均用"知堂自用"稿纸，折页，每页 12 行，每行 25 字，每个折页编一个页码，作者都对此做了整理分析。

黄开发《〈周作人集外文〉的一处误植及其他》①认为，收入《周作人集外文》的《拥护宗教的嫌疑》的文本有些奇怪。该文共有三段，第一、二段很短，没有什么问题，但占全文三分之二以上篇幅的第三段则让人丈二和尚摸不着头脑。《拥护宗教的嫌疑》在"是为维持约法上的信教自由"后，误植了同一版面赵鸣岐与刘谊寿《批评"主张信教自由者之宣言"》的文字。该版第二栏的后面开始印周氏的文章，到"是为维持约法上的信教自由"一句的"自由"二字开始转入第三栏，而上面正对应的第二栏开头的文字恰好是《批评"主张信教自由者之宣言"》中的"信教自由的宣言书"，编者由于疏忽，在"是为维持约法上的信教自由"后全部植入了上一栏文章的文字。

在现代文学研究界公认的《新青年》中四篇署名"鲁迅"的"随感录"之外，另外还有一篇署名"鲁迅"的《关于〈拳术与拳匪〉》的"通讯"很有可能也是周作人的。汪成法《论〈鲁迅全集〉中的周作人文章》②反复引证的结果还是只能像其他论者一样指认五篇署名"鲁迅"的"随感录"可能有四篇出自周作人，并不能真正确定几篇文章的最后归属。作者认为，周氏兄弟之间存在着早年相互使用对方的名字发表作品的现象，对于尤其是像鲁迅生前收入自己文集《热风》中的这些可能出自周作人笔下的文字，学界

---

① 黄开发：《〈周作人集外文〉的一处误植及其他》，《鲁迅研究月刊》2012 年第 7 期。
② 汪成法：《论〈鲁迅全集〉中的周作人文章》，《现代中文学刊》2012 年第 3 期。

不应过于强调作品的确切归属而将其从鲁迅名下除去。毕竟写作的当时兄弟二人关系密切，思想观念、文字风格都非常接近，写作中一定也还存在着思想与文字的互相交流，很多文章可能就是兄弟二人合作的结果。

1943 年 4 月南行期间，周作人共有五次演讲。其中《人的文学之根源》因刊载于是年 7 月的《艺文杂志》早已为人所知，《学问之用》直至近日才由故纸堆中检出，其余三次讲演则湮没不闻。程天舒《周作人 1943 年在南方的演讲》[①]对《智识的活用——周作人在苏州的演讲词》、《女子教育和一般中学教育的意见——四月十四日周作人在模范女中讲演》、《整个的中国文学——周作人在南方大学演讲》三次演讲全文进行了全面的记录及详细的考证分析，认为在 1943 年的南方，卸去教育督办的头衔，面对相对单纯的学生，周作人的演讲似乎回归了熟悉的文学与思想领域。但结合具体语境与言说者的心境，老话题也难免"变质"，如何延续自身个性化的言说，同时为自己作不辩解的辩解，恐怕是周作人附逆后诸种言论的"中心思想"，无论书面文字抑或演讲，都留下了这种曲折挣扎的痕迹。

张霖《龙榆生致周作人函释考》[②]结合张晖《龙榆生先生年谱》依次考释了在龙家整理旧物时新发现的龙榆生致周作人的信札四封及周丰一的信札一封。这四封信分别写于 1958 年（一封）和 1965 年（三封）。从这四封信，我们可以发现，周作人和龙榆生两人之间的关系，可能比学界早前预料的还要深得多。

九　周作人研究之研究

郜元宝《失败者的抵抗——从〈北京苦住庵记〉说起》[③]认为，周作人研究存在的主要问题，是对周氏在北京沦陷时期思想演变与心理内容的复杂性关注不够，零碎片面的事实考辨取代了心理活动的整合，以致将这个时期的周作人当作道德僵尸进行居高临下冷面无情的解剖。周作人研

① 程天舒：《周作人 1943 年在南方的演讲》，《鲁迅研究月刊》2012 年第 3 期。
② 张霖：《龙榆生致周作人函释考》，《鲁迅研究月刊》2012 年第 8 期。
③ 郜元宝：《失败者的抵抗——从〈北京苦住庵记〉说起》《学术月刊》2012 年第 5 期。

究遭遇瓶颈,并非周氏吞吐曲折的文风或泛滥无归的"杂学"所致,而是来自研究者心境的不自由。《北京苦住庵记》显示了木山英雄理解的"阅读周作人的自由心境",乃是将周的悲剧放在真实的历史舞台中考量,明白怎样的历史合力将他推向道德深渊,因此不必让他独自承担所有罪责。"失败主义式的抵抗"原是木山英雄描述附逆之前周作人的心态,但也可以扩张为刻画周作人"作家之相"的画龙点睛之笔。

30 年来,中国大陆周作人文集的出版成就斐然。从 1981 年到 2010 年,中国大陆共出版各种周作人文集 211 种。编订周氏文集用功最勤、成就最大的编者要推钟叔河、止庵以及陈子善、张铁荣,具体标志他们成就的是钟叔河编周作人著作集、《周作人文类编》《周作人散文全集》;止庵编《周作人自编文集》《苦雨斋译丛》;陈子善《知堂集外文》以及他与张铁荣合编《周作人集外文》。黄开发《30 年来周作人文集的出版》①通过评述这几套大型文集,介绍周氏自己编文集、他人编文集、译文集,认为时至今日,周作人是中国现代唯一一个尚无全集的文学大家,这与他在现代文学史、现代文化史上和读者心目中的地位是不相称的。版本研究和校勘工作最为欠缺和紧迫,制约了周作人文集出版水平的提高。

徐从辉《周作人对现代的另类回应——评苏文瑜〈周作人:自己的园地〉》②认为,苏文瑜的周作人研究充分吸收了当时中国周作人研究的最新成果,同时对海外汉学的相关研究成果也较为熟悉,文中引用大量英文资料。比如她对周作人文本中出现的弗雷泽、蔼理斯、哈里森、爱德华·泰勒、兰格等西方思想资源的熟稔,正是国内不少研究者所欠缺的。苏文瑜对这些思想资源的吸收和重视使得她的周作人研究比较丰厚。苏文瑜将英文世界的周作人研究向前推进了一大步。虽然这篇书稿的雏形完成于近二十年前,但至今读起来依然给论者不少的思考和启发,作者丰富的学识、鲜明的问题意识、灵动的思辨给论者留下了深刻的印象。

---

① 黄开发:《30 年来周作人文集的出版》,《北京师范大学学报》2012 年第 3 期。
② 徐从辉:《周作人对现代的另类回应——评苏文瑜〈周作人:自己的园地〉》,《现代中文学刊》2012 年 6 月。

胡令远《周作人日本文化研究方法刍议》①认为，周作人对日本文化的三个层次，即生活文化、形而上的纯文化以及宗教文化，分别采取了体验观照、"盆栽式"、"迂回式"等研究方法加以探讨。一方面由此揭示了日本生活文化质素简朴、纯文化富于"俳味"等特点，另一方面在对日本的本土宗教即神道教的奥义的探讨上，却以不可解而告终，显示了周氏日本文化研究方法论的局限性。

对周作人研究之研究作出解读的还有靳丛林、李明晖的《"现代性"追问下的历史与学术——评赵京华〈周氏兄弟与日本〉》②等。

---

① 胡令远：《周作人日本文化研究方法刍议》，《日本学刊》2012 年第 1 期。
② 靳丛林、李明晖：《"现代性"追问下的历史与学术——评赵京华〈周氏兄弟与日本〉》，《鲁迅研究月刊》2012 年第 12 期。

第十三章　2013 年周作人研究述评

一　周作人作品研究

1. 周作人散文研究

（1）文体学

朱晓江《周作人美文写作的脉络及其文化意义》[1]认为，从周作人提出美文主张的具体文学语境（他的知识构成与文学关注等）来看，在冲淡平和的美学外衣之下，其美文写作其实别有一种现代性反思的文化功能。这与他对日本"新文学"的了解有关，也与他"人类正当生活"的主张有关。从这样一个角度来看，关于美文的文学史定位，其实也只是一种后来的附加，而并不成为周作人当时散文写作的核心关怀。周作人此时支持进化论，但是他同时也从日本文学"新文学"的发展脉络中看到了现代文化的缺陷，所以他否定了中国"新文学"内部关于文学"为人生"或"为艺术而艺术"的争论，提出并实践了为"个人的"文学观。他的美文写作，他对于日常生活趣味的强调，其实是他为克服现代文化重物质轻精神的缺陷而采取的补救措施，所以别具一种反抗意味。他将大量的日常生活，尤其是江南地区的民俗生活纳入到他的美文写作中，不仅仅是一种情感上的怀旧或者知识上的梳理，而且还具有一种现实的文化功能。

---

[1] 朱晓江：《周作人美文写作的脉络及其文化意义》，《中国现代文学研究丛刊》2013 年第 3 期。

张伯存《尺牍：一种文体的接续与转化——以〈周作人俞平伯往来通信集〉为中心的讨论》①认为，近期出版的《周作人俞平伯往来通信集》不应仅当作文学史料看待，它是一部现代散文精品集，是具有很高审美价值的美文，它在内容和形式上接续了中国文学中的尺牍传统，并作了现代的转化与创新，是一种新式尺牍的集成，确立了尺牍这一古老而独特的文体在现代文学史中的价值和意义。另外，论者认为从文体的角度开展现代作家尺牍、书札研究，以周氏兄弟为中心，旁及陈独秀、胡适、钱玄同、张爱玲、沈从文、俞平伯、废名等作家，也许不失为一条研究路径。

（2）类型学

周作人自 1939 年担任伪北大图书馆馆长起至 1945 年"八·一五"日寇无条件投降时止，六年附逆期间共创作散文 430 余篇，数量颇多。袁良骏《周作人附逆期间散文论略》②认为，在周作人及其散文研究中存在两种倾向：一是为着彰显周作人在现代文学史上的突出贡献，而有意回避或淡化周氏附逆期间诸多散文所暴露出来的严重问题与错误；二是既已认定周作人是汉奸，曾为日本法西斯及汉奸汪精卫之流歌功颂德，就对周氏文学思想、散文创作不加分析地一笔勾销。当下第一种倾向尤为严重。该文依据知人论世、知世论文原则，将周氏附逆期间散文作为一个独特的研究对象，既实事求是地揭露周文的主要问题与错误，又对部分佳作予以肯定性评析，从而展示出它们与周氏其他人生阶段散文的不同特点。

冯仰操的《怀旧的三种式样》③以对民国人物辜鸿铭为记述焦点，比较了周作人与张中行、张昌华的民国人物书写者的怀旧式样。通过对周作人记述辜鸿铭散文文本的细读，并结合周作人总体的散文风格，论者发现周作人的民国人物的书写式样是以真实为旗帜，即通过亲闻的两个轶事凸显辜鸿铭怪的一面，而无意于做整体的评判。虽然周作人对写作材

---

① 张伯存：《尺牍：一种文体的接续与转化——以〈周作人俞平伯往来通信集〉为中心的讨论》，《枣庄学院学报》2013 年第 4 期。
② 袁良骏：《周作人附逆期间散文论略》，《辽宁大学学报》2013 年第 6 期。
③ 冯仰操：《怀旧的三种式样——比较周作人、张中行、张昌华的民国人物书写》，《扬子江评论》2013 年 4 月 28 日。

料的记录多是琐事，但仍有独特的别择，其中的标准之一便是趣味。其次，周作人的语言虽偶尔点染若干文言词，句式却是充分欧化了的，即其散文语言多用长句，多从句，却层次分明，不失为现代语文的范本。最后，周作人的民国人物写作样式还直接影响并成就了张中行的书写式样。总之，不同于其他的写作者，周作人在民国人物书写式样中的特色是偏史。

（3）民俗学

寿永明《鬼趣与人情——读周作人〈水里的东西〉》[①]认为，周作人1930年写作的《水里的东西》一文，不仅着力从民俗学的角度解读"河水鬼"的迷信传说，探究富含人性、人情的传说之后隐伏投射的俗世人心，以厘清"河水鬼"这一迷信文化沉潜流传的内在机微。同时还有意引入希腊精神中的美化思想，倡导祛除鬼神传说中的恐怖分子，美化神话传说，以使得人心有所凭依，从而逐步壮健且充满活力。最后他提出以"河水鬼来做个先锋"，引发"社会人类学与民俗学"调查研究的兴趣，以此建构健全科学的思想，探求一种最适合人性发展的生活方式。全文意绪清新，展现出特有的艺术价值，文思广博，呈示其融贯一生的思想探寻。

2. 周作人诗歌研究

追究动机，主要依靠当事人的自述，无论是事前埋下的伏笔，还是事后的追忆、辩解，故而动机可被视为一种修辞学的派生物。袁一丹《动机与修辞：周作人"落水"前夕的打油诗》[②]认为周作人"落水"前夕写作的"打油诗"，便是旨在辩解的动机修辞的一种表达方式。一贯矜持的周作人不可能站在当时的历史语境中出来声嘶力竭地为自己北平的行为而辩白，而打油诗这种亦庄亦谐的文体，较之过于敞露的白话文，正适于作为他进退两难时的一种修辞策略。论者通过对周氏打油诗的互文性解读，尤其是对"有时掷钵飞空去"、"未免人间太有情"、"不是渊明乞食时"、"回首冤亲一惘然"的解读，并结合周氏的生平经历、身世背景将其"落水"的

---

① 寿永明：《鬼趣与人情——读周作人〈水里的东西〉》，《宁波大学学报》2013年第4期。
② 袁一丹：《动机与修辞：周作人"落水"前夕的打油诗》，《鲁迅研究月刊》，2013年第1期。

动机和心境呈现出来。

二　周作人思想研究

1. 周作人与中国传统文化

林分份《知识者"爱智之道"的背后》①从辨析 30、40 年代周作人对儒家思想的相关言说入手,探讨了其儒家论述的独特性与复杂性。周氏以"爱智者"的姿态言说儒家"情理"、"中庸"和"事功",不仅与其思想构成有关,而且与其自我更新及自我辩解有关;周氏的儒家论述融合了古希腊、现代科学以及道家、释家等古今中外多种思想资源,与"五四"以来各种批判儒家的激进思想和文化保守思潮多所不同;周氏带有"寻求差别"意义的儒家论述,为其在文化场域中争取到更多象征性资本的同时,也呈现了动乱时代知识者思想言说的复杂性。

高恒文《南朝人物晚唐诗——论周作人和废名对"六朝文章"、"晚唐诗"的特殊情怀》②发现,周作人对日本诗人大沼枕山的诗句"一种风流吾最爱,南朝人物晚唐诗"十分欣赏,一再在文章中称赏、引述。原因很简单,因为"六朝文章"和"晚唐诗"正是周作人最为欣赏的中国古典文学作品。周作人对六朝文章和晚唐诗的欣赏在京派范围内产生了深远的影响,废名接受周作人的推介,其小说创作受晚唐诗影响,并进而对六朝文章产生了巨大的热情。随后,这一影响又通过废名,先后波及卞之琳、何其芳、林庚、朱光潜等,成为现代文学史上一个重要事件。

李涛《论周作人对晚明性灵文学思想的现代发现》③认为,周作人对晚明性灵文学思想的发现与提倡,是在思想自身与个人因素的双重作用下,循着现代新散文与明末性灵小品具有近似性这一可靠依据,经过漫长

---

① 林分份:《知识者"爱智之道"的背后——一九三〇、四〇年代周作人对儒家的论述》,《文学评论》2013 年第 2 期。
② 高恒文:《南朝人物晚唐诗——论周作人和废名对"六朝文章"、"晚唐诗"的特殊情怀》,《汉语言文学研究》2013 年第 1 期。
③ 李涛:《论周作人对晚明性灵文学思想的现代发现》,《合肥师范学院学报》2013 年第 4 期。

的文学阅读与较为系统的理论思考的结果；周作人提出明末的性灵文学运动和现代的新文学运动在文学主张与发展方向上是一致的，都属于文学回归"言志"的性质。周作人从晚明性灵文学思想中解读出具有现代气息的反礼教、反压抑、反载道的文化反抗动机，以及契合现代文学发展方向的讲个性、求真实和重趣味的审美倾向。

有着共同成长背景与教育背景的鲁迅与周作人曾一起参与了新文化运动并有突出贡献，但是新文化运动退潮以后，鲁迅认同了左翼倡导的革命暴力，而周作人走向了隐逸的自我园地。晏杰《从同途到异路——论鲁迅与周作人思想转向分歧的隐形存在》①认为，周氏两兄弟的这种思想转向的分歧是必然的，因为在他们的文学创作与思想启蒙中早已隐性存在着一个乡土的两种言说与个人观点的同质对立。

2. 周作人与外国文化

在中印两国现代文化交流史上，泰戈尔与周作人曾有过两次神交：一次是在中国"五四"新文化运动，一次在 1924 年泰戈尔访华前后。孙宜学《泰戈尔与周作人》②探讨了在这两次神交中，周作人对泰戈尔的误读的原因及其泰戈尔观的丰富内涵。论者认为，在周作人与泰戈尔的第一次神交中，周作人将泰戈尔当成批判封建礼教的靶子，其原因是因为周作人认为印度文化及其精神与中国封建文化及其精神都属于他认为应该被抛弃的东方旧文化，而泰戈尔却在提倡印度民族精神复兴，所以周作人才否定了泰戈尔。而在周作人与泰戈尔的第二次神交中，周作人却变成了泰戈尔的支持者，原因是周作人从时人语境的泰戈尔之争中看到了非理性的"群众运动"的迹象。但是周作人支持泰戈尔的理由和泰戈尔的思想及文学无关，所以他又并不完全支持泰戈尔。由此可见，周作人对泰戈尔的态度是复杂而多变的。

张静《"无抵抗的反抗主义"与"最希腊的英诗人"——周作人眼中的

---

① 晏杰：《从同途到异路——论鲁迅与周作人思想转向分歧的隐形存在》，《长江师范大学学报》2013 年第 1 期。

② 孙宜学：《泰戈尔与周作人》，《南亚研究》2013 年第 1 期。

雪莱》①细致梳理了 20 年代周作人对于雪莱的译介活动。论者认为在周作人的翻译作品和纪念文章中，其突出的是雪莱在作品中体现出的"无抵抗的反抗主义"，而这正契合了他本人在这个时期所持的政治观点。同时，周作人就雪莱诗句翻译与当时的文人进行了"笔战"。他将雪莱视为"最希腊的英诗人"，而这也与他自己对古希腊文学的热爱相吻合。通过仔细检视周作人的译介可以看到，不同的作家在同一个雪莱身上吸取到了不同的营养。可以说，周作人是在借助雪莱，"浇自己心中块垒"。

3. 周作人与政治

改革开放以来，不断有人在为周作人的卖国投敌辩护，周作人自制的"文化救国论"也因此一度走俏，并成了现代文学研究领域的"新宠"。对此，袁良骏《周作人"文化救国"新评》②从批判的立场出发，认为周作人制造、发明的"文化救国论"，其"中心思想"，即是"大东亚主义的思想"，也就是"大东亚共荣圈"的同义语。周作人"文化救国论"的几个理论支柱不但诬蔑气节，大反气节，而且炮制政治、文化二元论，人为地把政治、文化对立起来。所谓"不为国民政府守节"、"文化救国论"，其实是汪精卫"曲线救国论"的翻版，是一个彻头彻尾反历史唯物主义的理论，是对历史的曲解和嘲弄。

陈帅锋《对"周作人附逆"的思想史解读》③也以批判的眼光看待了周作人的附逆行为。论者认为时过境迁，至今仍有不少人在为周作人的附逆辩护，其原因是对周氏当时的思想行为缺少真实的了解。20 世纪 30年代以来，一些知识分子和周作人一样对时局持悲观看法，但他们从宋明亡国悲剧中汲取的是抗争到底的民族精神；而周作人则通过对晚明的讨论，推导出"道义事功化"等荒谬的见解，极力为自己附逆辩护。由于周作人的论说含有传统文化的批判性立场，因此其自辩具有很大的蛊惑性，需

---

① 张静：《"无抵抗的反抗主义"与"最希腊的英诗人"——周作人眼中的雪莱》，《中国比较文学》2013 年第 2 期。

② 袁良骏：《周作人"文化救国"新评》，《汕头大学学报》2013 年第 4 期。

③ 陈帅锋：《对"周作人附逆"的思想史解读》，《中国现代文学研究丛刊》2013 年第 1 期。

要结合当时的语境如其他汉奸类似的言论予以批判。南渡诸人对于周案的意见并不一致，主要意见有三种：维护、存疑、批评，他们对周作人附逆的不同态度也折射出其不同的心态。

徐仲佳①则仍然对周作人的附逆表达了同情的理解。他认为，周作人附逆期间的"民族主义"表达并不是单纯的"复古"（如木山英雄所言），而是其自"五四"新文化运动以来就有的取中国传统文化和西方现代文化融合的思路。他附逆的悲剧，固然有个人性格的悲剧，但更重要的因素可能是当时专制政体与民族主义的现代原则存在着不可调和的矛盾。看来有关这一问题的讨论仍将持续进行下去。

4. 周作人的精神特质

李相银《暧昧与混杂：沦陷时期周作人精神症候分析》②认为，周作人在上海沦陷时期的文学期刊上受到热捧是值得关注的文学现象，他在《古今》、《杂志》等期刊上的相关文字显示出与过去迥然有别的精神混杂面向。在"春秋笔"与个人苦衷之间的自私选择造成了周作人"落水"之后的道德隐忧。为排遣这种隐忧，周作人一方面借助《古今》展开政治交游，对汪精卫谄媚示好；另一方面又在《苦茶庵打油诗》中进行忧虑自评。这反映在"破门"事件与片冈铁兵"扫荡反动老作家"事件之后，周作人对自己进行重新定位。事件的爆发证明周作人在中国传统文化的层面上寻求中日之间、侵略者与被奴役者之间文化认同的失败。因此，《苦茶庵打油诗》是周作人的自我总结陈辞。周作人的文字代表了沦陷区"落水"文人与官员局促难安的精神状态。在背离民族道义之时，尴尬、暧昧、回避、辩解、神圣化等等成为其寻找合法性、自我解脱时的精神表现。

邱逸云《水穷云起：周作人的脾气》③以原本作为"知堂四弟子"之一的沈启无对周作人发表不当言论，引起周作人暴怒，因而被周作人公然逐出师门的事件为切入点，探究了一向文雅淡定的周作人猛然有如此大脾

---

① 徐仲佳：《周作人附逆期间的"民族主义"表达》，《泰山学院学报》2013年第1期。
② 李相银：《暧昧与混杂：沦陷时期周作人精神症候分析》，《江苏社会科学》2013年第5期。
③ 邱逸云：《水穷云起：周作人的脾气》，《读书》2013年10月15日。

气的原因。论者认为,周作人脾气一直都挺大。周作人的脾气似乎更能用来指称身为俗人的思想家周作人,而且更富情趣,更显本色。而本色、童趣的周作人其实就是"倔"或者说"犟",且"倔"的程度毫不逊色于鲁迅。

5. 周作人的文学思想

利用最新发现的周作人史料,伊藤德也[1]分析了 1923 年的周作人和徐志摩、陈源。论者指出,周作人认为当时中国文坛上存在互相对立的两派——"耽美派"和"颓废派";他偏爱后者,并将试图把先进艺术批评导入中国的徐志摩、陈源称作前者。周作人从"耽美派"把握西洋近代文艺知识的深度上认识到自己的"凡人"性的同时,也批评了徐志摩、陈源似乎对于中国现状没有深切的同情。周作人所寄以期望的"颓废派"是虽然与"耽美派"共有颓废言说,但却彻底重视现状的颓废派。

陈进武[2]考察了 60 余年来的中国现代文学史著作,发现这些文学史著作所采取的阶级话语、人民话语或者多元话语等论述话语与周作人"人的文学"观本身蕴含的"人的话语"、"国民话语"和"启蒙话语"等文本话语总是存在错位。但是也正是在这样一种话语"错位"之中,可以洞见有争议人物及其观念在文学史撰写中的书写状态,并体现出文学/文化研究在众多偏颇叙述中整合最佳理解的可能性。

6. 周作人的儿童思想

常立《论五四时期童话理论的"个性"话语》[3]认为,中国的现代性启蒙话语在中国童话理论的源头已经大体完备,周作人等人在"五四"童话理论中所提出的"民族童话"、"天然童话"、"教育童话",包含着现代个体对个性自由、批判性思维和文学可能性的追求。在对"民族童话"的探究中,周作人以发展的眼光看待童话,认为童话中的个体恰恰能反映民族思

---

① [日]伊藤德也:《与耽美派相对立的颓废派——1923 年的周作人和徐志摩、陈源》,《现代中文学刊》2013 年第 3 期。

② 陈进武、张光芒:《反思文学史叙述与文学话语的错位现象》,《贵州社会科学》2013 年第 8 期。

③ 常立:《论五四时期童话理论的"个性"话语》,《文艺争鸣》2013 年第 11 期。

想的变迁。在对"天然童话"的收集和归类中，以周作人为代表的"五四"学者以格林童话为民间童话收集的典范，强调了它自然和本真的特色。周作人还率先提出童话研究应用于教育应持守"儿童本位"和"文学本位"。对童话的"儿童本位"的研究构成了他对国民性批判一以贯之的理念：经由"儿童本位"发展出平等、自主、独立的国民性格，以此促成现代意义上的个体的诞生。周作人反复申说了童话的文学本位，并将之命名为"教育童话"，突出了儿童作为童话的对象，赋予童话真挚的个性魅力，肯定了童话的娱乐传统，悬置童话的教化功能。所以，周作人对于"民族童话"、"天然童话"和"教育童话"的研究阐发如箭簇齐发般——指向"个性教育"。

吴翔宇《想象中国：五四儿童文学的局限与张力》[1]认为，在周氏兄弟的推动下，"儿童本位"思想成为"五四"儿童文学界的集体共识，响应者云集。但是，"五四"中国的特殊情境很难为儿童作家提供一个纯粹的"儿童本位"的体验场所，"五四"作家对于儿童生命形态的书写暗合了"五四"的"立人"与"立国"的时代主题，其质疑传统和想象未来的文学书写实际上包含了一种以儿童为杠杆来开掘主体价值的现代性实践。而周作人反对给儿童施加过重的、功利性的成人思想。他的言论在当时有很大的代表性，但脱离了现实语境。

朱自强[2]则认为，"儿童的发现"是"人的文学"的思想源头之一，在周作人的整个思想体系中，具有十分重要的核心地位。作为思想家的周作人之所以会有"儿童的发现"，其道德家、教育家、学问家这三个身份，起到了根本的、合力的作用。而周作人也因为兼备这三种身份，使其在"发现儿童"这一思想实践中，走在了时代的前端。

7. 周作人的知识分子观

30 年代，周作人开始写作笔记体散文。对于这部分作品，研究者大

---

① 吴翔宇：《想象中国：五四儿童文学的局限与张力》，《文艺争鸣》2013 年第 11 期。
② 朱自强：《"儿童的发现"："人的文学"的思想源头》，《中国现代文学研究丛刊》2013 年第 10 期。

多以为是周氏精神世界的退缩之作。对此，朱晓江①认为，周作人的上述行为并不能逻辑地证实其精神世界的退缩，笔记体散文其实是周作人认真撰写的关于知识分子的批评。在30年代的笔记体写作中，周作人的核心关怀，仍然在于他对中国文化更生的关注，以及在这一更生过程中知识分子所应承担的责任与使命。在30年代的笔记体写作中，周作人其实也埋有"一肚子理想"。这样一种理想由他对历史因袭的恐惧而来，其所想突破者，则是中国文明史上的种业遗传。首先，周作人对知识分子进行了反省与自我确认，在反省了宋明以来知识分子的积习时，着意反省其以狭隘的道德观为基础的"气节观"，并指出了宋儒与"时文"的关系、"洋八股"和"策论"的关系。其次，通过梳理历史，周作人将自己的文化行为及责任承当接续到了中国古代文人的求真尚知的传统之中，日益朝着"爱智者"的形象发展，即通过对中国文化传统（包括民俗、博物等知识在内）的批评与整理，来实现他整理、改造中国文明的目的，从而为他心目中"新文明"的建设，添砖加瓦。

8. 周作人与博物学

周作人散文有很多是关于"名物学"或"博物学"的，内容有"草木鱼虫"等题材。韩连庆《细校虫鱼过一生——周作人的博物学》②认为，这和周作人对中国传统名物学和西方博物学的认识有关。在周作人看来，传统的名物训诂有两个主要缺陷：一是考证的目的是为了"读经"，而不是凭着对事物的兴趣去客观地观察；另一个缺陷是"凿空说理"、"恃胸臆为断"。此外，在和西方的博物学的对比中，周作人还发现中国的名物学往往变为"文人余技"，写作者亦被视为"玩物丧志"。周作人一反传统，他的写作目的很简单：一是培养健全的常识，普及科学知识，二是纠正传统理学的缺陷，纠正中国流传已久的伦理化的自然观。

---

① 朱晓江：《"求真尚知"：1930年代周作人的知识分子批评及其笔记体散文》，《鲁迅研究月刊》2013年第2期。
② 韩连庆：《细校虫鱼过一生——周作人的博物学》，《读书》2013年第5期。

9. 周作人的科学观

从 20 世纪 20 年代末期,周作人内心发生"由情转智"的变化以及与革命文学的论争以后,"科学"便成为周作人最为看重的文章主题。黄江苏《人文理性:周作人所倡"科学"的实质内核》①认为,周作人把科学的源头上溯到原始儒家的"疾虚妄"与古典希腊的"爱智慧"精神,实际上是选择了人文理性的立场。这种主张人间生活伦理须以科学知识为本、科学理性又必须合乎人间生活之用的立场,强调"常识"的精神,对于科学工具理性的迷失与当今社会玄虚乱象的匡正,有着巨大的启示意义。

三　周作人生平研究

朱正②按照时间和事件线索详细梳理了胡适与周氏兄弟的交往。具体交往如下:第一,周氏兄弟和胡适既是《新青年》的同人,也是私交关系很好的朋友,这一点可从周氏兄弟与胡适就白话诗的创作与评论及《新青年》创办看出;第二,周氏兄弟和胡适在人文研究和思想观点方面也有很大的一致性,鲁迅与胡适在史料考证方面的互助和周作人与胡适就"新村运动"和中国思想界状况的认识可证明这一点;第三,周氏兄弟对第二次直奉战争有相近的看法,共同谴责了战争行为;第四,在周氏兄弟主笔的《语丝》和现代评论派主笔的《现代评论》进行笔战之时,胡适曾对周氏兄弟有劝和行为;第五,国民党发动"清党"时,周氏兄弟和胡适曾经同声应气对之谴责;第六,周氏兄弟曾经和胡适一起,就中国的人权问题发表相近看法;第七,鲁迅和胡适曾经对《孔子纪念诞辰》共同进行反驳,周作人曾经和胡适一起救助李大钊遗孀,并为李大钊遗著的出版助力;第八,周作人和胡适曾经在《独立评论》上进行观点的探讨;第九,周作人和胡适曾经就周作人的五十自寿诗进行诗歌唱和;第十,鲁迅去世后,胡适帮助刊

① 黄江苏:《人文理性:周作人所倡"科学"的实质内核》,《杭州师范大学学报》2013 年第 4 期。
② 朱正:《胡适和鲁迅、周作人兄弟的交往(上)》,《新文学史料》2013 年第 3 期;《胡适和鲁迅、周作人兄弟的交往(下)》,《新文学史料》2013 年第 4 期。

印鲁迅全集;第十一,周作人附逆前后,胡适曾经对周作人有所婉劝,周作人亦有回应;第十二,大陆解放后,晚年胡适对鲁迅研究和周作人保持关注,周作人亦对去世之后的胡适表示敬意。

王翠艳《思想遇合与人事机缘——周作人任燕京大学缘由考辨》①认为,作为章门弟子,且有留日背景的周作人1922年进入素来倚重英美知识分子的燕京大学任教,且担任的是其五年前在北大曾经坚决拒绝的国文教学,这一选择的背后动因颇为复杂和微妙。加以缕析,其外因可归结为胡适的斡旋和司徒雷登改造燕京大学文学科的努力,其内因则是周氏对该时期基督教的肯定立场及其在北京大学的边缘地位。以上种种,既有"奇妙"的思想遇合,亦属"琐屑"的人事机缘,它们的复合作用,促成了周氏就任燕京大学中国新文学部主任的选择。

巫小黎《周作人与张爱玲:〈亦报〉空间的"互动"》②详细考察了周作人与张爱玲在《亦报》"相遇"的历史情境和个人处境,认为两人的这次"偶遇"其实是张爱玲向周作人"示好"在先,随后才有周作人"评点"《十八春》的"互动"和"对话"。作者首先以周作人和张爱玲互相迥异的"上海观"说起了横亘在周作人和张爱玲之间的鸿沟,其次从张的文章《〈亦报〉的好文章》入手,还原了张爱玲主动向周作人"示好",希望周作人"提携"的过程和原因,再次通过细读周评点张的两篇文章还原了周对张的"对话"过程,并得出"周作人对《十八春》的评点,并非随意性姑妄说说而已,该是细致阅读之后的审慎判断"的结论。

郑善庆和张元卿倡导根据新发现的史料,对周作人生平研究进行研究。1939年元旦发生的周作人遇刺事件对其接受伪职,走上伪职有很大的影响,但是亲历者对此事说法多有歧异和抵牾之处。郑善庆《周作人遇刺案新探》③利用其在北京档案馆找到的周作人遇刺卷宗问话录,推断当

---

① 王翠艳:《思想遇合与人事机缘——周作人任燕京大学缘由考辨》,《文学评论》2013年第1期。
② 巫小黎:《周作人与张爱玲:〈亦报〉空间的"互动"》,《鲁迅研究月刊》2013年第6期。
③ 郑善庆:《周作人遇刺案新探》,《宁波大学学报》2013年第2期。

时参与刺杀者实有三人，并对此刺杀过程进行了重新梳理和还原。张元卿①则详细介绍了陈诵洛、燚社和周氏兄弟的关系。

四　周作人与学术研究

上世纪 30 年代前期，因着个人好恶的制约和政治、文学论战的需要，鲁迅、周作人先后发表多篇谈论金圣叹的文章。陆林②认为，作家与学者的身份缠夹，对待基本史料的实用态度，造成了周氏二兄弟各取所需的文献取舍和有意无意的细节改篡。鲁迅以杂文笔法来解构周作人的文学史建构，周作人则试图用文学思路消解鲁迅提出的现实问题。相异的人生取向、文化趣尚和文学提倡，左右了两人对金圣叹的臧否毁誉；史料征引上的缺陷，限制了各自论说的学术史价值。以史实为准绳衡估周氏兄弟评价金圣叹的是是非非，为研究明末清初文学与现代文学之关系提供了一个特殊视角。

五　周作人与期刊研究

抗战期间，周作人附逆之后对上海沦陷时期的文坛产生了重要影响。周作人一向的上海厌恶症与他在此时上海文学界中所获得的尊崇地位形成奇妙反差。李相银《周作人与上海沦陷时期文学期刊关系研究》③认为，周作人与《古今》、《风雨谈》等期刊之间的互动表明了他的潜在心理：在畏惧民族道德审判的精神状态中用高雅装点自己，寻找同路人以排遣罪恶感与寂寞感。但就文学创作实绩而言，周作人与周黎庵等上海青年文人的文学交谊不仅让《古今》变成了周氏散文大本营，还促成了上海沦

---

① 张元卿：《陈诵洛、燚社与周氏兄弟》，《新文学史料》2013 年第 2 期。
② 陆林：《鲁迅、周作人论金圣叹——明末清初文学与现代文学关系之个案考察》，《文史哲》2013 年第 1 期。
③ 李相银：《周作人与上海沦陷时期文学期刊关系研究》，《南京师范大学文学院学报》2013 年第 3 期。

陷时期的散文热。

刘忠《〈语丝〉对周氏兄弟的倚重及"语丝文体"的形成》①认为,《语丝》对周氏兄弟颇为倚重。周氏兄弟与《语丝》周刊的创办有直接关系,周作人和鲁迅以自己的稿件质量和稿件数量为《语丝》的创刊和发展做出巨大支持,所以没有周氏兄弟就没有《语丝》和语丝社。《语丝》杂志在发展和兴衰的过程中,正是因为周作人和鲁迅分别担任了主编,才在论战对手、风格、撰稿人团体等方面逐渐分化。周氏兄弟为《语丝》周刊选定的"社会批评、文明批评"的立刊主旨和周氏二兄弟为实践此宗旨而形成的"任意而谈,无所顾忌"的行文风格出发,对"语丝文体"形成产生了重要影响。高会敏②则认为周氏兄弟作为《语丝》周刊的两大核心撰稿人,其在《语丝》上发表的文章,不仅是"语丝体"的形象注解,也显示了两人在20年代思想与行文的相通与差异:在针砭时弊、关注弱者的真诚和行文不拘一格的共同基础上,形成了鲁迅"深入直出"和周作人"深入曲出"的不同文风。

六　周作人史料研究

日本学者伊藤德也③发现了周作人化名"北斗生"的一则日语佚文《中国文坛闲话》。伊藤德也通过对周作人日记和交往等信息的比对,确定这篇文章属于周作人,且内容有相当的分量,是一篇不可忽视的重要文献。在这篇文章中提到的观点和周作人的代表作《新文学的二大潮流》的观点十分相似,可成为理解周作人思想的关键性的文献。而且,由于这篇文章的内容更为具体,故而更有其独特的可贵之处。另外,论者还从周作人当时的历史境遇出发,推断出周作人发表这篇文章的原因,可能是从当时中国新文学两派受了太强烈的刺激,不得不说话,故而用自己从没用过的笔名,将文章发表在当时对中国文坛影响不算大的刊物,以期能够比较

---

① 刘忠:《〈语丝〉对周氏兄弟的倚重及"语丝文体"的形成》,《中山大学学报》2013年第2期。
② 高会敏:《由〈语丝〉看周氏兄弟杂文的异同》,《山西师大学报》2013年第4期。
③ 〔日〕伊藤德也:《周作人的日语佚文〈中国文坛闲话〉》,《鲁迅研究月刊》2013年第2期。

自由地批评当时文坛上的具体人物,并借此出气。

孙玉蓉①新发现了周作人的两封集外书信,并还原了周作人写作这两封书信时的历史情境。周作人的第一封书信是《与傅孟真先生谈图书馆事书》。傅孟真在《北大日刊》上言辞犀利地谈到当时北京大学图书流失的问题,周作人阅读了傅孟真谈北大图书流失问题的信函后,颇有同感,并发表该文。傅孟真、周作人谈图书馆事书相继发表后,在北京大学师生中引起了反响,对北大图书馆的建设起到了监督与促进的作用。周作人的第二封书信是周作人致《独立评论》杂志编辑的信(片断)。这封信的产生过程是:罗念生为周作人翻译的《希腊拟曲》写书评,给《独立杂志》投稿,罗的文章有对周翻译的阿克列多思的《农夫》在译文用词上的不同见解,独立杂志社将其给周作人阅览,周作人同意发表,并写该信回复。

徐从辉②在整理相关资料时,亦发现了几则失收的周作人作品,其中两篇是:《小说之研究》和《学问实用化——二十二年一月四日在天津讲》。论者对这两则佚文进行了注解。

七 周作人研究之研究

国内最早的周作人传记是王森然 1944 年发表于北平《华北新报》的《周作人先生评传》。张先飞《粉饰逆伪意识形态的书写策略——从王森然的〈周作人先生评传〉说起》③认为,《周作人先生评传》与国内外大多数的周作人传论最大的不同之处,在于对落水后的周作人表示支持,并进而达到对汪伪政权进行攀附和粉饰逆伪意识形态的目的。王森然的书写策略是构建一种诡辩式的话语:一方面,他对作为新朝股肱的周作人像做了最为全面综合的塑造,将其塑造成一位完全符合日本侵略者及汪伪政权意识形态要求的伟人,这位伟人自辛亥革命以来,就是一以贯之的伟大

① 孙玉蓉:《周作人的两封集外书信》,《鲁迅研究月刊》2013 年第 5 期。
② 徐从辉:《谈周作人的一组佚文》,《新文学史料》2013 年第 3 期。
③ 张先飞:《粉饰逆伪意识形态的书写策略——从王森然的〈周作人先生评传〉说起》,《中国现代文学研究丛刊》2013 年第 3 期。

文学家、思想家、道德家，同时是一位始终顺应时代潮流、矢志不移的革命先锋和大亚洲主义的重要理论家、反共的勇猛斗士；另一方面，他也同时探索出沦陷区意识形态建构的新的写作方式、逻辑方式及语言方式，甚至可以说锻造出一种"诗学"，并将此利器落实于传记写作中，这方面的成就以《周作人先生评传》为最高。该传记貌似客观叙述，实则采用了"去历史化"手法，在进行汪伪意识形态建构、吹捧新朝股肱光辉功业的同时，又不显露伪官的本质。这部蕴涵着如此丰富历史信息的沦陷区代表性作品，在其背后也隐藏着沦陷区部分知识分子特殊的精神史。

刘伟《木山英雄视野中的鲁迅与周作人与中国传统文化》①认为，木山英雄的周氏兄弟研究不同于日本同人研究。他清醒地看到了鲁迅和周作人与传统和历史所建立起的一种极其复杂而微妙的关系与构成。所以，对其根柢里的中国传统的追寻成为他的鲁迅和周作人研究的一个根本方向。木山英雄研究的焦点，是以二周为媒介，考察和把握清末的"文学复古"与"五四文学革命"的内在联系，以及其向现代性转化过程中的文学与语言变迁，特别是口语与书面语的离合转换关系。

对周作人研究之研究作出解读的还有朱湘铭、常丽洁②等。

---

① 刘伟：《木山英雄视野中的鲁迅与周作人与中国传统文化》，《中国文学研究》2013 年第 1 期。
② 朱湘铭：《近三十年鲁迅与周作人比较研究述评》，《中南大学学报》2013 年第 3 期；常丽洁：《〈周作人诗全编笺注〉中的几处笺注错误》，《语文建设》2013 年第 14 期。

第十四章　2014年周作人研究述评

一　周作人作品研究

1. 周作人散文研究

（1）文体学

丁文《"乡间风景"的发现——周作人早年文学观念与散文文体的生成》①从周作人日记中的风景描写入手，探讨了周作人早年的诗文写作与其日后的文学观念、文体之间的关联。文章认为，当周作人以白话为工具后，日记中的文学片断一经改写便使得原本语言和意境不乏贫血之虞的白话散文具备了"艺术之美"。作为现代美文理论提倡者与实践者的周作人，曾以日记形式进行着现代散文"前文本"的写作实践。尚未取得成功的诗歌写作，给予他提出文学观念"生活之艺术"的实践与审美的训练，同时也让他转投散文时，有可能在白话中加入古文的成分，酿造出"理想的国语"。而浅近文言与有涩味的白话之间界限本不甚明晰的差异，使他无论在意境上还是语言上都借力诗歌颇多。总之，周作人早年日记写作孕育着今后周作人散文的多元可能性，而日后散文的诸多特质也多在此时习作中能够找到源头。

---

① 丁文：《"乡间风景"的发现——周作人早年文学观念与散文文体的生成》，《鲁迅研究月刊》2014年第5期。

丁文《周作人饮馔题材散文的文体特征》①则认为，从早年日记到晚年随笔，周作人的饮馔书写持续了半个多世纪，其间经历了数番变化。以饮馔为切入口，可以考察周作人从上世纪 30 年代至 50 年代在散文文体上的创制，为辨析其散文的文体变迁提供一份个案探讨。根据早年日记中的"杂记"体例以及三四十年代的国语文"杂记"实验，周作人从自身的写作脉络中提取出独特的路径，并引入古代笔记，开拓了国语文的园地。到了 50 年代，在《亦报》随笔中，晚年周作人最大限度地调动了诸如尺牍、笔谈、杂记等古文的资源，将沟通双方的闲话变成了古雅的独白。这些创制都拓展了现代散文的定义。

周作人是中国现代文学史上不可或缺的一位重要散文大家，他在文学革命中身体力行，将古今中外的思想和文化资源加以适当的"调和"，进而取其精华，弃其糟粕，形成自己独特的现代散文观。张元娜《和而不同的现代性——从〈雨天的书〉看周作人的现代散文观》②认为，《美文》集中体现了周作人的现代散文观，周作人率先把文学散文称为"美文"，体现出现代散文的文体自觉意识。周作人现代散文的指导思想即是和而不同的中庸思想。具体表现为：首先，中庸地对待中西文化；其次，中庸地对待文学的功用。这种和而不同的中庸思想指导着周作人的散文创作，使他的闲适小品文在一个激进的年代远离偏激，始终保持着理性与平和。可以说现代散文从周作人这里开始，又从周作人这里成熟。

郑萍则细致讨论了周作人散文文体的诗性之美③。她认为，周作人的散文创作包含着以诗入文的倾向。他通过抒写散文这一文体，为现代散文的自我确认提供了一种充满诗意的美文范本。在散文中，周作人关注日常生活，谈论衣、食、住、行等日常生活的形状，在简单的日常生活中领略诗韵之美。在他的内心深处，这种传统的东方式的诗性情感是和个体的生命体悟相连的，因此，无论是日常生活的诗意描述，还是抒发对人

---

① 丁文：《周作人饮馔题材散文的文体特征》，《学术界》2014 年第 3 期。

② 张元娜：《和而不同的现代性——从〈雨天的书〉看周作人的现代散文观》，《山西师大学报》2014 年第 2 期。

③ 郑萍：《周作人散文文体的诗性之美》，《福州大学学报》2014 年第 2 期。

生的哀感,周作人都追求天地万物的谐和,追求情感表达方式的谐和。周作人的散文用清新的语言、自由的文体,表达出了诗的深韵逸趣。

(2)社会学

《知堂回想录》是周作人生前完成的最后一部著作,也是其一生中篇幅最长的作品。夏晓虹《〈知堂回想录〉偶谈》[①]认为,该书出版来之不易,曹聚仁从中起了巨大的作用。该书属于自传体著述,虽则周作人自称这部回想录"没有真实与诗的问题","乃是完全只凭真实所写",但是他对于他人生中的某些大节,如落水事,却采取了回避和遮掩,"改造和修饰"的手法。或许,缺乏反省精神,正是《知堂回想录》的最大遗憾。《北大感旧录》中的很多则,原本是根据《红楼内外》改编的。《知堂回想录》的撰写其实也与《红楼内外》有密切关系。周作人的《半农纪念》恰是针对鲁迅的《忆刘半农君》而发。鲁迅的文章保持了其作为战士的姿态,虽是悼念文章,仍颇具锋芒。但是,鲁迅的"愤火"在周作人的眼中就是"骂人",更进而认为鲁迅对刘半农的死抱有一种恶意的快感,所谓"海上微闻有笑声",并以地狱中狰狞中的鬼卒"阿旁牛首"形容鲁迅。周文最后还挖苦鲁迅为"赶时髦结识新相好的人"。与鲁迅激越文风相反,周文风格"淡泊而平定",有意单纯表达一种对老友谢世的悼惜之情。

《卖糖》是周作人于1938年2月25日创作的一篇短文,并于同年9月1日发表于《宇宙风》第74期。该文写作节点尤为特殊,是在抗日战争爆发后,周作人正式落水之前,因此对此文的赏析,或有助于我们对这一时期周作人心态与为文的理解。徐从辉《故乡的怀想与虚空的追迹——读周作人〈卖糖〉》[②]认为,《卖糖》全文以对昔日绍兴夜糖的介绍为缘起和主线,在第三、四部分却陡然转笔写起朱舜水的事来。朱与周两者的相似之处在于心中的"此在"已经不在,"他者"却已横亘在自己曾经亲切的乡野之上。周以朱的相知者自比,也许惜惜中看到了历史的重来而自己又无法抽身而去,故只能以故国悼亡者的面目现身。周在文末又提起自己

---

① 夏晓虹:《〈知堂回想录〉偶谈》,《鲁迅研究月刊》2014年第12期。
② 徐从辉:《故乡的怀想与虚空的追迹——读周作人〈卖糖〉》,《名作欣赏》2014年第1期。

家乡张岱的《陶庵梦忆》来，其实表明了自己对故乡夜糖的美好追述正和朱舜水的"复乡语"、张岱的故国之思是建立在同一或接近同一语境之下的。惘惘的亡国危机正是周书写此文的背景。夜糖正是故国之缩影，渐行渐远，留下的只是惘惘的"美好"追忆。对于周来说，《卖糖》正是其故乡的怀想和虚空的追迹。它所召唤出的是一种凡人的日常生活美学。它生长于国族的危机之中，承接了朱舜水、张岱的亡国之思。在这种平凡平淡的叙述中，周也抚平了自己与现实世界的伤口。

（3）批评学

袁少冲《论周作人文学批评理论的开拓性贡献》[①]认为，周作人是中国现代文学批评理论的开拓者之一，在与历史拉开了一定距离的当下，我们有可能平心静气地去探讨周氏文学批评理论中许多开创性的贡献。在文学根本属性上，周作人用"人的文学"的旗帜来强调文学表现人道主义与人性的本质；在表现对象及目的上，他认为文学应表现人生；在文学功用上提倡"无形功利"说；在文体方面，主张艺术性散文的"美文"文体与文学批评文体的"美文化"；在批评原则上强调宽容。周作人能做出这些贡献的内在原因，在于他创造性的融合方法与广纳异质文化的气魄与胸襟。

周作人针对郁达夫小说集《沉沦》写的文艺批评《"沉沦"》是现代中国文艺批评史上超越性批评的一个经典案例。周思辉《精神的贵族与超越的批评——周作人与文艺批评〈"沉沦"〉》[②]没有停留在研究《"沉沦"》内容本身及其在中国新文艺批评史上的意义，而是研究了周作人为什么会在当时的语境中撰写《"沉沦"》以及超越的批评的背后原因是什么。文章发现，有如下潜在原因：周作人的性观念与文学创作观、自身当时"多余人"的心境与小说中人物形象的暗合、唯美—颓废主义文学观的倾向、反对思想统一的文艺批评观。概之，因郁达夫创作中自身拥有的"精神的贵族"诗人的因子，使小说集《沉沦》拥有独特的审美价值，周作人因自身的思想、境遇、文学素养等因素，最终认同《沉沦》这一文艺上的"异端"，也使

---

① 袁少冲：《论周作人文学批评理论的开拓性贡献》，《山西师范大学学报》2014 年第 2 期。
② 周思辉：《精神的贵族与超越的批评——周作人与文艺批评〈"沉沦"〉》，《河北师范大学学报》2014 第 5 期。

《“沉沦”》一文成为中国新文艺批评史上"超越的批评"的代表。

刘抒薇《论周作人序跋文的文体创造——以〈苦雨斋序跋文〉为例》①则认为，序跋文是周作人散文创作的重要组成部分，它作为散文文体的一个分支，从侧面丰富、深化了对周氏散文文体创造力与风格特征的认知，是解读周作人的一个重要向度。表述方式、文体风格、文学语言三位一体，相生相成，共同呈现了周作人序跋文体独特的审美创造，使其真正成为中国现代散文的亚类型体式，具备鲜明的文体特征和审美价值。

（4）类型学

丁文《文体与思想：周作人早年日记中的饮馔》②认为，饮馔是周作人散文中非常重要的一个方面，这在他早年日记中便有充分展现。通过日记中的饮馔记叙，可以看到周作人往往将饮馔与时政事件、人生选择并置，不仅为一段大历史留下了极富个人特征的存证，同时也蕴含了其日后文学与人生选择的若干线索。日记中"杂记"体例的创制，更成为"五四"以后周作人在散文文体方面拓展与转向的基础。此外，风俗观察、语言学兴趣与名物考证也是周作人少年时代饮馔兴味的三个着眼点，而这些同样成为他日后学术兴趣与思想批判的资源。周作人早年日记中看似平淡琐屑的饮馔细节，对其文体选择与思想变迁有着重要意义，值得人们耐心咀嚼。其《周作人饮馔题材散文的文体特征》③亦从类型学视角对周作人的散文进行了整体性的透视，具体述评如上所述。

何亦聪《知性与人情——论周作人的饮食散文》④亦认为，饮食散文在周作人的散文创作中占有一定比例，但与同时期或稍后的其他饮食散文作家相比，周作人的饮食散文创作有明显的特殊性。这既与其丰厚的学养有关，也与其复杂的思想背景有关。周作人饮食散文创作的主要特点可以归结为两点：一是充满知性，二是富有人情味。事实上，这两个特

---

① 刘抒薇：《论周作人序跋文的文体创造——以〈苦雨斋序跋文〉为例》，《重庆三峡学院学报》2014 年第 4 期。

② 丁文：《文体与思想：周作人早年日记中的饮馔》，《华南师范大学学报》2014 年第 4 期。

③ 丁文：《周作人饮馔题材散文的文体特征》，《学术界》2014 年第 3 期。

④ 何亦聪：《知性与人情——论周作人的饮食散文》，《石家庄学院学报》2014 年第 5 期。

点也从一个侧面反映了周作人散文的整体风貌。

（5）文化学

余连祥《周作人对江南小城镇的文化记忆》①认为，周作人的小品散文和"打油诗"，不断讲述记忆中的江南小城镇上的"生活故事"。这些"生活故事"是一种社会文化背景下的个人记忆。这些作品是一种"集体记忆"的"媒介"，具有"文化记忆"媒介的三个功能：存储功能、传播功能和暗示功能。周作人的众多文本储存了关于清末民初江南小城镇的文化记忆，传播的又是江南小城镇社会群体的记忆。周作人主张言志的小品散文，而言志方式则为隐喻和暗示。

（6）心理学

关峰《"药草堂随笔"与周作人的战时心理》②认为，知识分子的独立和入世精神保证了非常时期的周作人有意的自我调适及疗救，展开他一直信奉的"伟大的捕风"的"启蒙运动"。事变后，周作人选择"留平"而非南行，很大程度上是他人生主义的儒家思想的结果。在"药草堂随笔"中，周作人借"人情物理"来释放他因对于旧思想、旧道德的"震惊"而产生的紧张感和压力感。"药草堂随笔"记录传说中的人与事，含了保存与维护的悉心，替破坏中的国家敛聚精气。在周作人看来，传统或传说的资料或是民族复兴的根基。

（7）语言学

周作人是中国近代文坛上较具影响力的一位作家，也是留日归国的作家中颇具争议的一位。也正因为留日的背景，他的散文中使用了大量的日语借词。李鹏《周作人散文中的日语借词初探》③，抽取了周作人于1924—1927年间在《语丝》上发表并被《周作人自编文集》收录的73篇散文，在穷尽性检索的基础上，确定了中日同形词共计218个作为研究对象词。文章采用量化统计的方式，辅以文献学和实证研究的手段，进一步发现在这218个研究对象词中共有198个词为日语借词。由此可见，周作

① 余连祥：《周作人对江南小城镇的文化记忆》，《湖州师范学院学报》2014年第7期。
② 关峰：《"药草堂随笔"与周作人的战时心理》，《重庆理工大学学报》2014年第9期。
③ 李鹏：《周作人散文中的日语借词初探》，《合肥学院学报》2018年第4期。

人在散文创作中运用了大量的日语借词。它们不仅丰富了散文的表现力，而且从客观上促进了中日词汇的交流。虽然周作人没有如梁启超那般主动介绍过日语借词，但其对中日词汇交流的贡献却不能忽视。

2. 周作人诗歌研究

孟泽《诗歌的属性与汉语的属性——周作人对于现代汉语诗歌可能性的诠释》[①]认为，"五四"诸大师中，周作人最早从有关"古文"与"白话"、"旧文学"与"新文学"、"旧诗"与"新诗"、"地方主义"与"世界主义"的相互对立互相取消的立论中走出来，也是最早超越文学的纯粹启蒙立场的"新诗"倡导者和理论建构者，他对于汉语诗歌在"新的自由"与"新的节制"、"善"的效用与"美"的天性，尤其是对于汉语的属性与汉语诗歌可能性之间的关联所作诠释和清理，至今具有重要的启示性。

王昌忠《周作人〈过去的生命〉中"人的文学"观的体现》[②]则认为，在"五四"文学革命期间，周作人提出了"人的文学"的重要文学命题，与此同时，周作人还创作了诗集《过去的生命》中的诗歌。《过去的生命》主要体现了周作人"人的文学"观中的三方面重要内容："人道主义为本"、"个人主义的人间本位主义"、"求生意志"和"求胜意志"。

二　周作人思想研究

1. 周作人的文学思想

关于日本"新村主义"和"五四"新文学的关系，很多现代文学史著作都有提及，但迄今缺少具体的探讨。李培艳《"新村主义"与周作人的新文学观》[③]认为，日本的新村运动不只是乌托邦式的"公社实验"运动，同时

---

① 孟泽：《诗歌的属性与汉语的属性——周作人对于现代汉语诗歌可能性的诠释》，《长沙理工大学学报》2014 年第 1 期。
② 王昌忠：《周作人〈过去的生命〉中"人的文学"观的体现》，《广西师范学院学报》2014 年第 5 期。
③ 李培艳：《"新村主义"与周作人的新文学观》，《中国现代文学研究丛刊》2014 年第 11 期。

也是一种带文学性理想主义的实践运动,其对"五四"新文化运动的影响同样体现在文学与社会两个层面。周作人巧妙地把"新村主义"思想嫁接到新文学运动中,其"人的文学"观的形成就与新村主义直接有关。文章在梳理周作人译介和传播新村思潮有关史料的基础上,考察了新村主义与周作人新文学观之内在关联,并进一步反思了以文学与社会改造实践为一体的新文学传统。

20 世纪中国作家对于"新文学"的理解,与他们对于中国"新文明"的设想紧密相关。朱晓江《"新文学"内部的歧见:对"新文明"的不同想象——以梁启超、胡适、周氏兄弟为中心的考察》①认为,从梁启超到胡适,中国启蒙文学的核心关怀在于"新民",其思想逻辑,则是以西方文明为中国"新文明"建设的范型,来改造中国国民的素质。然而,周氏兄弟在1907—1908 年间的文学思考,超越梁启超思想范型。在文化偏至的理念下,中国"新文艺"包括"新文学",是作为人类精神生活的表现,出现在他们的思想视野之内的。也正是这一点,奠定了他们对于中国"新文学"的理解,不仅仅局限于白话文的层面,而是竭力倡扬"思想革命"。周氏兄弟与胡适之间,事实上也呈示出了很大的思想分歧。

旷新年《"人"归何处?——"人的文学"话语的历史考察》②则认为,"五四"新文学运动中周作人提出"人的文学"的口号,"人的文学"成为了"五四"新文学运动的一个中心思想,同时也是贯穿整个中国新文学的一个基本命题。钱谷融的《论文学是"人学"》和刘再复的"主体性"理论都是"人的文学"的回响。1928 年革命文学的倡导,使阶级性浮现出来,人性与阶级性成为了一个新的对立的范畴。毛泽东在《在延安文艺座谈会上的讲话》标志"人民文学"的产生,形成了"人民文学"的历史潮流。"人的文学"与"人民文学"构成了新文学内部重要的对立与冲突。

对周作人的文学思想作出解读的还有吉文凯的《"他山之石"与"人的

---

① 朱晓江:《"新文学"内部的歧见:对"新文明"的不同想象——以梁启超、胡适、周氏兄弟为中心的考察》,《中国现代文学研究丛刊》2014 年第 11 期。
② 旷新年:《"人"归何处?——"人的文学"话语的历史考察》,《中国现代文学研究丛刊》2014 年第 1 期。

文学"思想的建立——以周作人翻译作品为例》^①等。

2. 周作人的儿童观

鲁迅与周作人是"五四"时期"人的发现"与"儿童的发现"的代表性人物,他们在儿童教育的看法上有诸多相通之处,但由于二人的思想渊源和个性气质的差异,使得他们在探索"立人"之路的过程中产生了不少看似细微而又显著的区别。姜彩燕《"立人"之路的两种风景》^②从理论基础、家庭教育主体、儿童教育的目标、儿童读物以及影响教育的主要因素等五个方面,细致解析了鲁迅与周作人在儿童教育思想方面的差异。文章认为:(1)周氏兄弟都受到进化论思想的影响。进化论为他们发现儿童提供了理论基础,却又使他们的儿童观朝着不同方向发展。鲁迅透过进化论思想看到了人类由低级发展到高级的基本趋势,而周作人则深受进化论中复演学说的影响。(2)在家庭教育主体上,鲁迅坚持"父范",周作人则坚持"母范"。(3)周作人的儿童教育理念主要是把握儿童教育的起点和过程,至于教育效果或目标,他认为是自然的"副产物",而不是预先的"目的物"。而鲁迅则不同,他的儿童教育目标是针对中国人的精神缺陷提出的。因此,从教育的目标或方向上来说,周作人奉行的是个性主义与自由主义,而鲁迅则一方面坚持个性主义,另一方面又不排除功利主义的思想。(4)周作人的童话观是牢牢把握儿童本位的,他之强调"无意思之意思",就是把儿童的阅读趣味放在首位。鲁迅的儿童教育思想则始终未能脱离"成人的预备"这一观念。因此,他的童话观始终在成人与儿童之间摆动。(5)如果把性别、种族、遗传、环境这四个方面作为影响人发展的最重要的因素的话,鲁迅最重视的是环境,也就是社会、文化包括教育方式对人的影响。而周作人则认为遗传因素最为关键。从总体而言,鲁迅是从战士和思想家的角度来思考儿童教育问题的,他提出的命题振聋发

---

① 吉文凯:《"他山之石"与"人的文学"思想的建立——以周作人翻译作品为例》,《文艺争鸣》2014 年第 3 期。

② 姜彩燕:《"立人"之路的两种风景——试比较鲁迅与周作人的儿童教育思想》,《西北大学学报》2014 年第 4 期。

聊,影响深远,而周作人则更像一个学者,他通过扎实的儿童学翻译和研究,在一定意义上,把鲁迅的思路具体化和深化了。

如上所述,周作人在"五四"时期提出了"儿童本位"观。这是新文化运动重要的思想组成之一,过去学界有关注,但多注意"五四"一段。王利娟《周作人"儿童本位"观的理论资源及脉络》①通过梳理周作人后期的相关言说以及理论资源的转变,包括对古代蒙养经验的撷取,他关于"嘉孺子"的论断,考察了周作人是如何从"五四"时期猛烈攻打传统文化,进一步转变为从传统文化中吸收理论资源的。文章认为,直到晚年,周作人从本土思想中发掘出"嘉孺子"的说法,其儿童理念才真正体现出来。他反对大人从社会群体的角度看待儿童,抵制其带有道德训诫色彩的儿童教育理念,而是从儿童作为"个人"的视角出发,以赞美、嘉许的眼光看待儿童,满足其健康快乐成长的各层需求,使其兴趣、爱好、心性得到良好的引导、发展和陶冶,使其度过愉悦的童年时光,为成人期的到来打下一个良好的基础,这是周作人儿童观的核心所在,也是与其他人的区别所在,体现了周作人儿童观独特的价值。

王蕾《安徒生童话与周作人童话学研究》②则认为,外国儿童文学作品是中国现代儿童文学理论发生、发展的重要言说资源,而其中堪称外国儿童文学作品经典之经典的安徒生童话,更成为了中国现代儿童文学理论先驱者周作人最重要的研究资源。安徒生童话对周作人童话理论在童话起源、童话分类与童话创作论三方面都起到了重要的文本言说作用。

3. 周作人的女性观

周作人"五四"新文化运动后的女性观固然值得重视,但若全面把握其思想脉络,不宜忽略对他去日之前相关情况的探询。乔以钢、马勤勤《试论周作人早期女性观的发生与迁变》③认为,在周作人的早年生活中,

---

① 王利娟:《周作人"儿童本位"观的理论资源及脉络》,《中国现代文学研究丛刊》2014 年第 6 期。
② 王蕾:《安徒生童话与周作人童话学研究》,《社会科学研究》2014 年第 4 期。
③ 乔以钢、马勤勤:《试论周作人早期女性观的发生与迁变》,《南开学报》2014 年第 2 期。

周作人读书从旁门而入的"非正宗的别择法",以及有别于正统的家庭教育,对他女性观的形成发生了作用。周作人于1901年赴南京水师学堂学习,其思想发生了根本性的转变。这种转变的动因与他在这一时期的读书经验直接相关。从周作人南京时期所阅读的报刊来看,正是这种相关阅读经验,很大程度上为周作人建构了一个囊括"女性"在内的"民族国家共同体"的共时性空间。周作人于1904年开始在《女子世界》上发表文章。彼时他的女性观大体沿着两个相辅相成的层面展开,其一是反对女子的自闭和文弱,其二是主张女子的尚武和进取。这两个层面共同的指向是培养"国民之母"。周作人1906年跟随鲁迅前往日本之后,其女性观又有所迁变。主要表现为:首先,在《女子世界》时期,周作人对女性问题的认识基本来自于同时代的国人思想,而日本时期,周作人可以直接阅读西方的外文杂志,在此基础上加入自己的思考。其次,此时的周作人不再一味鼓吹"女豪杰"、"女英雄"的思想,而是开始从文艺向度上探索女性的新角色。再者,这一时期周作人从推崇"国人之母"逐渐转为无政府主义式的、超越民族国家框架的女性解放思想。对妇女问题的持续关注既是周作人关心民族国家危亡与发展的切入点,也是他借以在公共空间发出自己声音的渠道之一。从晚清到"五四",虽然周作人对妇女问题的认识发生了很大的转变,但是从作家个体思想发展连续性的角度上看,他早年对女性问题的思考,对他日后女性观念渐趋成熟当是不无影响的,其间前后的联系亦有迹可循。因而,对周作人早期女性观发生阶段的追踪以及对其有关思想最初变化的探寻,对于理解他一生有关女性问题的思考当是不无补益的。

4. 周作人与中国传统文化

薛雯、刘锋杰《"文以载道"的三种研究范式——以周作人、郭绍虞、钱钟书的相关研究为对象》[①]细致分析了"文以载道"研究中的三种范式,即

---

① 薛雯、刘锋杰:《"文以载道"的三种研究范式——以周作人、郭绍虞、钱钟书的相关研究为对象》,《河北学刊》2014年第11期。

周作人代表新文学倡导者的研究范式：一切从现代文学观念出发评价"文以载道"；郭绍虞代表古代文论学者的研究范式：将现代文学观念与古代文学观念相结合，分析"文以载道"的复杂性；钱钟书代表古代文学史论者的研究范式：回到文学史上来判断"文以载道"，试图揭示它的原生性。这三种研究范式可以简括为：周作人的"以新汰旧"范式，郭绍虞的"以新带旧"范式和钱钟书的"以旧释旧"范式。文章认为，不能简单地从现代文学观念出发去阐释古代之文的含义，只有回到"文以载道"的原生语境中去认识它，才有可能揭示它的本真面目。朱自清提出的"将中国还给中国"，就是一个回到语境的设想，沿此方向努力追寻，或可建立充满中国智慧的现代文论体系，开辟中国古代文论研究的新境界。

高传华、许海丽《周氏兄弟的担当和逃离——从隐逸看鲁迅与周作人的人生和创作道路》[①]认为，周氏兄弟作为中国现代文学史上的双子星座，各以其独特的贡献和成就成为文学史研究无法避开的重镇。周氏兄弟的为人为文有着极为强烈的反差，尤其是在"五四"退潮以后，鲁迅转向左翼，而周作人走向隐逸。但在"五四"新文学革命前，周氏兄弟都过着隐逸生活，而且经历了相当长的时期。这段隐逸生活对他们后来的文学创作和文学道路产生了直接的导向作用，并影响了他们后来的人生和文体选择。纵观周氏兄弟在不同时期的创作题材、审美风格和情感倾向，都与他们的隐逸有着密切的联系。

马登春《背离？还是回归？——周作人与中国文人传统》[②]认为，周作人作为中国现代文学史上的一个独特而又绕不开的存在，历来褒贬不一，话题之多或许仅次于鲁迅。周作人及其思想是相当复杂的，儒释道及古希腊、基督教、日本等文化体系都对他产生过影响。但纵观其一生，无论是少年时期的科举之路，还是青年时期的反儒先锋，抑或是中年时期的提倡儒家文明复兴，周氏的思想与创作都与中国文人传统有着密切的联

---

① 高传华、许海丽：《周氏兄弟的担当和逃离——从隐逸看鲁迅与周作人的人生和创作道路》，《江汉大学学报》2014 年第 3 期。
② 马登春：《背离？还是回归？——周作人与中国文人传统》，《长春理工大学学报》2014 年第 3 期。

系,也都可以从中国文人传统中寻求解释。事实上,无关思想,起码在文体与文章所表现出的文人气质上,周氏已经开启了一个当代文学中的"周作人传统"。

徐从辉《周作人1940年代的两次演讲——兼论周作人对"儒家"的悖反》[1]则细致分析了周作人40年代的两篇重要演讲佚文:《华北教育一年来之回顾》和《东亚文化一元论》。文章认为,从这两篇演讲中,可以嗅到浓重的行政化、官僚化气息。周作人的身份认同已经悄然发生转变:从一个自由主义式文人到官僚式文人的转变。周在演讲中所提到的以"儒教"精神为根柢,"推进东亚文化",以"筑成光明灿烂的大东亚文化"的思想,也严重悖反了其前期思想中以"儒家"自居,反对"儒教",对于"儒家"与"儒教"有着自觉的明确的区分的立场。

5. 周作人与革命文学

仔细审察周作人在20世纪30年代的文学创作历程,可以看到他的创作经历了一个从"失语"到"恢复"再到新的"风格化"的变化过程。卢林佳《时代困境中的艰难调适——论周作人与"革命文学"思潮的复杂关系》[2]认为,周作人30年代的文学想象与当时占据文坛主流的革命文学思潮是分不开的。当文学的社会性与写作的个性化相对立时,所有企图保持个人自由的写作都是一种反抗。当坚持文学以表达个人意志为唯一合理方案的知识分子,遭遇政治性困境时,既无法妥协,开创新的文学范式便是唯一的反抗方式。而周作人开创的文学范式与其说是源于自由主义信念,勿宁说是为与共产主义政治保持距离的方式。在"革命"为主流话语思潮的30年代,思潮不可避免地会对置身其中的个体产生影响,而周作人创作意识的改变,则是思潮对个体的"反向"影响。正是在与"主流"有意无意的对抗中,周作人逐步展开了"反政治的"文学策略和实践。

---

① 徐从辉:《周作人1940年代的两次演讲——兼论周作人对"儒家"的悖反》,《海南师范大学学报》2014年第10期。
② 卢林佳:《时代困境中的艰难调适——论周作人与"革命文学"思潮的复杂关系》,《鲁迅研究月刊》2014年第4期。

6. 周作人与京派

周作人与其四大弟子俞平伯、废名、沈启无、江绍原等人的关系几乎尽人皆知。高恒文《京派中的京派——阐释周作人的一种方式》[1]认为，周作人与这些及门弟子之间的思想和创作关系，当然是一个值得深入研究的问题。这是 30 年代京派文学研究中的问题，所谓"京派中的京派"是也。也就是说，研究周作人及其弟子，能够更深入地认识、理解京派，同时也能够能深入地理解周作人。但在 40 年代上半期，文载道、纪果庵等私淑弟子与周作人的特殊关系，则是另外一个意味深长的文学史问题。他们私淑周作人，倡言为文"言志"，不屑于"载道"，实则是放弃起码的民族道义的借口，理论上看似几无破绽，甚至冠冕堂皇，其实自欺欺人。更重要的是，他们对周作人的"言志"之理论和文章之风格的追和，也是对周作人 30 年代文学主张、文章风格的负面意义之可能性，对周作人 40 年代前半期言行和文章之实质的一种特殊的诠释。

7. 周作人与民俗

周作人的作品具有浓厚的民俗思想和民俗趣味。赵冬梅《论柳田国男与周作人的鬼怪思想》[2]认为，周作人的民俗趣味深受柳田国男的影响，他曾把柳田国男视为给自己的思想体系极大影响的少数杰出外国思想家之一。因此两人在鬼怪方面也有着共通的认识。但是由于身处不同国家，受两国不同地域、民族文化的影响，因此两人的鬼怪思想又各有其特点，内涵方面各具其民族特性。柳田国男研究妖怪文化的目的在于研究日本国民的历史，了解日本的民族思维特点和日本人的心理特征。周作人不但认为鬼怪是人类精神的产物，是人类精神的内在表现，而且也是人类文化的产物。周作人与柳田国男在妖怪思想方面的不同之处，即在于在周作人的思想当中还有着对于中国民族病态的批判。

---

[1] 高恒文：《京派中的京派——阐释周作人的一种方式》，《汉语言文学研究》2014 年第 2 期。
[2] 赵冬梅：《论柳田国男与周作人的鬼怪思想》，《文学教育》2014 年第 4 期。

三　周作人生平研究

关于周作人最初附逆的时间,学界普遍以 1939 年 1 月 12 日周作人担任伪"北京大学"图书馆馆长为起始。例如在张菊香、张铁荣《周作人年谱》、止庵《周作人传》、钱理群《周作人传》等著作中,似乎对这一成说均无异议。张童[①]则认为,1938 年 8 月 30 日,周作人出席了第一届东亚文化协议会,并出任了文化协议会委员,这是周作人真正附逆的时间,比现在成说要提前四个月。关于东亚文化协议会的性质和目的,从与会者来看,这是一个华北伪政府教育部与日本政府合力组织的机构。在会上,汤尔和当选为第一届协议会会长,并发表了宣言。该宣言意图篡改、模糊中日战争的性质,将日本的侵略行径淡化为"兄弟阋墙",同时试图打破民众的民族、国家概念,宣扬中日两国"同文同种",用种族取代民族、淡化、消除民族意识以及民众对日本政府的反感、敌意。周作人参加该会,实有其因,与他在这一时期的经济状况出了问题很有关系。我们不能止于轻信周作人为保全性命所做的个人申诉,而放过了困顿处境对其生活的重要影响。历史真相可能被一时遮蔽,但终究不会被永远掩埋。

袁一丹[②]则细致描述了周作人与傅斯年之间的交恶。文章指出,周、傅二人之交恶,起因于 1945 年抗战胜利后教育复员及接收伪北大的风波。1945 年 10 月 6 日周作人打算给傅斯年写信,一直到 11 日才正式寄出这封"不堪得说"的信。这封信正是周、傅二人战后交恶的导火索。通过查询台湾"中研院"朱家骅档案,著者找到了该信撮述。要点如下:第一,闻傅孟真君在教育复员会议中主张新定办法,学校停闭,学生重行甄别分发,稍涉苛细,如能赐予救济,万众感戴。第二,弟留滞北方,辱在泥涂,唯自问对于中国略有所尽。显然,这是一封周作人写给昔日学生的"求情信"。但是傅斯年对此却是毫不留情,在公开场合一再重申其对伪

---

① 张童:《周作人附逆时间再考察》,《鲁迅研究月刊》2014 年第 3 期。
② 袁一丹:《周作人与傅斯年的交恶》,《读书》2014 年第 10 期。

北大的处置办法：伪北大之教职员均系伪组织之公职人员，应在附逆之列，将来不可担任教职。傅并以北大代理校长的身份公开发表声明：无论现在将来，北大均不容伪校伪组织人士插足其间。这番表态可谓彻底堵死了周作人的后路。傅是绝对不会念及往日师生情分，在北大复员后为周作人留一席位的。被"扫荡"出北大后，等待周作人的将是大规模的汉奸搜捕及更严格的汉奸审判。

对周作人生平研究作出解读的还有徐从辉的《周作人与北方左联——以周作人与谷万川为中心》①和孙玉祥的《周作人与吴梅村的"落水"》②等。

四　周作人与翻译研究

近代中国人是如何认识日语的？他们对日语的认知对中日近代词汇的交流产生了怎样的影响？李运博认为，考察这些问题具有重要的意义。其《周作人在中日两国词汇交流中的作用和影响》③认为，周作人对日本的语言文字给予了比较客观而全面的评价。而这种积极的日语观在当时的中国社会具有一定的普遍意义。也就是说，随着时代的发展，中国人对日语的认知发生了根本性的变化，中国人由最初对日语的一无所知，甚至不抱有丝毫好奇心，开始转变为对日本的假名文字给予了积极评价。这种情况表明，在当时的中国社会，人们似乎已经习惯将关注的目光集中到日本，试图通过对日本成功经验的借鉴来推动中国的社会变革。这样的社会环境，特别是对日本语言文字的广泛认同，必然会有力地促进中日两国在近代汉字词汇形成、发展方面的相互影响、相互交流。

郭骁靓、何睿《周作人译作对其原创文本的影响——基于类比语料库

---

① 徐从辉：《周作人与北方左联——以周作人与谷万川为中心》，《新疆大学学报》2014年第1期。
② 孙玉祥：《周作人与吴梅村的"落水"》，《同舟共进》2017年第7期。
③ 李运博：《周作人在中日两国词汇交流中的作用和影响》，《日语学习与研究》2014年第6期。

的考察》①则基于自建的历时类比语料库(1905—1940年),通过量化数据分析手段研究了周作人译作和原创文本之间的关联性。主要考察的数据是标准形次比、平均句长和平均词长。文章认为:1.在20世纪30年代前,周作人的译作较大地影响了他的个人创作,这主要体现在创作题材、行文风格和个人文学思想的形成三个方面;2.在20世纪30年代后,周作人的译作和个人创作在行文风格方面出现趋同,这主要是受他个人的文学观念所影响,这一时期周作人的译文数量减少,给个人创作所带来的影响不断减弱;3.通过翻译国外的各种文学作品,周作人在翻译过程中获取了许多异域思想,其中诸如人道主义和美学思想等极大地影响了他的价值取向和文学观。

1918年1月17日周作人在《北京大学日刊》上发表了一篇题为《文科国文门研究所报告》的文章。这是2013年由徐从辉先生所发现的一则佚文。本年度吴晓樵②从这篇佚文中的一段话注意到,周作人较早地评论了晚清德语文学译本《卖国奴》,这对德国文学早期中译史的研究具有较重要的史料价值。论者所做的工作主要包括:1.对佚文中的这段话重新进行了标点,使之更为准确;2.简略介绍了原作者苏德曼,并对其长篇小说《卖国奴》做了较为详细的介绍;3.指出这部小说当时的中文译者为吴梼,其译本系由日译本转译;4.当时周作人所看到的版本是英译本,而不是德文原本;5.周作人对于吴译本的指责是不过分的。

对周作人与翻译作出解读的还有吉文凯的《周作人译〈安乐王子〉对中国儿童文学发展的影响》和《“他山之石”与“人的文学”思想的建立——以周作人翻译作品为例》③。

---

① 郭骁靓、何睿:《周作人译作对其原创文本的影响——基于类比语料库的考察》,《海外英语》2014年第15期。
② 吴晓樵:《周作人对晚清德语小说译作〈卖国奴〉的评价》,《新文学史料》2014年第4期。
③ 吉文凯:《周作人译〈安乐王子〉对中国儿童文学发展的影响》,《语文建设》2014年第5期;《“他山之石”与“人的文学”思想的建立——以周作人翻译作品为例》,《文艺争鸣》2014年第3期。

五　周作人与学术研究

张则桐《周作人的张岱评论平议》①认为,周作人提倡晚明小品,推重张岱,认为:张宗子是个都会诗人,他所注意的是人事而非天然,山水不过是他所写的生活的背景;张岱散文是公安、竟陵两派文学融合的结果,成就要高于这两派;张岱有些文章与现代文的情趣几乎一致,其文学精神和写法与日本俳文相近,开启了近世新文艺,实为中国现代散文的源头。周作人对张岱的评论对后世研究产生了极大影响。当前,张岱研究期待新的有深度的研究成果,应在周作人评论的基础上,注重晚明越中文派研究和张岱散文世俗性、现代性的阐释;同时,注重张岱著作的点校、整理和《张岱年谱长编》的编撰等基础文献建设。

王妍妍、夏艺《周作人的日本民俗文化研究及其特色》②认为,由于个性气质、主观心理、传统文化、日本明治维新的成功和崛起等复杂因素的影响,周作人对日本的民间文学艺术、民俗风习、宗教信仰等民俗文化极为偏爱和依恋。他对日本民族和日本民俗文化有独特的认识、理解和评价,甚至"超出日本人之上"。他对研究对象倾注着浓厚的兴趣和喜爱,善于在中日文化的比较、印证与反思中阐释其历史联系,其研究著作喜欢采用文学笔法,在闲适的谈话中作出自己的情感评价。

刘恋《鲁迅、周作人的文学史论异同》③则比较了鲁迅的《中国小说的历史的变迁》和周作人的《中国新文学的源流》,认为鲁迅的《中国小说的历史的变迁》,以史涵论,蕴含着"人"(真人)的评史标准;周作人的《中国新文学的源流》,以论带史,返观"五四"新文化运动,明确了"志"(感情)的评史标准。这两篇讲稿,虽各有治学路数,但都着眼于新文学的"当下"文坛,从不同方向推进"人"的文学史观。

---

① 张则桐:《周作人的张岱评论平议》,《闽南师范大学学报》2014 年第 4 期。
② 王妍妍、夏艺:《周作人的日本民俗文化研究及其特色》,《西安文理学院学报》2014 年第 4 期。
③ 刘恋:《鲁迅、周作人的文学史论异同——〈中国小说的历史的变迁〉和〈中国新文学的源流〉比较》,《扬州大学学报》2014 年第 3 期。

对周作人与学术作出解读的还有顾农的《周作人：鲁迅整理古籍的重要伙伴》[①]等。

六　周作人与教学研究

以往关于新文学教育史，一般都从 1928 年清华大学国文系改革开始讨论，对于 1922 年燕京大学聘请周作人教授现代文学一事，多因资料不足而略过不谈。本年度胡楠[②]则一反众议，在充分利用北京大学现存档案的基础上，梳理、探索了周作人在燕京大学期间作为学者、教育者，对燕京大学新文学课程的开设，乃至中国新文学教育整体所做出的独特贡献，并进一步探讨了在课程讲授、知识积累的过程中，周作人"新文学源流"思想的生成与变化。文章认为，以周作人为核心的、燕大国文系的新文学教育，是在中国大学课堂上讲授现代文学的首次尝试，有着开风气之先的意义。周作人处于一个注重文学史叙述的学术环境中，受到环境的规训，自一开始就接受了这样的学术习惯，即一个学科成为学科，文学史的讲述是必须的。他由开始讲课到"意见较为确实"，其间有一个发展的过程，从文本探究、批评演变到文学史的逐渐形成、书写。文学史的讲述，不仅赋予现代文学合法性，事实上也将合法性赋予了他的学术工作自身。作为一个卓有成就的散文写作者，周作人在这数年的课堂经验中，逐步形成了自己解读散文的角度、理论体系。《中国新文学源流》即是这一思考的一个集中整理与表达。考察周作人在燕大亲身设计并亲自担任的三门课程："国语文学"、"新文学之背景"和"日本文学史"，我们发现，他所开设的这三门课，一梳理新文学的源流，一考察新文学之发生，一以别国文学作为参照观察新文学的演变与发展趋势，其实形成了一个新文学的阐释体系，为新文学的发生与进行，给出了一个颇为立体化的解释。虽然并非对新文学的直接研究探讨，但在将新文学的历史讨论引入课堂这一方面，亦实

---

① 顾农：《周作人：鲁迅整理古籍的重要伙伴》，《鲁迅研究月刊》2014 年第 2 期。
② 胡楠：《文学教育与知识生产：周作人在燕京大学(1922—1931)》，《现代中文学刊》2014 年第 1 期。

有开创之功。

七　周作人与期刊研究

20 世纪 20 年代末,北京政治文化环境的荒漠化巨变使《骆驼草》周刊问世。焦敬华《论 1930 年〈骆驼草〉周刊的文学观念》[①]认为,作为当时北京唯一一份综合性文艺期刊,《骆驼草》周刊是一份富于自由主义气息的刊物。《骆驼草》以周作人为精神领袖,淡化《语丝》时期的凌厉,归隐书斋,专注于草木虫鱼式的趣味闲谈,不仅实践了他们"自我性灵的自由抒写"的文学观念,还为中国现代文学的发展转向提供了契机。《骆驼草》周刊远避当时文坛的政治化与商业化,以个人性情的抒写为艺术之根本,从中西文化传统中寻求新的人生价值取向,对国民大众进行常识启蒙,以实现他们的自由主义文学观。

在讨论"五四"新文学传统的建构时,论者常常过分关注《新青年》对西方传统的引进,而忽略以中国民俗学探索为基本思路的《歌谣周刊》。卢文婷《周作人与顾颉刚:"五四"民俗学的双重变奏——〈歌谣周刊〉中的德国浪漫主义影响》[②]认为,以周作人与顾颉刚为首,《歌谣周刊》吸收了赫尔德及德国浪漫主义民俗学影响,从民族传统入手,既为白话文学提供了历史合法性,同时也开辟了西方影响以外的本土新文学资源。经由《歌谣周刊》的探索,周作人与顾颉刚从启蒙与寻根角度分别发展着自己的文化理论,而这两种文化向度也深刻影响着中国新文学的未来走向。

李斌[③]则考察了 1936 年 10 月 1 日至 12 月 31 日间林庚主编的以周作人为核心撰稿人的《世界日报·明珠》副刊,指出它是以周作人为核心的部分北平文人的重要发表阵地。在外敌压境,全国文化界掀起抗日救亡高潮的历史语境中,《明珠》作者群反对激进的救亡方式,提倡坚忍精

---

① 焦敬华:《论 1930 年〈骆驼草〉周刊的文学观念》,《江西社会科学》2014 年第 4 期。
② 卢文婷:《周作人与顾颉刚:"五四"民俗学的双重变奏——〈歌谣周刊〉中的德国浪漫主义影响》,《江苏社会科学》2014 年第 3 期。
③ 李斌:《论周作人主笔的〈世界日报·明珠〉》,《汉语言文学研究》2014 年第 1 期。

神,继续国民性批判;反对"国防文学",品味文章作法,沉浸小品尺牍。这影响了部分文学青年,但在当时北平文化界却相对孤立。

八　周作人手稿研究

鲁迅与周作人合作翻译的《神盖记》手稿,是目前罕见存世的两人深度合作成果。王锡荣《鲁迅周作人合译〈神盖记〉手稿研究》[①]认为,该稿是早期留日时期的遗存,具有珍贵的历史文献价值。既体现着两人当时先进的翻译理念,也呈现了当时两人的知识面和翻译技巧之差别,尤其反映出鲁迅对兄弟合作《域外小说集》的总揽全局作用。从中也可以考察《神盖记》对于鲁迅后来的文学创作具有的借鉴意义,对于中国现代翻译史研究和文学创作手稿研究也是第一手的文献。

---

① 王锡荣:《鲁迅周作人合译〈神盖记〉手稿研究》,《东岳论丛》2014 年第 1 期。

第十五章　2015 年周作人研究述评

2015 年,21 世纪的周作人研究进入到了第 15 个年头。本年度的周作人研究主要集中在四个方面:周作人作品研究、周作人思想研究、周作人史料研究和周作人研究之研究。赵京华、黄开发、袁一丹、张泉的文章,是本年度周作人研究中的亮点。周作人生平研究、比较研究,在本年度研究中,或则付诸阙如,或则表现不佳,故而从略。

一　周作人作品研究

与鲁迅作品研究相比较,周作人作品研究很不完善。无论是对周作人单部文集、单篇作品的研究,还是从各种视角和层面对于周作人作品的整体透视研究,与鲁迅作品研究相比较,都有着相当大的差距。以本年度鲁迅作品研究和周作人作品研究相比较,本年度鲁迅作品研究几乎涵盖了《鲁迅全集》中的各个文集及文类,无论是《呐喊》、《彷徨》、《故事新编》、《野草》或杂文,还是对于鲁迅作品的整体透视研究,都有相当优秀的文章出现。具体说来,宋剑华、靳新来、刘春勇、高旭东皆对鲁迅小说发表了极为精彩的看法,汪卫东、彭小燕、朱崇科的《野草》研究均可称得上别具一格,张克、刘春勇的鲁迅杂文研究,文贵良、路杨的鲁迅整体研究皆有其新颖独到之处。[①] 而本年度周作人作品研究则主要集中在四个方面:周作人的官样文章、周作人与教学、周作人与翻译、周作人《鲁迅的青年时代》等(具体阐述如

---

① 具体参见崔云伟:《2015 年鲁迅研究述评》,《南华大学学报》2016 年第 3 期。

下），其中以袁一丹的文章最为突出。以上情况表明，一方面，与其他现代文学作家研究相比较，鲁迅研究确实已经成为一门名副其实的显学，但是另一方面也表明，周作人研究在当前的现代文学研究中还是较少有人关注，这与同样作为文化巨人的周作人在现代文学史上的地位是很不相配的。

周作人沦陷时期的官样文章，是指其"落水"后以伪教育督办的身份，在公开场合发表的各种言论，主要是演讲稿的形态，散见于日伪背景的报刊杂志上。袁一丹《思想战中的政治性"拟态"——周作人事伪时期的官样文章》①指出，这批未入集的"官样文章"可分为两类：一类出自他人代笔，周作人不过充当传声筒；另一类则是敌伪意识形态与周氏思想的混合物。目前讨论周作人事伪时期的政治姿态与思想立场，多依赖文集材料，而收入知堂文集的正经文章，有的就是以演讲稿为底本，从官样文章改编而来的，只是剔除掉应景的套话，即与现实政治粘连过紧，特别是染上意识形态色彩的成分。如果将周作人的官样文章和净化后的正经文章对读，一面是扮演伪教育督办的周作人，一面是作为文章家，甚至以"道德家"自居的周作人。这两面或许是分裂的，但只有把这两面拼贴在一起，才是沦陷时期周作人的一个完整形象。这类"假公济私"的官样文章，作为一个中间环节，一种暧昧不明的混合物，正好能够还原周作人的正经文章与1941年太平洋战争爆发以后沦陷北平的舆论环境、政治态势的隐性关联。袁一丹《制造"敌人之敌"——周作人〈中国的思想问题〉的反面文章及预设读者》②则认为，周作人40年代围绕国文及儒家思想等问题写的几篇大文章，确实不脱启蒙者的腔调，但未必是写给青年学生看的。而其中争议最大，周作人自己最看重的是《中国的思想问题》这一篇。周作人用心经营的这几篇"正经文章"③，有时需透过纸背才能看出他预计的

---

① 袁一丹：《思想战中的政治性"拟态"——周作人事伪时期的官样文章》，《中国现代文学研究丛刊》2015年第1期。

② 袁一丹：《制造"敌人之敌"——周作人〈中国的思想问题〉的反面文章及预设读者》，《文艺争鸣》2015年第3期。

③ 所谓"正经文章"，是与周氏擅长的"闲适文章"及其事伪后作的"官样文章"相对而言的。这几篇"正经文章"指的是《汉文学的传统》、《中国的思想问题》、《中国文学上的两种思想》、《汉文学的前途》等。

效果。以《中国的思想问题》为例，其中便藏有两幅面孔，一面是作为伪教育督办的周作人，另一面则站在国民的立场上，以启蒙者的口吻发言。这两幅面孔时常叠合在一起，先发表一通对国民思想感到乐观的言论，再反过来道出自己的忧虑。"但是"之后往往才是此类文章的微言大义所在。

周作人在民国中学国文教材中是一个具有代表性的作家。刘绪才《民国中学国文教材中的周作人作品》①发现，周作人入选中学国文教材的作品，从内容上可以分为四类：一是物质文明上的记述；二是谈论文艺的；三是谈论社会人事的；四是友谊的抒写。这些文章皆属小品文的范畴。它们之所以能够进入中学国文教材，首先得益于小品散文文体上的特点。其次，对于中学生而言，作为教材的周作人的小品文是练习作文的很好范文。再次，这些散文小品可以使学生养成敏锐的观察生活的能力以及对生活进行体味的本领。最后，在文法教学上，周作人的小品文更可以作为中学国文文法教育的典范性教材。正因上述原因，周作人的作品频繁地进入中学国文教材，并受国文教育的国家知识体系的制约，文章的知识空间逐步得以确立，逐渐在教育实践中成为对中学生影响至深的新文学经典。

周作人的翻译活动发生在20世纪初中国社会的转型时期，现代性、民族、国民性等问题不可避免地渗入到他的思想深处，流露于其译笔之端。李建梅《翻译·族群·民族建构——20世纪初叶周作人翻译文学研究》②从民族主义视角出发，揭示了20世纪初叶周作人翻译文学中族群③思想发展的历程——从清末族群意识的萌动，到"五四"时期"个人主义"的族群诉求，再到后"五四"个体情感及共享记忆和命运族群思想的建立。周作人的翻译文学始终致力于建构现代民族的族群根基，而与社会启蒙思潮保持距离，书写了20世纪初叶中国翻译文学现代性的复线历史，对

---

① 刘绪才：《民国中学国文教材中的周作人作品》，《语文建设》2015年第3期。
② 李建梅：《翻译·族群·民族建构——20世纪初叶周作人翻译文学研究》，《中国比较文学》2015年第1期。
③ 所谓族群系指前现代松散的集体文化单元，能为现代民族的发展提供广阔的历史和社会背景。

社会转型时期的主流民族文化建构提出了反思。

周作人《鲁迅的青年时代》主要记述了鲁迅青少年时代的成长经历、兴趣爱好、留学生活以及文学修养的形成等等。马俊锋《周作人 1956 年的"鲁迅叙述"——简论〈鲁迅的青年时代〉》[①]认为,这本书呈现的鲁迅形象是立体的、多面的,既伟大又平凡,既横眉怒目又平易近人、富于人情味。1956 年周作人的"鲁迅叙述"与当时主流话语的"鲁迅叙述"有着明显差异,所呈现出来的"鲁迅形象"显然更具体、更具生活真实性与历史性,也更符合鲁迅评价历史人物的态度。从某种意义上,可以说周作人 1956 年的"鲁迅叙述"与主流"鲁迅叙述"之间构成了潜在而有效的对话。

对周作人作品作出解读的还有黄开发的《周作人散文代表作三篇》、彭秋芬的《"欧化"与"散文达恉法":周作人的诗学》、张超的《酣畅淋漓的现实批判——论周作人的〈谈虎集〉》[②]等。

二 周作人思想研究

与鲁迅思想研究相比较,周作人思想研究极为薄弱。无论是在文章数量还是质量上,周作人思想研究与鲁迅思想研究相比较,都有着相当大的距离。以本年度鲁迅思想研究和周作人思想研究相比较,本年度鲁迅思想研究主要表现为十个专题:鲁迅与"五四"、鲁迅的精神信仰、鲁迅的精神特质、鲁迅的当代性、鲁迅与革命、鲁迅与政治、鲁迅与中国传统文化、鲁迅与外国文化、鲁迅与东亚、鲁迅与自由主义等。其中,郜元宝、汪卫东、谭桂林、杨义、李春林、王得后、李玮、孙郁、赵京华、张松等的文章皆堪称优异之作。[③] 而本年度周作人思想研究则只有三个专题:周作人的民族国家意识、周作人与儿童文学、周作人与文化人类学等(具体阐释如

---

① 马俊锋:《周作人 1956 年的"鲁迅叙述"——简论〈鲁迅的青年时代〉》,《鲁迅研究月刊》2015 年第 9 期。

② 黄开发:《周作人散文代表作三篇》,《名作欣赏》2015 年第 1 期;彭秋芬:《"欧化"与"散文达恉法":周作人的诗学》,《中国现代文学研究丛刊》2015 年第 1 期;张超:《酣畅淋漓的现实批判——论周作人的〈谈虎集〉》,《文化学刊》2015 年第 4 期。

③ 具体参见崔云伟:《2015 年鲁迅研究述评》,《南华大学学报》2016 年第 3 期。

下）。其间的差距是一目了然的。周作人并非没有思想，相反地，其思想相当博大精深，在某种程度上并不亚于鲁迅，在对于某些知识掌握的广度和深度上，甚至还远远超过了鲁迅。即如上述鲁迅思想研究中的十个专题，其中的鲁迅完全可以置换成周作人，完全可以构成一系列新的极富潜力的研究专题，如周作人与"五四"、周作人与政治、周作人与传统文化、周作人与外国文化、周作人与东亚等，更何况周作人还有其独特的甚至连鲁迅都不能超越的专题。

1. 周作人的民族国家意识

周作人因其抗战期间投敌叛国，成为多有争议的历史人物。既往的周作人研究在触及这一时段时，由于没有把周作人所背叛的"国家"本身历史化和客观化，故而其批评也就少有贴近现代国家发展之历史情境和周作人政治立场之实际的冷静分析。受到 90 年代中国学术界中（陈思和、董炳月）新的研究动向的触动，同时有感于木山英雄所提出之议题："失败主义式的抵抗其思想之可能性"的重大与复杂，赵京华《周作人的民族国家意识》[①]对以下问题进行了细致考察：周作人一生有关民族国家问题的思考，或者说每当面对"国家"必须做出决断的时刻，他是以何种态度并根据怎样的内在思想理路进行判断的，他的民族国家意识是如何形成的，又呈现为怎样的逻辑结构性，我们该如何理解自 30 年代以后周作人对作为政治国家的中国有所失望，而其国家认同和民族意识开始逐渐转向文化历史方面，这样一种现象。通过分析，赵京华强调指出：后期周作人的国家认同和民族意识并没有完全泯灭，他在失去之后，虽勉力在文化方面维持了其对国家和民族的认同，还是有维护自己声誉之意，并不能减轻叛国的罪责。我们在批评周作人政治上失节的同时，还应该谴责帝国主义日本发动那场殖民侵略战争所造成的浩劫，并反思中国积贫积弱的国家实体未能维护国民的生命安全。周作人在个人性格意志和审美趣味上或者可能有未能适应时代和历史要求的地方，或者对现代民族

---

① 赵京华：《周作人的民族国家意识》，《文学评论》2015 年第 1 期。

国家的本质未能获得更深刻的体认和理解,但即使在战争状态下附逆投敌期间,他仍然按照自己的逻辑和内在思想理路做了超出一般敌伪统治地区知识分子所为的抵抗。如果不是单纯将周作人与沦陷区以外的抗战知识分子比较,而是从被占领这一特殊政治场域来观察他的言行,我们便可以对他的失败主义式的抵抗,做出更透彻全面的分析与批判。

2. 周作人与儿童文学

正如中国社会的现代化是外源型一样,中国儿童文学的发生也受到西方的直接影响。朱自强《论周作人的"儿童文学"观念的发生——以美国影响为中心》①认为,从作为中国儿童文学理论的奠基人——周作人的儿童文学观的建构过程中,就可以清楚看到来自美国的影响。这些影响可以大致归纳为两个方面:一是周作人借鉴以斯坦利·霍尔为代表的美国儿童学的观点,"主张儿童的权利",强调"儿童在生理心理上""和大人有点不同",进而发展出"顺应自然,助长发达,使各期之儿童得保其自然之本相"这一"儿童本位"的儿童文学观;二是直接借鉴麦克林托克、斯喀特尔等美国学者的应用研究成果,从小学校的文学教育的角度论述儿童文学,呈现了更加完整的儿童文学的文体面貌。周作人从美国的儿童学和小学校的文学教育研究中接受的影响,在其"儿童本位"的儿童文学观中,发挥着十分核心、十分重要的作用。

3. 周作人与文化人类学

在周作人的知识结构中,文化人类学占有十分重要的地位。苏永前《在学术与思想之间:周作人对文化人类学的接受》②指出,留学日本期间,周作人接触到希腊神话,又因希腊神话对文化人类学产生兴趣。作为

---

① 朱自强:《论周作人的"儿童文学"观念的发生——以美国影响为中心》,《中国海洋大学学报》2015 年第 2 期。
② 苏永前:《在学术与思想之间:周作人对文化人类学的接受》,《浙江师范大学学报》2015 年第 2 期。

启蒙知识分子,周作人对文化人类学的接受不仅有着学术上的诉求,而且有着更深的思想因由。就前者而言,文化人类学为周作人解读童话故事、探究文学起源提供了理论资源;就后者而言,文化人类学既是周作人解剖中国社会痼疾的工具,也是解决儿童问题的主要依凭。对于周作人与文化人类学关系的梳理,可以反映出文化人类学知识在中国传播之初,如何与"五四"前后的学术、思想相勾连。周华[①]则认为,周作人被视为民俗学发端史上的关键人物,他对民间文化和民众生活格外关怀。他的自然人性论、对民众精神的关心、对性灵自然的歌颂都体现了他的人本主义的民间立场。今天,当我们面对日益复杂化的民间文化时,仍需秉持人本主义的态度和理想。

对周作人思想研究作出解读的还有王芳的《从"闭户读书"到"弃文就武"——1927—1936周作人话语系统的衍变》[②]等。

三 周作人史料研究

史料研究是周作人研究中的重要一环,并且是最为基础的一环。在周作人研究中,与阐发式的周作人研究相映成辉的正是对于周作人史料的搜集与整理。事实上,前者如果缺失了后者,其议论必然流于空泛,而后者如果不与前者相联系,也必然流于琐碎。与鲁迅史料研究相比较,周作人史料研究无论是在系统性,还是在严谨程度、学术水平上,都亟需大力推进。以本年度鲁迅史料研究和周作人史料研究相比较,在本年度鲁迅史料研究中,李冬木、潘世圣、张钊贻皆有重要文章发表[③],而在本年度周作人史料研究中,则只有黄开发的文章堪称近年来周作人史料研究中的集大成之作(具体参见下述)。这就表明周作人史料研究还有着相当大的发展空间。在笔者看来,周作人著作出版研究应是周作人史料研究中

---

① 周华:《周作人的人本主义民俗学立场》,《学理论》2015年第12期。
② 王芳:《从"闭户读书"到"弃文就武"——1927—1936周作人话语系统的衍变》,《鲁迅研究月刊》2015年第9期。
③ 具体参见崔云伟:《2015年鲁迅研究述评》,《南华大学学报》2016年第3期。

的重中之重。周作人著作出版应当仿照鲁迅著作出版,尽快出版《周作人全集》,如果条件允许,亦应当仿照《鲁迅全集》,召集专家进行注释。在此基础之上,再仿照《鲁迅译文全集》,尽快出版一部《周作人译文全集》。如此,才能更快更好地促进周作人研究的大力发展。

近三十多年来,周作人研究史料从少到多,从单调到丰富,还原了历史现场,有力地支撑了整个研究工作的开展。黄开发《周作人研究史料工作的成就与问题》①指出,这些成就主要表现在:以《周作人年谱》、《周作人研究资料》、《闲话周作人》等为代表的资料专集夯实了周作人研究的基础工程;众多的回忆文字提供了新的材料,改变了人们对于周作人的单调、刻板的印象,拓展了周作人研究史料的范围;周作人与鲁迅以及其他同时代人的关系得到了较为清晰的梳理,并从特定的方面呈现出新文化史和新文学史的面貌;关于周作人附逆的各方面资料得到认真的清理和研究,并被整合到他的人生和思想道路中去;周作人的集外文、日记、书信和佚文得到陆续的发表和出版。然而,周作人研究史料工作无论是在系统性,还是在严谨程度、学术水平上,都还存在着诸多不足。其中有两个亟待解决的问题:一是要展开较为系统的版本研究和校勘工作;二是要认真地鉴别、考核史料。此外,还有几项工作有待进行:出全周作人日记,搜集、动员藏家发表未刊书信,进一步搜集佚文,为出版全集做准备;在较为充分的版本和校勘研究的基础上,推出权威的《周作人全集》,如果条件允许可适当作注,以便后世读者;汇编出版周作人研究资料,其中包括港台地区和日本的周作人研究资料,1949年前中国大陆的资料可以采用编年体,力求全面,涵括批评和研究文章、论争文章、访问记、印象记、新闻报道和重要言论等;在史料加工方面,一个重要的任务是编制作品目录、研究文献目录、藏书目录,为研究工作提供方便;收集、保存作家手稿、版本、书信、图片等物质性史料。

本年度周作人史料研究中的一个重要发现,是王翠艳②在燕京大学

---

① 黄开发:《周作人研究史料工作的成就与问题》,《中山大学学报》2015年第2期。
② 王翠艳:《谈周作人佚文〈新文学的意义〉》,《新文学史料》2015年第1期。

学生自办刊物《燕大周刊》上所发现的一篇题为"新文学的意义"的周作人集外文。该文发表于 1923 年 4 月 7 日《燕大周刊》第七期,是该期的头条文章。王翠艳指出,《新文学的意义》既有周作人在文学革命时期的代表性文学观点的集中表达,也有其后期的文学主张的初露端倪,对于我们解读周氏本人在 20 世纪二三十年代的思想轨迹有着重要的参考意义。而其仅将"新文学"当作"现代文学的俗称"的提法,则为我们梳理"新文学"和"现代文学"的概念变迁提供了新的考察视角。王翠艳《周作人与〈燕大周刊〉》[①]则指出,《燕大周刊》为担任燕京大学国文系现代文学部主任的周作人将自己的文学主张由课堂延伸到课下、进而辐射到整个校园空间提供了最便捷的通道;而对于《燕大周刊》而言,则借助周作人的声望在读者心目中的影响力得到迅速提升。这一"双赢"的选择使周作人对《燕大周刊》的具体风貌产生了深刻的影响,其意义甚至超过了周作人在北京大学对《新潮》的影响。从《新潮》"开风气之先"的激进,到《燕大周刊》"以科学的精神讨论学术"中偏向文艺的平和内敛,与周作人这一时期从"十字街头"的"斗士"(躁急的"流氓鬼")到"象牙塔中"闭户读书的"隐士"(沉静的"绅士鬼")的转型恰好一致。这一点,是周作人与《燕大周刊》发生密切关联的内因所在,也为我们开掘现代知识分子在大学校园空间的生存形态及其新文学的影响提供了新的考察视角。

对周作人史料研究作出系统整理的还有郭汾阳的《晚年周作人的"上书"》[②]等。

四　周作人研究之研究

与鲁迅研究之研究相比较,周作人研究之研究尚处于萌芽阶段,发展很不完善。以本年度鲁迅研究之研究和周作人研究之研究相比较,在本年度鲁迅研究之研究中,陈漱渝、李春林、袁良骏、杨义、潘世圣等皆有重

① 王翠艳:《周作人与〈燕大周刊〉》,《鲁迅研究月刊》2015 年第 10 期。
② 郭汾阳:《晚年周作人的"上书"》,《同舟共进》2015 年第 7 期。

要文章发表①。而在本年度周作人研究之研究中，则只有张泉一人一文堪称优异（具体参见下述），其他文章尽皆乏善可陈。同时，这也表明周作人研究之研究拓展空间极大，发展潜力极深。未来周作人综合研究史的拓展与深化亦需仰赖于此。

1937年"七七事变"后，周作人滞留华北伪政权首都北京。这一选择根本改变了周作人的生活道路，也使得沦陷期周作人的思想、著作的评价问题，成为中国现代文化史、近代中日交流史上的一个焦点议题。张泉《如何评价北京沦陷期的周作人——兼谈木山英雄、耿德华开拓之作的意义》②引入了日本木山英雄、美国耿德华等海外汉学家研究周作人附逆期的著作，梳理、分析了中国学者的相关研究，进而讨论了中国日本占领区文学与文化研究的方法问题。这些问题主要包括：1. 关于突出道德的评价法。文章认为，"道德文章并重"既不是文艺批评也不是历史研究的基本原则和方法。正是在这种意义上，人归人，文归文。木山英雄的认同式"理解"主导下的周作人研究，耿德华西方学院派的文本细读，揭示出沦陷期周作人的新面向。这些新面向无疑有助于避免杂感类批评即表态性批评的简单化和绝对化方式。2. 关于突出文化的批评法。文章认为，沦陷期周作人研究中的文化视角，颇具启发性也存在模糊性。它开启了有助于深化的新的面向，同时，其论述话语、模式自身有待完善。此外，对于周作人沦陷期文化观意义的估价，如果超越文化的范围，需慎重。否则，很容易导向忽略殖民地现场的殖民/反殖民主要矛盾的偏颇。3. 关于细化殖民语境的研究法。文章认为，对于周作人沦陷期著述的政治评判，既需要限定在北京沦陷区，又要跳出北京，放在沦陷区、战时中国政治区划、日

---

① 这批文章包括：陈漱渝：《重提治学之道——从陆建德先生的两篇文章谈起》，《中国现代文学研究丛刊》2015年第1期；李春林：《立场·观点·方法——陈漱渝先生对陆建德先生的批评中所表现出来的治学之道》，《文化学刊》2015年第6期；袁良骏：《一本诋毁鲁迅的〈鲁迅传〉——致孙乃修先生》，《文化学刊》2015年第10期；杨义：《如何推进鲁迅研究》，《北方论丛》2015年第2期；潘世圣：《还原"历史现场"——鲁迅与明治日本研究的新视角》，《吉林大学学报》2015年第5期。

② 张泉：《如何评价北京沦陷期的周作人——兼谈木山英雄、耿德华开拓之作的意义》，《山东社会科学》2015年第1期。

本亚洲殖民战争以及世界殖民史的大背景中。比如,如果不充分辨析日本亚洲占领区内的地区性殖民差异,就很难对沦陷期的周作人作出合理的描述、准确的评价。

图书在版编目(CIP)数据

周作人研究述评:2001—2015/魏丽著. —上海:上海三联书店,2019.12
ISBN 978 - 7 - 5426 - 6915 - 5

Ⅰ.①周… Ⅱ.①魏… Ⅲ.①周作人(1885—1967)－人物研究 Ⅳ.①K825.6

中国版本图书馆 CIP 数据核字(2019)第 288342 号

周作人研究述评(2001—2015)

著　　者／魏　丽

责任编辑／张大伟
装帧设计／徐　徐
监　　制／姚　军
责任校对／朱倩倩

出版发行／上海三联书店
　　　　　(200030)中国上海市漕溪北路 331 号 A 座 6 楼
邮购电话／021 - 22895540
印　　刷／上海惠敦印务科技有限公司

版　　次／2019 年 12 月第 1 版
印　　次／2019 年 12 月第 1 次印刷
开　　本／640×960　1/16
字　　数／250 千字
印　　张／18
书　　号／ISBN 978 - 7 - 5426 - 6915 - 5/K·560
定　　价／62.00 元

敬启读者,如发现本书有印装质量问题,请与印刷厂联系:021 - 63779028